本书为西安外国语大学2019春"一流专业"校级教材建设立项专项资助项目（项目编号：2019JC01）

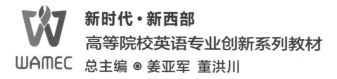

新时代·新西部
高等院校英语专业创新系列教材
总主编 ◉ 姜亚军 董洪川

翻译导论
Fundamentals of Translation

主编　黄立波　王　瑞
编者　石欣玉　邹更新　宋天祎　孔　悦

图书在版编目(CIP)数据

翻译导论 / 黄立波，王瑞主编． -- 西安：西安交通大学出版社，2025.3

"新时代·新西部"高等院校英语专业创新系列教材

ISBN 978-7-5693-3629-0

Ⅰ.①翻… Ⅱ.①黄…②王… Ⅲ.①英语-翻译-高等学校-教材 Ⅳ.①H315.9

中国国家版本馆 CIP 数据核字(2024)第 010478 号

翻译导论

FANYI DAOLUN

主　　编	黄立波　王　瑞
责任编辑	李　蕊
责任校对	刘志巧
封面设计	伍　胜

出版发行	西安交通大学出版社
	(西安市兴庆南路1号　邮政编码 710048)
网　　址	http://www.xjtupress.com
电　　话	(029)82668357　82667874(市场营销中心)
	(029)82668315(总编办)
传　　真	(029)82668280
印　　刷	陕西思维印务有限公司
开　　本	880 mm×1230 mm　1/16　印张　13.75　字数　335千字
版次印次	2025年3月第1版　2025年3月第1次印刷
书　　号	ISBN 978-7-5693-3629-0
定　　价	49.00元

如发现印装质量问题，请与本社市场营销中心联系。

订购热线：(029)82665248　(029)82667874
投稿热线：(029)82668531　(029)82665371

版权所有　侵权必究

编委会
Editorial Board

编委会主任
Directors of Editorial Board
  姜亚军 董洪川

编委会副主任
Vice-Directors of Editorial Board
  周 震 庞 闻 刘玉梅

编委会成员
Members of Editorial Board

曹 进	西北师范大学
陈春华	战略支援部队信息工程大学
陈向京	西安交通大学
郭彧斌	西藏民族大学
胡宗锋	西北大学
刘 瑾	贵州师范大学
刘树森	云南大学
马金芳	青海师范大学
南健翀	西安外国语大学
单雪梅	新疆大学
王 欣	四川大学
谢世坚	广西师范大学
赵晓军	内蒙古师范大学
朱海燕	宁夏大学

本书编者简介
About the Authors

黄立波 西安外国语大学外国语言文学研究院教授，博士，博士生导师。研究领域：翻译学、语料库语言学、翻译文化史研究等。

王 瑞 西北工业大学外国语学院教授，博士，博士生导师。研究领域：文学翻译、莎士比亚戏剧翻译、翻译文化史等。

石欣玉 西北工业大学外国语学院副教授，西安外国语大学博士，师资博士后。研究领域：翻译学、语料库语言学。

邹更新 黑河学院副教授，西安外国语大学外国语言文学研究院在读博士。研究领域：翻译学、语料库语言学。

宋天祎 西安工程大学人文社会科学学院讲师，西安外国语大学外国语言文学研究院博士。研究领域：翻译学、语料库语言学。

孔 悦 西安外国语大学外国语言文学研究院在读博士。研究领域：语料库翻译学、翻译史研究。

总序
Foreword

进入新时代以来，我国高等教育改革稳步推进，各级各类高等院校力求分类卓越，服务国家战略和区域经济社会的能力不断增强。就外语类专业而言，教育部于2018年发布的普通高等学校本科专业《外国语言文学类教学质量国家标准》（以下简称"《国标》"）和教育部高等学校外国语言文学类专业教学指导委员会（以下简称"外指委"）于2020年编制的《普通高等学校本科外国语言文学类专业教学指南》（以下简称"《教学指南》"），成为新时期我国外语教育教学承担新使命、形成新理念、探索新模式、开创新格局的重要指导性文件。

近年来，我国西部各高校在力促《国标》和《教学指南》生根落地的过程中，深刻认识到构建新发展格局所面临的诸多挑战，采取协同发展等手段，推动高等教育发展模式转变和服务能力提升。2019年9月，经西安外国语大学和四川外国语大学倡议，西部高等院校外语教育教学联盟在西安成立，成为西部高校通过区域内部协作、激发内生动力、深入推进"四新"建设和"三个一流"建设、构建西部高等外语教育集群式发展模式的重要平台。联盟成立短短两年多以来，中国高校外语慕课平台（UMOOCs）"西部外语"正式开通，目前上线西部各高校在线课程50余门；"西部外国语言文学博士研究生论坛"已成功举办两届；覆盖西部12省市的"西部高等外语教育发展研究"项目也正在有序推进，西部高等外语教育共同体雏形初见。

教材建设是推动《国标》和《教学指南》生根落地的重要手段之一，西部高等院校外语教育教学联盟成立之初就将此纳入议事日程。经过联盟专家团队广泛调研、充分论证，我们决定陆续出版"新时代·新西部"高等院校英语专业创新系列教材。本系列教材坚持马克思主义指导地位，贯彻《关于新时代振兴中西部高等教育的若干意见》精神，以《国标》和《教学指南》为依据，充分体现立德树人原则和课程思政理念，反映中西部外语教育特色和实际。具体而言，本教材具有如下特点：

1. 坚持价值导向，落实立德树人的根本任务

外语教育在真实、有效、立体、全面展示中国，服务我国国际传播能力建设，讲好中国故事，推动中国更好走向世界上，担负着重大的使命与责任。本系列教材在整体设计和素材选取等方面充分融入课程思政建设理念，引导学生了解世情、国情、党情、民情，增强学生对党的创新理论的政治认同、思想认同、情感认同，坚定中国特色社会主义道路自信、理论自信、制度自信、文化自信，教育引导学生积极践行社会主义核心价值观，深刻理解中华优秀传统文化，牢固树立法治观念，深刻理解并自觉实践各行业的职业精神和职业规范。同时，本系列教材在教学理念和教学方法上，引导任课教师树立课程思政意识，提升课程思政教学能力，提高立德树人成效。

2. 落实《国标》《教学指南》要求，明确素质、知识和能力的关系

《国标》和《教学指南》对素质、知识和能力三个方面的要求做了明确的界定。因此，如何通过知识的传授，培养学生正确的世界观、人生观和价值观，中国情怀与国际视野，跨文化能力和创新能力等，就成了推动《国标》和《教学指南》理念在教材中生根落地的首要任务。在整体设计上，本系列教材力促专业技能课程的专业化，一是在素材选择上贯穿以内容为依托的设计理念，让学生在习得外语技能的同时，获取某一学科的专业基本知识；二是在课程习题中有针对性地培养学生的跨文化能力、思辨能力、创新意识和社会责任感。在教学理念和教学方法上，本系列教材引导教师以知识传授为手段，注重学生素质和能力的培养。

3. 体现"分类卓越"思想，充分考虑不同类别学校的实际

本系列教材主要由熟悉外语教育改革方向，理解《国标》和《教学指南》理念和西部外语教育实际，且对外语教材有一定研究的高校骨干教师编写。在教材整体设计上，我们把握《国标》中所提出的"专业准入"要求，力求陆续做到专业核心课程和专业方向课程全覆盖。在内容安排和习题设计上，我们也力争体现出一定的区分度，从而给各级各类学校留出一定的选择空间，也给教师在课堂教学中提供一定的灵活度。

4. 开发多元平台，提供全方位的学习体验

本系列教材依托现代信息技术手段，着力开展立体化教材建设。编写团队在展开内容编写之前，便同步设计了与教材内容适配的自主学习平台、多媒体课件、音频、视频等多元立体的课程资源，可满足教师开展微课、慕课、翻转课堂等基于网络多媒体教学的需求。此外，学生还可以随时随地在电脑、手机上学习，有利于教学效果的提升。

今年，教育部将发布振兴中西部高等教育的若干意见，实施新时代振兴中西部高等教育攻坚行动，全面提升中西部高等教育发展水平。这促使我们进一步思考如何激发中西部高等教育的内生动力和发展活力，进一步提升服务国家战略和区域经济发展的能力。希望本系列教材的顺利出版，能够为中西部高等教育振兴尽绵薄之力。

2022 年 1 月

前 言
Preface

作为外语本科专业翻译类课程的先导课,"翻译导论"课程的主要目标在于帮助学生了解基本的翻译知识框架和话语体系,了解关于翻译实践与研究的基本方法和工具,从翻译学科和专业角度培养学生对翻译及翻译研究的兴趣,拓宽其视野,以便为未来的翻译学习和职业生涯打下基础。

本教材遵循以研究为基础(research-based)的编写理念,从翻译专业知识学习入手,辅以翻译事件分析和翻译技能介绍,引导学生动手调查、梳理文献、独立思考、表达观点。学生通过团队合作与探索,以项目为导向,探讨如何解决翻译中遇到的各种实际问题,拓宽视野,从而实现增强批判思维、提升创新意识和原创能力的学习目标。完成本阶段的学习后,学生能够对本领域相关问题有一定的认识和思考,产出属于自己的原创作品,并将所学知识与方法应用于未来的学习与实际工作之中。

本教材适用以学生为中心(student-centered)、以项目为导向(project-oriented)、以实践为核心(performance-emphasized)、以创新为目标(innovation-targeted)的项目式学习(project-based learning)模式,为知识与方法找寻实际应用场景。完整的授课环节主要围绕项目选题展开,主要包括:学生课前调查、教师课堂讲授、师生课堂讨论、确定项目选题、课后团队合作、课堂展示及讨论、助教辅导、原创作品推出等环节。教师负责课堂讲授和实践活动的设计,注重发挥学生的主动性,鼓励学生探索性学习。

本教材适用以下教学理念:

(1)以学生为中心

学生与教师在整个教学过程中处于平等地位,教材从学生使用的角度出发,教师在讲授过程中须始终做到换位思考,将自己放在学生的位置上,考虑学生作为初学者在学习过程各个阶段可能遇到的困难及解决办法。

(2)以项目为导向

教师以自己的研究为基础,将教材各章节所提供的调查、思考与讨论问题作为学生在阅读材料、课前调查、课堂讨论过程中的导向标,帮助学生根据兴趣确定自己的项目选题,开展个人或团队的探索性学习。

(3)以实践为核心

语言实践重在阅读、思考与表达。教师重点培养学生在阅读与思考的基础上形成自己观点的能力,学生产出的观点须有理有据,符合逻辑推理;突出培养学生根据各类资源所提供的信息进行鉴别和深入探索的能力,即学生能够根据语言信息发现课题切入点。同时,教师要帮助学生实现口头、书面或多模态形式的表达,将能力的提升落实在实践之中。

(4)以创新为目标

内容创新方面,引导学生关注前人关注较少的问题,从不同视角对翻译现象进行阐释;方法创新方面,鼓励学生借鉴学科交叉的方法,充分利用各类资源和现代技术,创新性地解决实际翻译问题。

建议实际教学从以下环节展开:

(1)学生课前调查

学生在自愿基础上形成稳定的学习团队,团队负责人在每次课前按照教学大纲安排给团队成员分派调查任务,所有成员借助各类资源查找资料,分享交流,带着自己感兴趣的问题进入下一环节。

(2)教师课堂讲授

教师根据教学大纲安排,按照主题授课。授课时,教师可借鉴翻转课堂的做法,采取师生互动讨论方式:首先,教师与学生共同研读教材中的难点,采用启发式教学方式,鼓励学生在材料中发现现象、提出问题、形成论点、找寻证据;然后,教师带领各团队就课前准备中遇到的问题进行讨论,给出建设性意见和建议,帮助各团队明确项目选题的方向、步骤与目标,便于在课后进一步完善。

(3)团队合作项目

每个学习团队可以选择1—2个项目选题,项目选题既可以是教材所覆盖的内容,也可以是教材以外的相关内容。学习团队在所选项目选题进展到较为成熟时进行课堂展示,教师和其余学生对展示内容提问、质疑,并给出建议。学习团队在课后进一步完善该项目选题,在学期末提交给授课教师,提交材料中需说明每位学习团队成员在该项目选题进行过程中担任的角色和承担的任务,作为期末评价标准。在学期末教师可择优进行二次展示。

(4)助教辅导教学

授课教师需指派助教在每周固定时间进行辅导答疑,负责解答各个学习团队在项目进展过程中遇到的具体问题,并对问题予以记录,便于进一步课堂讨论。

(5)推出原创作品

学习团队的原创作品(包括调查报告、论文、评论作品、翻译作品等)可以采用书面或多模态的形式呈现,也可以选择使用PPT(包括文字、图片、音频、视频等材料)进行辅助展示。授课教师应注意强调:原创作品中的所有引述或引用材料须按照一定格式注明文献来源或出处(文献类型包括著作、论文集、论文、网络等);原创作品中除对事实型材料(即他人研究成果、发现、观点等)的梳理外,更鼓励原创性内容(即对所考察内容及他人观点的思考、质疑、讨论等);翻译作品须双语对照,并对原作及原作者作简要介绍,若使用翻译工具,须对所使用工具及译后编辑情况予以详细说明。

本教材以研究为基础，在知识学习的同时注重总结，帮助学生建立知识点之间的相关性，鼓励批判思维和创新意识，实现构建新知识的目标。本教材以项目为导向，带领学生从特定研究课题出发，探讨翻译现象和问题，鼓励有理有据的个性化观点表达，并指导学生在此基础上产出原创作品。教材的推荐阅读版块提供了相关文献供学生参考阅读，旨在引起学生对不同项目选题的兴趣，提高学生调查及讨论的主动性。

本教材注重融入思政元素，从翻译学视角出发，介绍了翻译史上不同时期翻译人士在各类翻译活动中所体现出的爱国情怀，以及在文化交流与文明互鉴过程中所体现出的文化自信。本教材适合大学本科外语专业、翻译专业初学者，以及对语言、文化、翻译感兴趣的学习者使用。

本教材由西安外国语大学外国语言文学研究院黄立波教授和西北工业大学外国语学院王瑞教授共同担任主编，参编人员还包括西安外国语大学石欣玉博士和邹更新、宋天祎、孔悦3位在读博士生。本教材共15章，编写团队分工如下：第1、2章由黄立波负责，第3、4、5章由黄立波、王瑞负责，第6章由邹更新负责，第7、14章由宋天祎负责，第8、12、13章由石欣玉负责，第9、15章由王瑞负责，第10、11章由孔悦负责，黄立波和王瑞对教材全稿进行了校对审定。

本教材部分内容基于编写团队的前期研究成果，具体包括：（1）《晚清时期关于翻译政策的讨论》（《中国翻译》，2012-3）；（2）《中国传统译论：译名研究》（湖南人民出版社，2013）；（3）《晚清时期翻译的选材》（《亚太跨学科翻译研究》，2017-1）；（4）《中国传统译论文献：主题与分类考察》（《外国语》，2019-2）；（5）《〈法句经·序〉：中国翻译学术史的滥觞》（《翻译史论丛》，2020-1）；（6）《明末科学近代化的尝试：王徵与邓玉函〈奇器图说〉编译考》（《上海翻译》，2021-3）；（7）《基于CiteSpace的国内译介学研究（1999—2021）可视化分析》（《外语与翻译》，2023-1）；（8）《鲁迅论翻译思想：关键词解析》（《上海翻译》，2024-3）等。限于篇幅，前期成果所涉及的文献未列入本教材主要参考文献，文中相关部分也未一一注明具体出处，敬请谅解。

教材在编写过程中，得到了西安外国语大学外国语言文学研究院各位老师的大力支持，以及审稿专家为本教材提出的建设性意见和建议，在此一并表示感谢！最后，衷心感谢西安交通大学出版社的编辑团队，他们的耐心、宽容与敬业令人敬佩！

最后需要说明的是，一些前辈学者的相关成果、在线数据库与数字资源、各类词典和百科全书等也是编写本教材的重要参考，未能一一注明，特此向各位作者和编者致谢！限于个人能力，教材中难免还会存在一些不足与谬误，此类问题责任全在编者，敬请各位读者予以批评指正。

编者
2025年2月于西安

目 录

第1章 翻译的起源 ... 1
1. 世界文明史关于翻译起源的记载 ... 1
2. 中华文明关于早期翻译活动的记载 ... 2
3. 小结 ... 8

第2章 中国翻译史（Ⅰ） ... 11
1. 佛经翻译概说 ... 11
2. 佛经翻译的四位代表人物 ... 12
3. 核心译论主题和"译场"制度 ... 19
4. 佛经翻译带给中国文化的影响 ... 21
5. 小结 ... 22

第3章 中国翻译史（Ⅱ） ... 25
1. 明末的科学翻译活动 ... 25
2. 清末的翻译活动 ... 31
3. 五四运动前后的翻译活动 ... 40
4. 小结 ... 48

第4章 西方翻译史（Ⅰ） ... 51
1. 古代西方翻译：以《圣经》翻译及其古代译本为代表 ... 51
2. 中世纪西方翻译 ... 53
3. 近代西方翻译：以思想解放运动中的翻译活动为代表 ... 55
4. 小结 ... 65

第5章 西方翻译史（Ⅱ） ... 68
1. 联合国的成立与翻译的发展 ... 68
2. 全球范围事务的开展对翻译发展的影响：以纽伦堡审判与东京审判为例 ... 69
3. 欧洲联盟与翻译 ... 71
4. 机器翻译的兴起与发展 ... 72
5. 人工智能时代的翻译 ... 73
6. 小结 ... 74

第6章 中华文化"走出去" ········· 77
1 早期中华文化"走出去"的记载 ········· 77
2 唐宋时期文化对世界文化的影响 ········· 78
3 元明清时期的"东学西渐" ········· 79
4 现当代的中华文化"走出去" ········· 80
5 中华文化"走出去"的战略意义与推进路径 ········· 82
6 小结 ········· 84

第7章 世界经典著作在中国的翻译与传播 ········· 87
1 马克思主义经典著作在中国的翻译与传播 ········· 87
2 世界文学翻译 ········· 89
3 西方科技著作翻译 ········· 94
4 小结 ········· 98

第8章 用于讨论翻译的基本概念术语 ········· 101
1 源文本与目标文本 ········· 101
2 翻译方向 ········· 101
3 翻译单位 ········· 102
4 翻译转换 ········· 102
5 翻译策略 ········· 103
6 可译性与不可译性 ········· 103
7 翻译腔 ········· 104
8 翻译质量 ········· 104
9 翻译能力与翻译运用 ········· 105
10 翻译规范 ········· 105
11 小结 ········· 106

第9章 翻译中的文化问题 ········· 109
1 语言/文本转换中的文化问题 ········· 109
2 "文化转向"后的文化问题 ········· 114
3 翻译文化史视域下的文化问题 ········· 117
4 小结 ········· 120

第10章 文本类型与翻译 ········· 123
1 赖斯的文本类型理论 ········· 123
2 文本类型理论在翻译中的应用 ········· 124
3 小结 ········· 134

第 11 章 翻译中的动态对等 ········· 137
   1 奈达的动态对等理论 ········· 137
   2 奈达动态对等理论在翻译中的应用 ········· 138
   3 小结 ········· 144

第 12 章 翻译的基本技巧（Ⅰ） ········· 148
   1 翻译技巧及其相关概念 ········· 148
   2 翻译技巧的界定和分类 ········· 149
   3 汉英词汇对比 ········· 149
   4 词汇翻译技巧及其实例 ········· 150
   5 小结 ········· 158

第 13 章 翻译的基本技巧（Ⅱ） ········· 162
   1 汉英句法对比 ········· 162
   2 句法翻译技巧及其实例 ········· 163
   3 小结 ········· 172

第 14 章 现代信息技术与翻译 ········· 176
   1 现代信息技术对翻译的影响 ········· 176
   2 人工智能时代的机器翻译与译后编辑 ········· 180
   3 ChatGPT 与机器翻译 ········· 184
   4 小结 ········· 186

第 15 章 中西翻译理论概述 ········· 188
   1 翻译理论概貌 ········· 188
   2 翻译理论的学派 ········· 191
   3 翻译理论的价值 ········· 194
   4 小结 ········· 194

主要参考文献 ········· 198

第1章 翻译的起源

> 中国戎夷，五方之民，皆有性也，不可推移。东方曰夷，被发文身，有不火食者矣。南方曰蛮，雕题交趾，有不火食者矣。西方曰戎，被发衣皮，有不粒食者矣。北方曰狄，衣羽毛穴居，有不粒食者矣。中国、夷、蛮、戎、狄，皆有安居、和味、宜服、利用、备器，五方之民，言语不通，嗜欲不同。达其志，通其欲：东方曰寄，南方曰象，西方曰狄鞮，北方曰译。
>
> （《礼记·王制》）

翻译活动源于人类不同种族交流的需要。不同种族文化不同，语言不通，要达到沟通交流的目的，就产生了对翻译的需求。然而，翻译不仅仅是不同语言之间的沟通，更是不同文化乃至不同文明之间的对话。佛教通过翻译被介绍到中国，对中华文明产生了巨大影响，语言、文化、文学、社会价值观等许多方面都受到其影响；罗马文明的辉煌离不开对希腊文明的继承与发展，而这一过程中，翻译活动同样发挥了举足轻重的作用；近代以来，中西方之间的"西学东渐"与"东学西渐"无一不借助翻译这一途径。可以说，几乎每一种文明、每一种文化、每一次社会发展与进步都离不开翻译，人类文明发展与翻译活动更密不可分。在一定程度上，人类文明史就是一部翻译史。

那么，翻译活动始于何时？如何发生？为何如此？这些都是关于翻译起源的基本问题。理论上，自从人类诞生并有了种群划分之后，翻译活动就应运而生了。原始社会时期，不同部落之间的交换、冲突、交往等，均须通过翻译来实现。此后，不同种族或民族之间，也需要借助翻译来进行交流。国家产生以后，不同国家之间的交往更需要通过翻译来达到彼此间的理解与沟通。因此，种群和语言差异是产生翻译的必要条件。

1 世界文明史关于翻译起源的记载

我们可从不同文化的传说、典籍文献、古迹中依稀看到早期翻译活动的影子，这些证据可以告诉我们翻译的起源、翻译在特定社会文化中的地位与作用，以及翻译带给一种文化或一种文明的影响。

1.1 巴别塔的传说

《圣经》中有一个关于巴别塔（Tower of Babel）的传说，这个虚构的传说常被视为人类翻译活动开端的文字记录。"Babel"一词源于希伯来语，在巴别塔的故事中，它是一座城市的名称，同时也是一座拟建之塔的名称，属于专有名词。从构词法看，"Babel"由两部分组成，其中"bab"意思是"门"，"el"意思是"上帝"，即"上帝之门"的意思，还有"混乱，混杂"和"嘈杂声"之意。

《圣经·创世纪》中写到，早期人类全都讲一种语言，有一天，人们决定建造一座通天高塔，作为人间地标。上帝看到人类的所作所为，觉得如果任由人类为所欲为，以后就无法约束人类行为了。而上帝认为造成如此局面的根源，在于人类有统一的语言。于是，上帝使人们的语言混乱，相互无法理解，无法沟通，因而建造通天之塔的工程便就此搁置。这虽然是一个传说，但我们依然可以从中得到一些信息。

首先，这个故事向我们展示了语言的力量，同一种语言可将人类群体统一起来，共同从事一项工作。相反，语言差异，又会导致沟通失败，统一的群体也会因此而分崩离析。因为语言不通，人类通天塔的工程被永远地搁置下来。语言是人与人之间沟通思想、传递情感和交流信息的工具，这一工具对于任何文化、社会、群体的发展与进步都是举足轻重。

第二，正是由于有不同的语言，才有了按照不同语言来划分群体或种群的分类方式。不同种群之间语言不通，就需要借助翻译活动来实现沟通。在这个意义上，翻译似乎有可能将人类重新统一起来，译者则似乎肩负着"重建通天塔"的重任。相同的语言可以拉近人与人的距离，体现凝聚力。一定意义上，语言不仅是社会身份的象征，更是民族认同的基础。

第三，即便我们可以通过翻译来实现沟通，但要将人类重新统一起来，共同从事"建造通天塔"的工作，似乎仍是一项不可能完成的任务。因为语言与文化之间的差异客观存在，尽管可以达到一定的调和，但差异却无法根除，这些差异会为翻译活动竖起一道道障碍。翻译中的不可译现象(untranslatability)，就是此类无法跨越的障碍的体现，值得我们关注和深入思考。

1.2　古埃及的罗塞塔石碑

古埃及的罗塞塔石碑(Rosetta Stone)据说是为纪念古埃及国王托勒密五世(King Ptolemy V)加冕一周年，由王朝祭司制作而成，相当于一份诏令，颁布于公元前196年。

尽管石碑已经残缺，但我们依然可以清楚地看到碑文自上而下由三种不同文字组成，这似乎称得上是世界上最早的三语对照平行文本。三种文字自上而下分别是古埃及象形文字(Egyptian hieroglyphs)、埃及草书(Demotic script)和古希腊文(Ancient Greek)。古埃及象形文字也称为圣书体，用于书写神庙、纪念碑、金字塔的铭文等宗教类文本及一些正式、庄重的场合；埃及草书又称为世俗体，是当时平民使用的文字；古希腊文是当时征服者的语言，当时埃及已臣服于希腊亚历山大帝国，希腊人要求所辖地区所有官方文本均须附有希腊文版本。由于公元4世纪后埃及象形文字读法与写法彻底失传，而罗塞塔石碑上的三种文本互为对照，到了今天，古希腊文和埃及草书就成为破解古埃及象形文字的一把钥匙。由此可见，翻译同样也具有一种信息的跨语言"存储"功能，此种功能不仅可以帮助我们解决语言方面的问题，同时在考古领域也可发挥一定作用。

2　中华文明关于早期翻译活动的记载

与西方国家相比较，中国的历史更为久远，对早期翻译活动的记载也就更多一些。《周礼》《左传》《史记》《汉书》《后汉书》中均有关于翻译的零星记载。

2.1　早期的翻译官

中国最早关于翻译的文字记载可追溯至春秋战国时期,《周礼》中对周朝"象胥"这一官职有这样的记载:

> 象胥掌蛮、夷、闽、貉、戎、狄之国使,掌传王之言而谕说焉,以和亲之。若以时入宾,则协其礼,与其辞,言传之。凡其出入送逆之礼节币帛辞令,而宾相之。凡国之大丧,诏相国客之礼仪而正其位。凡军旅会同,受客币而宾礼之。
>
> (《周礼·秋官·司寇》)

意思是说,象胥掌管联络六方(蛮、夷、闽、貉、戎、狄)之国派来的使者,负责向他们传达周天子的旨谕,使他们知晓,达到同其亲善和睦的目的。如果使节在特定时间来朝为宾,就由象胥来协调相关礼仪,将他们的言辞传达给周天子。凡番使来去、迎送礼节、献币帛、致辞令等,皆由象胥负责协助他们行礼。凡王国有大丧,由象胥引导和规正使臣行丧礼的言辞与礼节。凡王国有出征、朝会之事,象胥负责接受使臣进奉的币帛,并以礼敬之。可见象胥一职在外交、朝拜、典礼等各种场合兼翻译、引导、联络工作于一身。

《礼记》中有这样的记载:

> 中国戎夷,五方之民,皆有性也,不可推移。东方曰夷,被发文身,有不火食者矣。南方曰蛮,雕题交趾,有不火食者矣。西方曰戎,被发衣皮,有不粒食者矣。北方曰狄,衣羽毛穴居,有不粒食者矣。中国、夷、蛮、戎、狄,皆有安居、和味、宜服、利用、备器,五方之民,言语不通,嗜欲不同。达其志,通其欲:东方曰寄,南方曰象,西方曰狄鞮,北方曰译。
>
> (《礼记·王制》)

意思是说,东西南北中五个地方的人言语不通,喜好不同,但有一类人可以帮助他们相互沟通,这类人在不同地方有不同的名称,东方称为"寄",南方称为"象",西方称为"狄鞮",北方称为"译"。译员后常被称为"象寄"之才,即源于此。周代最早与南越往来,所以当时是以"象"作为译者的通名(钱玄 等,1998)[886]。后世之所以多用"译",宋代法云《翻译名义集》中也有说明:"今通西言而云译者,盖汉世多事北方,而译官兼善西。"也就是说,汉代以后与北方匈奴交涉增多,所以北方的"译"在汉代以后成为这一职业的通称。

2.2　张骞出使西域

早期中国历史上一次非常重要的对外交流活动,就是西汉时期的张骞出使西域。《史记·大宛列传》中有这样的记载:

> 是时天子问匈奴降者,皆言匈奴破月氏王,以其头为饮器,月氏遁逃而常怨仇匈奴,无与共击之。汉方欲事灭胡,闻此言,因欲通使。道必更匈奴中,乃募能使者。骞以郎应募,使月氏,与堂邑氏(故)胡奴甘父俱出陇西。经匈奴,匈奴得之,传诣单于。单于留之,曰:"月氏在吾北,汉何以得往使?吾欲使越,汉肯听我乎?"留骞十余岁,与妻,有子,然骞持汉节不失。
>
> ……留岁余,还,并南山,欲从羌中归,复为匈奴所得。留岁余,单于死,左谷蠡王攻其太子自立,国内乱,骞与胡妻及堂邑父俱亡归汉。汉拜骞为太中大夫,堂邑父为奉使君。

> 骞为人疆力，宽大信人，蛮夷爱之。堂邑父故胡人，善射，穷急射禽兽给食。初，骞行时百余人，去十三岁，唯二人得还。

（《史记·大宛列传》）

《汉书·卷六十一》对此事作了这样的记载：

> 张骞，汉中人也，建元中为郎。时匈奴降者言匈奴破月氏王，以其头为饮器，月氏遁而怨匈奴，无与共击之。汉方欲事灭胡，闻此言，欲通使，道必更匈奴中，乃募能使者。骞以郎应募，使月氏，与堂邑氏奴甘父俱出陇西。径匈奴，匈奴得之，传诣单于。单于曰："月氏在吾北，汉何以得往使？吾欲使越，汉肯听我乎？"留骞十余岁，予妻，有子，然骞持汉节不失。
>
> 居匈奴西，骞因与其属亡乡月氏，西走数十日至。大宛闻汉之饶财，欲通不得，见骞，喜，问欲何之。骞曰："为汉使月氏而为匈奴所闭道，今亡，唯王使人道送我。诚得至，反汉，汉之赂遗王财物不可胜言。"大宛以为然，遣骞，为发道译，抵康居。康居传致大月氏。大月氏王已为胡所杀，立其夫人为王。既臣大夏而君之，地肥饶，少寇，志安乐，又自以远远汉，殊无报胡之心。骞从月氏至大夏，竟不能得月氏要领。
>
> 留岁余，还，欲从羌中归，复为匈奴所得。留岁余，单于死，国内乱，骞与胡妻及堂邑父俱亡归汉。拜骞太中大夫，堂邑父为奉使君。
>
> 骞为人疆力，宽大信人，蛮夷爱之。堂邑父胡人，善射，穷急射禽兽给食。初，骞行时百余人，去十三岁，唯二人得还。
>
> 骞身所至者，大宛、大月氏、大夏、康居，而传闻其旁大国五六，具为天子言其地形所有，语皆在《西域传》。

（《汉书·卷六十一》）

对比两段文字，内容大体相同。文本所提供的信息有以下三点。第一，"匈奴降者"告诉大汉朝，匈奴人打败了月氏人，把月氏王的头颅做成了喝酒的酒器，月氏人逃走了，他们痛恨匈奴人，但没有人与他们合作来对付匈奴。这里匈奴降者提供的信息，要么是通过翻译人员将匈奴语翻译成汉语，要么就是这个匈奴降者本身就是一个懂汉语的双语人，无论怎样，翻译应当发挥了传递消息的作用。第二，汉朝派张骞出使月氏国，随行人员中有一位名叫甘父的人，此人是唯一一位和张骞最终返回汉朝的出使人员。尤为重要的是，此人原本是一名匈奴人，他能够受皇帝指派随张骞出使，说明他的重要性。第三，张骞第一次从匈奴那里逃出，到达大宛，告诉大宛王自己的意图，大宛王不仅允许他继续行程，还为他派遣了翻译人员。

以上这些信息告诉我们：首先，翻译在张骞出使西域过程中发挥了重要作用；其次，各个国家无论大小，由于要与其他国家打交道，都有自己的翻译人员；最后，西域路线的开辟为中国与其他国家的贸易、文化交流打开了一扇窗口，翻译发挥了巨大作用。因此，我们甚至可以说，文化交流，翻译先行，翻译的确也必须发挥架设文化桥梁的作用。

2.3 佛教传入

西域之路开辟后，第一个通过翻译进行的中外文化交流就是佛教的传入。南北朝时期南朝梁国僧人慧皎所撰《高僧传》就记载了东汉明帝"夜梦金人"的故事：

> 汉永平中，明皇帝夜梦金人飞空而至，乃大集群臣以占所梦。通人傅毅奉答："臣闻西域有神，其名曰'佛'，陛下所梦，将必是乎。"帝以为然，即遣郎中蔡愔、博士弟子秦景等。使往天竺，寻访佛法。愔等于彼遇见摩腾，乃要还汉地。腾誓志弘通，不惮疲苦，冒涉流沙，至乎雒邑。明帝甚加赏接，于城西门外立精舍以处之。汉地有沙门之始也。但大法初传，未有归信，故蕴其深解，无所宣述。后少时，卒于雒阳。有记云：腾译四十二章经一卷，初缄在兰台石室第十四间中。腾所住处，今雒阳城西雍门外白马寺是也。
>
> （《高僧传·译经上》）

以上记载中，从汉明帝"夜梦金人"到"群臣释梦"，再到"寻佛天竺"和"迎腾归汉"，这一过程都与翻译活动密不可分。需要指出的是，当时有许多懂汉语的异域僧人，他们也为早期翻译佛经的合作模式奠定了基础。据记载，从天竺国请回的僧人摄摩腾，即迦叶摩腾（Kaśyapa Mātaṅga），也称竺摄摩腾或竺叶摩腾，与同行入汉的僧人竺法兰合作翻译了《四十二章经》。由于其他翻译的经文均流失，《四十二章经》被认为是中国流传下来最早的翻译佛经。

2.4 早期翻译文学

翻译不仅可促成不同语言群体的沟通与交流，还具有丰富目标语的语言、文学和文化的功能，我们可称之为翻译的"社会—文化"功能。其中，翻译活动在文学方面带给目标语的影响不容小觑。陈子展（1929）在其《翻译文学》一文中指出："华族与异族接触，因语言文字不同，除当时交际上用的口头翻译外，尚有流传后世的文字翻译。这类翻译最早的要算《说苑》上《善说》篇所载鄂君译《越人歌》；其次，就要算《后汉书·西南夷传》所载白狼王唐菆等《慕化诗》三章。"

据此，我国最早的翻译文学可追溯至《越人歌》和《慕化诗》（也称为《白狼王慕化诗》或《白狼歌》等），二者并称为我国最早的翻译诗歌作品。

记载《越人歌》的《说苑》是公元前 17 年（西汉鸿嘉四年）汉成帝刘骜时期由文学家刘向编辑而成的一部 20 卷的杂史小说集，记述了春秋战国至汉代的轶闻轶事。其中，关于《越人歌》的记载如下：

> 襄成君始封之日，衣翠衣，带玉剑，履缟舄，立于游水之上，大夫拥钟锤，县令执将号令，呼："谁能渡王者于是也。"楚大夫庄辛，过而说之，遂造托而拜谒，起立曰："臣愿把君之手，其可乎。"襄成君忿作色而不言。庄辛迁延盥手而称曰："君独不闻夫鄂君子晳之泛舟于新波之中也。乘青翰之舟，极䒀芘，张翠盖而检犀尾，班丽袿衽，会钟鼓之音，毕榜枻越人拥楫而歌，歌辞曰：滥兮抃草，滥予昌玄。泽予昌州，州鍖州焉。乎秦胥胥，缦予乎昭。澶秦踰渗，惿随河湖。鄂君子晳曰：吾不知越歌，子试为我楚说之。于是乃召越译，乃楚说之曰：今夕何夕兮搴中洲流，今日何日兮，得与王子同舟，蒙羞被好兮，不訾诟耻，心几顽而不绝兮，知得王子。山有木兮木有枝，心说君兮君不知。于是鄂君子晳榻修袂，行而拥之，举绣被而覆之。鄂君子晳，亲楚王母弟也。官为令尹，爵为执圭，一榜枻越人犹得交欢尽意焉。令尹何以踰于鄂君子晳，臣独何以不若榜枻之人，愿把君之手，其不可何也。"襄成君乃奉手而进之，曰："吾少之时，亦尝以色称于长者矣，未尝遇僇如此之卒也。自今以后，愿以壮少之礼谨受命。"

上文中所记载的是一个与翻译相关的故事。战国时期，楚国襄成君受封当日，身着华服，前呼后拥，准备渡河。其随行人员高声问谁能帮其渡河，楚国大夫庄辛正好经过此地，见到襄成君心中喜悦，于是托辞拜见行礼，提出愿携其手一同过河。襄成君对庄辛的提议感到不快，不予理睬。于是庄辛给襄成君讲述了楚国鄂君的故事。楚王之弟鄂君子晳坐船出游，越人船夫用越语拥楫而歌，表达对子晳的仰慕。由于子晳不懂越语，当即请"越译"将歌词翻译成楚语，便有了《越人歌》之词。庄辛继而对襄成君说，鄂君听闻歌词大意，并未感到不快，反而对船夫表现友好。襄成君听闻此故事，心感羞愧。庄辛意在以此故事纠正襄成君的高傲之偏，襄成君也接受了其善意的批评。

此处我们抛开这一故事的真实性，也不谈及不同学者对此故事的不同解读。这里的《越人歌》是一篇从古越语翻译到古楚语的歌词，原文显然是用越语记音转写，本身并不能使读者明白其中的意思，翻译成楚语后，成为一首抒情诗歌，并且带有较明显的楚语特色。这篇因翻译而产生的文学作品——《越人歌》，通常被认为是中国最早的翻译文学作品。

越语原文
滥兮抃草，滥予昌玄。泽予昌州，州𨨛州焉。
乎秦胥胥，缦予乎昭。澶秦踰渗，惿随河湖。

楚语译文
今夕何夕兮搴中洲流，
今日何日兮，得与王子同舟，
蒙羞被好兮，不訾诟耻，
心几顽而不绝兮，知得王子。
山有木兮木有枝，心说君兮君不知。

今译
今晚是怎样的夜晚啊，我驾着小舟在河上漫游。
今天是怎样的日子啊，我能够与王子同船泛舟。
承蒙王子看得起，不因我是舟子而嫌弃责骂我。
心绪纷乱不止啊，因为能结识王子。
山上有树啊树有丫枝，心中喜欢你啊你却不知。

从这个故事中可以发现，当时情境下，在出现由于语言不通而无法交流的情况下，就可以马上招来"越译"来为子晳翻译，而且翻译（口译）水平相当高。这一方面是因为古越国与楚国相邻，自然有既懂越语也懂楚语的人，另一方面也说明了当时汉族与其他少数民族交流的频繁与深入程度。

《后汉书》从卷八十五到卷九十分别记载了东夷列传、南蛮西南夷列传、西羌传、西域传、南匈奴列传、乌桓鲜卑列传，从这些记录至少可以看出当时中原汉族与周边少数民族的交流情况，这些文献是汉朝时期民族语言之间翻译交流的文字证据。通常认为，白狼王《慕化诗》是最早用少数民族语言与汉语对译的一首长诗，《后汉书》卷八十六《南蛮西南夷列传》篇中关于《慕化诗》的记载如下：

永平中，益州刺史梁国朱辅，好立功名，慷慨有大略。在州数岁，宣示汉德，威怀远夷。自汶山以西，前世所不至，正朔所未加。白狼、槃木、唐菆等百余国,户百三十余万,口六百万以上,举种奉贡,种为臣仆。辅上疏曰:"臣闻《诗》云:'彼徂者岐,有夷之行。'传曰:'岐道虽僻,而人不远。'诗人诵咏,以为符验。今白狼王唐菆等慕化归义,作诗三章。路经邛来大山零高坂,峭危峻险,百倍岐道。襁负老幼,若归慈母。远夷之语,辞意难正。草木异种,鸟兽殊类。有犍为郡掾田恭与之习狎,颇晓其言,臣辄令讯其风俗,译其辞语。今遣从事史李陵与恭护送诣阙,并上其乐诗。昔在圣帝,舞四夷之乐;今之所上,庶备其一。"帝嘉之,事下史官,录其歌焉。

(《后汉书·卷八十六·南蛮西南夷列传第七十》)

上文的大意是:东汉明帝永平年间,益州刺史梁国人朱辅,多年在益州宣传汉朝恩德政策,声威感化了四方夷人。白狼、槃木、唐菆等一百多个部族,率领整个部族向朝廷归附称臣。朱辅上疏朝廷言:"过去四夷百姓不惧艰难险阻投奔周岐,人们并不认为道远,这些都有诗为证。现在白狼、唐菆等部族仰慕汉朝教化,准备归服,亦作诗三首。他们经历一路艰险,克服各种困难,就好像孩子回到慈母身边一样。远方夷人语言不容易懂,各类事物命名也不同。但犍为郡有一位名叫田恭的掾吏,与他们交往密切,懂他们的语言,我经常让他去了解夷人的风俗,翻译其语言。现在我派从事史李陵和翻译田恭一起护送他们来归顺,并献上他们的歌诗。"汉朝皇帝对此大加赞赏,命史官将之记录下来。

这段记载不仅说明了《慕化诗》的来历,也明确提及了这一归顺朝拜活动的随行翻译人员田恭。最重要的是,这些歌诗也被记录了下来,且配有汉语译文。这三章少数民族歌诗分别为《远夷乐德歌诗》《远夷慕德歌诗》和《远夷怀德歌诗》,通常称为《慕化诗》三章,亦称《白狼王歌》,原诗及汉语对译如下:

远夷乐德歌诗

[原文]

提官隗构,魏冒逾糟。罔译刘脾,旁莫支留。征衣随旅,知唐桑艾。邪毗缋繡,推潭仆远,拓拒苏便,局后仍离,倭让龙洞,莫支度由。阳雒僧麟,莫稚角存。

[译文]

大汉是治,与天意合。吏译平端,不从我来。闻风向化,所见奇异。多赐缯布,甘美酒食。昌乐肉飞,屈申悉备。蛮夷贫薄,无所报嗣。愿主长寿,子孙昌炽。

远夷慕德歌诗

[原文]

倭让皮尼,且交陵悟。绳动随旅,路且拣雒。圣德渡诺,魏菌度洗。综邪流藩,莋邪寻螺。藐浮泸漓,菌补邪推。辟危归险,莫受万柳。术叠附德,仍路孳摸。

[译文]

蛮夷所处,日入之部。慕义向化,归日出主。圣德深恩,与人富厚。冬多霜雪,夏多和雨。寒温时适,部人多有。涉危历险,不远万里。去俗归德,心归慈母。

远夷怀德歌诗

[原文]

荒服之仪,犁籍怜怜。阻苏邪犁,莫砀粗沐。罔译传微,是汉夜拒。踪优路仁,雷折险龙。伦狼藏幢,扶路侧禄。息落服淫,理历髭雒。捕颃菌毗,怀稿匹漏。传室呼敕,陵阳臣仆。

[译文]

荒服之外，土地硗埆。食肉衣皮，不见盐谷。吏译传风，大汉安乐。携负归仁，触冒险狭。高山岐峻，缘崖磻石。木薄发家，百宿到洛。父子同赐，怀抱匹帛。传告种人，长愿臣仆。

从语言学视角来看，原文是以汉字标音的"白狼语"，学者们通常认为白狼语属藏缅语族，汉字标音的白狼王《慕化诗》所具有的"语音存储"功能，是今天学者们探究藏缅语族语言和汉语古音的珍贵史料。从翻译学视角来看，作为翻译文本的《慕化诗》是早期华夏族与周边少数民族交流的文字记录。从史学及民族学视角来看，《慕化诗》是研究民族迁徙和融合等历史事件的珍贵史料。从上述记载可以看出，中国早期的翻译活动主要发生在汉族与周边少数民族之间，与外国最早的翻译交流活动则主要是西域诸国和古代印度诸国的佛经翻译。

3 小结

从表面看，翻译是不同语言文字之间的转换。但由于语言不仅具有表达情感、传递信息和唤起反应等基本功能，还发挥着国家、民族等身份认同作用，因此从深层看，翻译绝不仅仅是语言或文本的转换，更是一种社会文化活动，一种文化或文明之间的沟通与交流，一种民族、历史和文化的记忆，可以为我们探究过去、展望未来奠定一定的基础。季羡林(2016)[234]指出："文化、文明的起源是多元的，……一个民族自己创造文化，并不断发展，成为传统文化，这就是文化的民族性。一个民族创造了文化，同时在发展过程中它又必然接受别的民族文化，要进行文化交流，这就是文化的时代性。民族性与时代性有矛盾，但又统一，缺一不可。"也就是说，任何文化与文明的发展都离不开对外交流，翻译则是这一跨语言、跨文化、跨文明的交流活动的根本基础。

调查、思考与讨论

1. 语言与民族、文化、国家之间存在何种关系？
2. 中国古代汉族与周边少数民族如何进行有效交流？有哪些相关的记载？
3. 秦朝时期的对外交流情况如何？当时国人如何认识世界其他国家，其他国家如何认识中国？
4. 中国早期不同种族(民族)之间的交流是如何进行的？还可以有哪些假设？
5. 张骞出使西域开辟了"丝绸之路"，翻译在其中发挥了何种作用？
6. 佛经翻译对中华文明产生了多大影响？(如语言、文化、文学、价值观；古往今来有哪些知名学者关注过佛经翻译等)
7. 西域在中国历史上扮演着怎样的角色？"丝绸之路"上有哪些与翻译相关的故事？
8. 翻译人员在中国历史上有哪些不同的名称(称呼)？翻译人员的社会地位有哪些变化？
9. 不同国家各自有什么样的翻译传统？各个国家翻译传统表现出哪些差异？为什么会产生这些差异？
10. 中国的翻译传统是什么样的？为什么会以这样的方式呈现？

翻译习作

请在小组分工调查、讨论基础上，借助翻译工具完成以下汉译英、英译汉翻译习作，总结翻译中遇到的问题并进行讨论。

(1) 汉译英

　　翻译是把已说出或写出的话的意思用另一种语言表达出来的活动。这种语言活动，人类几千年来一直在进行，它影响到文化和语言的发展。与翻译有关的可变因素很多，例如文化背景不同，题材不同，语言难译易译不同，读者不同等等，很难把各种不同因素综合起来，都纳入一条通则。

　　在欧洲，翻译实践有长远的历史。有人甚至认为，欧洲文明源于翻译，上至罗马帝国，下至今天的欧洲共同市场，都要靠翻译来进行国际贸易。有人说，用古希伯来语写的《圣经》和用阿拉米语写的《福音》，如果没有先译为希腊文和拉丁文，后来又译为中世纪和近代诸语言的话，两千年来的犹太基督教文化就不会产生，因而欧洲文化也不会出现。自翻译《圣经》起，将近两千年来，欧洲的翻译活动一直没有停止过。《圣经》的翻译是一件大事，它帮助许多国家的语言奠定了基础。在古代希腊、拉丁文学方面，荷马的史诗、希腊悲剧、喜剧和抒情诗，忒奥克里托斯（约公元前310—前250）、卡图卢斯（约公元前87—前54）、普卢塔克（约公元46—120或127）的作品等等也多次被译成欧洲许多国家的语言。在保存古希腊文艺方面，阿拉伯译者作出了巨大的贡献。至于欧洲各国古代和近代的其他大作家，如维吉尔、但丁、莎士比亚、歌德、塞万提斯、安徒生、易卜生、托尔斯泰、陀思妥耶夫斯基、莫里哀等等的作品，也都多次被译成其他国家的语言。在东方文学方面，阿拉伯的《一千零一夜》、日本的能剧、中国的小说诗歌、印度的《故事海》《薄伽梵歌》《沙恭达罗》等等都译成了欧洲语言。特别值得一提的是印度的《五卷书》，它通过中古波斯文和阿拉伯文译本，反反复复地被译成了多种欧洲语言，产生了巨大的影响。

（季羡林，《季羡林谈翻译》）

(2) 英译汉

　　A translation, says Petrus Danielus Huetius in a text translated in this collection, is "a text written in a well-known language which refers to and represents a text in a language which is not as well known." This, to my mind, is the most productive definition of a translation made within the tradition represented here, simply because it raises many, if not all of the relevant questions at once.

　　First of all, why is it necessary to represent a foreign text in one's own culture? Does the very fact of doing that not amount to an admission of the inadequacy of that culture? Secondly, who makes the text in one's own culture "represent" the text in the foreign culture? In other words: who translates, why, and with what aim in mind? Who selects texts as candidates to "be represented?" Do translators? And are those translators alone? Are there other factors involved? Thirdly, how do members of the receptor culture know that the imported text is well represented? Can they trust the translator(s)? If not, who can they trust, and what can they do about the whole situation, short of not translating at all? If a translation is, indeed, a text that represents another, the translation will to all intents and purposes function as that text in the receptor culture, certainly for those members of that culture who do not know the language in which the text was originally written. Let us not forget that translations are made by people who do not need them for people who cannot read the originals. Fourthly, not all languages seem to have been created equal. Some languages enjoy a more prestigious status than others, just as some texts occupy a more central position in a given culture than others—the Bible, for instance, or the Qur'an. Fiftly, why produce texts that "refer to" other texts? Why not simply produce originals in the first place?

So much for the questions. Now for some tentative answers, culled from the genealogy drawn up in this collection. If you produce a text that "refers to" another text, rather than producing your own, you are most likely to do so because you think the other text enjoys a prestige far greater than the prestige your own text might possibly aspire to.

In other words, you invoke the authority of the text you represent. It may be a sobering thought that some of the masterpieces of world literature, such as Cervantes' *Don Quixote*, profess to be translations of lost originals, i.e. that they refer to non-existent texts in order to derive some kind of legitimacy which, it is felt, would otherwise not be present to the same extent.

Translation has to do with authority and legitimacy and, ultimately, with power, which is precisely why it has been and continues to be the subject of so many acrimonious debates. Translation is not just a "window opened on another world," or some such pious platitude. Rather, translation is a channel opened, often not without a certain reluctance, through which foreign influences can penetrate the native culture, challenge it, and even contribute to subverting it. "When you offer a translation to a nation," says Victor Hugo, "that nation will almost always look on the translation as an act of violence against itself."

(André Lefevere, *Translation, History, Culture: A Sourcebook*)

推荐阅读

罗新璋，陈应年，2009.《翻译论集（修订本）》. 北京：商务印书馆.

马祖毅，2006.《中国翻译通史》(全五卷). 武汉：湖北教育出版社.

谭载喜，2004.《西方翻译简史》(增订版). 北京：商务印书馆.

王克非，1997.《翻译文化史论》. 上海：上海外语教育出版社.

朱志瑜，张旭，黄立波，2020.《中国传统译论文献汇编：三国-1949》（六卷本）. 北京：商务印书馆.

第 2 章 中国翻译史（Ⅰ）

> 凡一民族之文化，其容纳性愈富者，其增展力愈强，此定理也。我民族对于外来文化之容纳性，惟佛学输入时代最能发挥，顾不惟思想界发生莫大之变化，即文学界亦然，其显迹可得而言也。
>
> （梁启超，《佛典之翻译》）

王克非(1997)[13]指出，中华文化与域外文化发生关系，主要始于印度佛教文化之东传，始于佛经翻译。因此，讨论中国翻译的历史，我们必须从佛经翻译谈起。始于东汉，一直延续至唐宋的佛经翻译，是中国翻译史上的第一次翻译高潮。胡适(1998)[230-231]认为，佛经翻译事业"足足经过一千年之久，也不知究竟翻了几千部，几万卷；现在保存着的，连中国人做的注疏讲述在内，还足足有三千多部，一万五千多卷"。这足以说明，佛经翻译在中国古代的社会地位。

正是在佛经翻译的实践过程中，译经师们不断总结经验，讨论心得，并将所思所想用文字记录下来，从而奠定了中国传统译论的基础。同时，佛经翻译对中国社会方方面面，包括语言、文化、文学、哲学思想、宗教思想等均产生了深刻而持久的影响。古代的佛经翻译推动了中国与域外文明之间的文化互动，为中华文化注入了新的思想和理念，丰富了中国的哲学、宗教和文化资源，充分体现了中华文化的开放、包容和自信。

1 佛经翻译概说

季羡林(2010)[145]认为，佛教最早并非由印度直接传入中国，而是经古代中国西域（今中亚及我国新疆）一带，如大月支、安息、康居等一些国家及来自印度的僧人传入中国的，因此最初的佛经翻译并非直接从梵文(Sanskrit)或巴利文(Pali)译入汉语，而是经古代西域的一些语言，如焉耆语和龟兹语等语言译入汉语的。

季羡林(2010)[145-146]指出，正是由于汉语、梵语和古代中亚诸国的语言都很难掌握，外来僧人要想进行佛经翻译，都必须与中国僧人或居士合作才能完成。这也就形成了中国翻译史上早期翻译活动的基本模式——合作翻译。佛经文本的权威性，再加上这种合作翻译模式，使得"直译"成为早期佛经翻译所推崇的翻译策略，即当时所谓"存质"。"所谓'质'，就是勉强把意思表达出来，文采却无法兼顾"(季羡林，2010)[145-146]。但由于源语言与目标语言差别太大，为了保证不失原意，所以直译在很长一段时期是佛经翻译的主流。

2 佛经翻译的四位代表人物

2.1 支谦

支谦,又名支越,字恭明,三国时期佛经翻译家。支谦祖先本是月支国人,其父亲大约在东汉灵帝时期来到洛阳,因此支谦生于洛阳,从小接受汉文化教育。根据《高僧传》记载,支谦曾受业于同族高僧支谶(即支娄迦谶)的弟子支亮,"博览经籍,莫不精究",精通汉语、梵语等六种语言,时人称之为"智囊"。汉献帝末年,为躲避战乱迁居东吴,得到吴主孙权的赏识,拜为博士,辅佐东吴太子。支谦发现,佛教虽已在东吴兴起,但许多梵文佛经未能翻译,鉴于自己精通梵、汉两种语言,以优婆塞(居士)身份致力于佛经翻译。从吴黄武元年至建兴中约三十年间,他翻译了《维摩诘经》《大般泥洹经》《法句经》《瑞应本起经》等四十九部经。慧皎对其译经的评价是"曲得圣义,辞旨文雅",也就是说,支谦译文不刻意追求直译,而是采用一定的意译,使其译文易懂并富有一定文采。

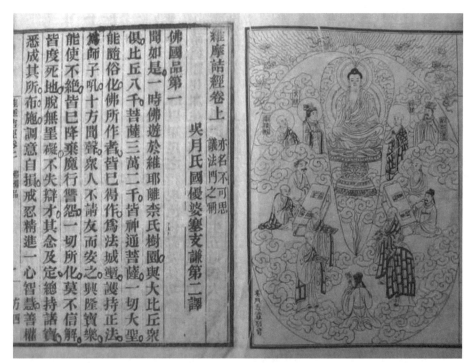

图 2-1 支谦译《维摩诘经》

通常认为,支谦作"《法句经》序"是我国第一篇有记载的讨论翻译的文字(罗新璋,1984)[2]。从文字中涉及的论题看,当时的译经师已经对一些翻译问题进行了深入思考。《法句经》(*Dhammapada*)是佛教徒修行的基础经文,相传原编者为法救。《法句经》从内容上看是一种韵文体的佛学论语汇编,是从佛经经典中辑录而成的一部偈颂集*。以下就支谦版的《法句经》序原文进行解读。

---

* 这里的"偈"是一个佛教术语,指佛经中的唱颂词,梵语为 Gāthā,意译为"颂",音译为"偈陀",简称为"偈",亦称"偈子""偈诗""偈颂""偈文""偈句""偈言""偈语""偈诵"等。

《法句经》序

> 昙钵偈者,众经之要义。昙之言法,钵者句也。而法句经别有数部,有九百偈,或七百偈,及五百偈。偈者结语,犹诗颂也。是佛见事而作,非一时言,各有本末,布在诸经。佛一切智,厥性大仁,悯伤天下,出兴于世,开现道义,所以解人。凡十二部经,总括其要,别为数部,四部阿含佛去世后,阿难所传,卷无大小,皆称闻如是处佛所在,究畅其说,是后五部沙门,各自钞众经中四句六句之偈,比次其义,条别为品,于十二部经,靡不斟酌,无所适名,故曰法句(释僧佑,1995)²⁷²⁻²⁷³。

序言开篇,首先指出《法句经》原文本的由来、版本、体裁及成文方式等。"昙钵偈者,众经之要义"一句说明该经文源于许多不同经文的主要思想,"昙钵"是梵文 Dhammapada 的音译,"昙"意译是"法"的意思,"钵"的意思是"句"。同时,序言也指出,《法句经》有不同版本,不同版本在篇幅上有差异,有九百偈、七百偈和五百偈等,有可能《法句经》在不同时期有内容的增减。"偈者结语,犹诗颂也","偈"是佛经中的诗体唱颂词,通常每偈三十二字,因此从体裁看,《法句经》属于带韵偈文。"是佛见事而作,非一时言,各有本末,布在诸经",说明《法句经》中的内容是佛陀在不同时期不同情形下的言论,且分布在各个不同经文中,《法句经》是以引述辑录方式而成文的。《法句经》的辑录范围包含十二部经和四部《阿含经》的要旨,这些都是释迦牟尼去世后,由他的十大弟子之一——阿难按照佛陀当时的说法记录下来的。之后,五部僧人从这些经文中摘抄出来的四句、六句偈文,按照其意思,分条呈列。之所以被称为"法句",是因为这些语论都是十二部经中的精华,无法按照其中一部来命名。

> 夫诸经为法言,法句者,犹法言也。近世葛氏传七百偈,偈义致深,译人出之,颇使其浑。惟佛难值,其法难闻,又诸佛兴,皆在天竺。天竺言语,与汉异音,云其书为天书,语为天语,名物不同,传实不易。唯昔安调安侯世高、都尉佛调,释梵为汉,实得其体,斯已难继,后之传者,虽不能审,犹尚贵其实,粗得大趣(释僧佑,1995)²⁷³。

此部分内容相当于支谦对当时既有《法句经》汉译情况的综述。支谦对近世葛氏的七百偈版本的评价是"译人出之,颇使其浑",意思是说原文本身意思就很深奥,译者的翻译使其更加难理解。究其原因,主要在于原文发源地在天竺国,其所使用的梵文与汉语无论在语音及书写方面均有很大差异,集中表现在"名物不同,传实不易"方面,即不同语言对现实世界的切分和描述方式不同,所以要将一种语言表达的内容完完全全在另一种语言中传达出来是很难的。早期的译经家如安世高、安玄和严佛调在翻译佛经时,注重保留原文的本质,后世的翻译者也因此还是崇尚且延续了前辈译经家存"质"的做法,即保留原文的宗旨。这里,根据支谦的认识,之前译经的主流为崇尚重"质"的直译,这不仅因为佛经深奥,两种语言之间的差异过大也是直译策略产生的一个重要原因。

> 始者维祇难出自天竺,以黄武三年来适武昌,仆从受此五百偈本,请其同道竺将炎为译,将炎虽善天竺语,未备晓汉,其所传言,或得梵语,或以义出,音近于质直。仆初嫌其为词不雅,维祇难曰:佛言"依其义不用饰,取其法不以严",其传经者,令易晓,勿失厥义,是则为善。座中咸曰:"老氏称美言不信,

> 信言不美；仲尼亦云书不尽言，言不尽意"，明圣人意深邃无极。今传梵义，实宜径达，是以自偈受译人口，因顺本旨，不加文饰，译所不解，即阙不传，故有脱失，多不出者（释僧佑，1995）[272]。

此部分是针对"名物不同，传实不易"这一问题，对佛经翻译时期总体翻译策略的集中讨论。序言指出，当初天竺僧人维祇难在黄武三年（公元 224 年）来到武昌，支谦本人从他那里得到《法句经》的五百偈版本，维祇难与其同道竺将炎翻译此《法句经》，由于维祇难和竺将炎汉语都不是很好，其翻译所使用的语言，有的地方译音，有的地方译义，但总体上采用的是重"质"的直译。针对维祇难这种重"质"的译文，支谦指出其不足之处在于语言不够"雅"，不符合汉语的表达规范，过于直白。维祇难则指出，翻译佛陀的言论只要将其意义（内容）传达出来就好，不需要对译文（形式）进行润色，只要将其意旨传达出来，其他不必追究太多。佛经翻译的目的在于让接受者易懂，只要没有意义上的缺失，就是好的译文。其他参与讨论的人则用老子和孔子的言论来附和维祇难重"质"的观点：按照老子的说法，过于注重形式的语言在意义表达上必定存在不足，若将意义表述清楚，则难免在形式上存在不足；按照孔子的说法，书写并不能够将我们用言语所表达的思想传达清楚，同样言语本身也无法将我们的思想完完全全地传达出来。也就是说，形式与内容相比较，能将内容比较充分地传达出来就已经不容易了，因此内容才是更应关注的焦点。大家都认为对此种权威性文本，其所包含的意义已经很丰富了，将其从天竺语翻译成汉语，主要应关注传达其意义，而不必注重形式。支谦对于此次讨论的总结为：译文不加修饰，完全按照口授者（dictator）所言，遵从佛陀本来的旨意，不去做润色，译人无法理解的，就不去翻译。因此译文中的不完整的地方，大多是因为没有翻译造成的。

从这里的文字可以看出，这是当时译场中一次由多人参与的关于翻译的讨论，论题即是译文应当重"质"还是重"文"。重"质"翻译是当时翻译的主流，从维祇难、支谦及座中人的讨论，我们不难看出重"质"是当时的主流翻译规范，支谦对此提出了自己的看法，并指出此种重"质"翻译的问题在于：过于重"质"，一些地方则译不出来或译文无法理解，导致译文缺乏可读性。

> 然此虽词朴而旨深，文约而义博，事均众经，章有本故，句有义说。其在天竺，始进业者，不学法句，谓之越序，此乃始进者之鸿渐，深入者之奥藏也。可以启蒙辩惑，诱人自立，学之功微，而所包者广，实可谓妙要也哉！昔传此时，有所不出，会将炎来，更从咨问，受此偈等，复得十三品，并校往古，有所增定，第其品目，合为一部三十九篇，大凡偈七百五十二章，都凡一万四千五百八十字，庶有补益，共广闻焉（释僧佑，1995）[273-274]。

此部分内容包含支谦对该译本总体特征的归纳、《法句经》对于修行者的重要性、此译本与以往版本的不同及特色等。首先，支谦认为，此种重"质"的译文，虽言辞质朴简单，但意义深邃，博大精深，因为来源于众经，因此每章每句皆有理有据。就其对修行者的意义，支谦指出，在天竺的修行者必须以《法句经》为始，否则顺序就错了。此经对于初学者及进阶者均有所裨益，并且修行者花费较少的时间便可有较大的收获。这从另一个侧面说明了原文本的权威性，在一定程度上也决定了译者对翻译策略的选择。此《法句经》译本是在之前翻译的基础上，结合竺将炎带来的文本，重新校订翻译而成，共三十九篇，七百五十二偈。

2.2 鸠摩罗什

鸠摩罗什(Kumārajiva),天竺人,是魏晋时期来自西域的僧人,他与真谛、玄奘、不空一起被称为"中国佛教四大译经家"。陈寅恪(2009)[236]对鸠摩罗什的译经作出了这样的评价:"鸠摩罗什翻译之功,数千年间,仅玄奘可以与之抗席。然今日中土佛经译本,举世所流行者,如《金刚》《心经》《法华》之类,莫不出自其手。故以言普及,虽慈恩犹不能及。所以致此之故,其文不皆直译,较诸家雅洁,当为一主因。"

《高僧传》中记载,鸠摩罗什家族在天竺世代为相国,其父鸠摩炎不愿继承相位,一路来到西域龟兹,龟兹王仰慕鸠摩炎的才华,聘请其为国师,并将妹妹耆婆嫁给了鸠摩炎,先后生下鸠摩罗什、弗沙提婆二子。相传鸠摩罗什母亲聪明异常,身怀鸠摩罗什期间,喜听高僧讲解佛法,并自通天竺语,在生下鸠摩罗什之后,便有了出家的念头。生下次子弗沙提婆之后,她坚持剃度出家。鸠摩罗什七岁时,亦随其母出家,当时便可日诵千偈。随后其母携其游学西域诸国,先后师从佛图舌弥、槃头达多、须利耶苏摩等学习佛法。之后回归龟兹,宣讲诸经。

前秦苻坚建元十五年(379年),中原僧人僧纯、昙充从龟兹云慕蓝寺游学归来,回到长安,称鸠摩罗什才智过人。当时中原僧人道安在长安从事佛经翻译工作,也极力劝谏苻坚能够请鸠摩罗什来长安。另一方面,西域鄯善王、前部王也游说苻坚讨伐龟兹。

图 2-2 慧皎撰《高僧传》卷第二关于鸠摩罗什的记录

建元十八年(382年),苻坚派遣骁骑将军吕光、陵江将军姜飞等,联合前部王及车师王等,率兵七万讨伐龟兹及乌耆诸国。建元二十年(384年),吕光攻陷龟兹,俘获鸠摩罗什。吕光回程抵达凉州时,苻坚被部将姚苌所杀,姚苌称王,自立后秦。吕光遂割据凉州,自立为王。姚苌死后,姚兴继位,于弘始三年(401年)讨伐并攻下西凉,将鸠摩罗什迎入长安。时年鸠摩罗什已五十八岁。

鸠摩罗什来到长安,开始翻译佛经,先后译出《阿弥陀经》《十诵律》《法华经》《维摩诘经》《小品般若经》《金刚经》等。根据唐代智昇的《开元释教录》所载,鸠摩罗什共译经书七十四部,三百八十四卷。

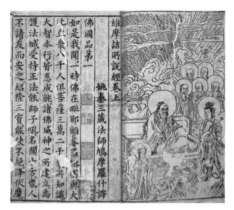
图2-3 鸠摩罗什译《维摩诘经》

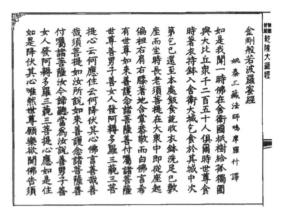
图2-4 鸠摩罗什译《金刚经》

就翻译佛经而论，鸠摩罗什认为，在达旨的同时，汉语译本的佛经，其语言表达要符合汉语读者的言语习惯，并能在一定程度上传达原作的文体特征。在《为僧睿论西方辞体》一文中，鸠摩罗什指出：

> 天竺国俗，甚重文制。其宫商体韵，以入弦为善。凡觐国王，必有赞德。见佛之仪，以歌叹为贵。经中偈颂，皆其式也。但改梵为秦，失其藻蔚，虽得大意，殊隔文体。有似嚼饭与人，非徒失味，乃令呕哕也。

这里的意思是说，天竺语言特别注重为文的形式，其韵文体以能够与乐曲相配吟唱为佳作。觐见国王时一定会赞美其美德，礼佛仪式中也是以歌叹为主要文体，佛经中的偈和颂都是如此。但将梵语翻译为汉语时，如果放弃了语言的形式，即便将意思翻译过来，但文体差异过大，译文也会丧失美感，如同"嚼饭与人"，不仅没有味道，而且会让人恶心呕吐。说明翻译不仅要注重内容，还要关注形式。

由此可见，鸠摩罗什译经时一方面力求忠实于原文，另一方面也保留了原文的异域特色，并尽可能使译文符合汉语表达的习惯。鸠摩罗什所译经文，文字精练，富有文采，可读性强，传颂较广。对于一些佛教术语，鸠摩罗什之前的译经家常采用"格义"法来翻译这些概念术语，导致译文晦涩难懂，鸠摩罗什则摒弃了"格义"法，对专有名词、术语，以及在汉语中难以找到对应表达的梵语词汇，均采用音译法，并力求统一译名，避免一词多义。一些由鸠摩罗什创立的佛教语言，如"菩萨""清净""极乐""菩提""舍利"等词，已完全成为汉语语言、文化和思想的一部分。

2.3 道安

道安，俗姓卫，河北冀州人，前秦时期僧人，与鸠摩罗什同时代，被鸠摩罗什称为"东方圣人"。相传道安尽管其貌不扬，但记忆力惊人。曾师从西域高僧佛图澄。前秦建元十五年(379年)，苻坚派苻丕攻打襄阳，目的在于请道安入长安。道安入长安时，已是六十七岁高龄。他在长安五重塔设置译场，致力于佛经翻译事业。根据《高僧传》记载，魏晋南北朝时期，佛教僧人多以"师"为姓，道安提出"大师之本，莫尊释迦"，因此改姓"释"，这一做法为后世僧人所遵行。

道安主持的译场规模宏大，译者云集，曾聚集僧伽跋澄、昙摩难提、僧伽提婆、鸠摩罗佛提、耶舍、昙摩蜱、昙摩侍等外来僧人，以及本地的译经僧、义学僧等，翻译了《摩诃钵罗若波罗蜜经抄》《中阿含经》《鼻奈耶经》《十诵比丘戒本》《三法度论》等佛教经、律、论，以及佛传类的《僧伽罗刹集经》等。梁启超（2001）[182]指出，"翻译文体之讨论，自道安始，安不通梵文，而对于旧译诸经，能正其谬误。所注《般若》《道行》《密迹》《安般》，寻比文句，析疑甄解，后此罗什见之，谓所正者皆与原文合。"这充分说明道安佛学功底之深。道安在《摩诃钵罗若波罗蜜经抄序》中提出的"五失本、三不易"思想，对当时的佛经翻译实践具有直接的指导意义。

>译胡为秦，有五失本也：一者，胡语尽倒而使从秦，一失本也；二者，胡经尚质，秦人好文，传可众心，非文不合，斯二失本也；三者，胡经委悉，至于叹咏，叮咛反复，或三或四，不嫌其烦，而今裁斥，三失本也；四者，胡有义说，正似乱辞，寻说向语，文无以异，或千五百，刈而不存，四失本也；五者，事已全成，将更傍及，反腾前辞，已乃后说，而悉除此，五失本也。然般若经三达之心，覆面所演，圣必因时，时俗有易，而删雅古以适今时，一不易也；愚智天隔，圣人巨阶，乃欲以千岁之上微言，传使合百王之下末俗，二不易也；阿难出经，去佛未久，尊者大迦叶令五百六通迭察迭书，今离千年而以近意量裁，彼阿罗汉乃兢兢若此，此生死人而平平若此，岂将不知法者勇乎？斯三不易也。涉兹五失本、三不易，译胡为秦，讵可不慎乎！

这里所说的"五失本"是指在将梵语经文翻译成汉语时，有五种情况会失去原文的本来之意，具体包括：①语序，梵汉句法不同，梵语多倒装句，依照梵语句法译成汉语，则失其本义；②文质，梵语重质朴，汉语喜文饰，译文若缺少文采，则很难满足读者的期待，有失本义；③梵语佛经多有反复咏叹、再三叮咛之语，翻译成汉语若全部予以删除，则有损本义；④梵语佛往往先以散文叙事，然后以诗句概括，汉语译文则会删除重复的颂辞，亦会损本义；⑤梵语佛经，叙述完一件事，在另述他事前，又会重复前文，汉语译文则会悉数删除此类重复，亦失本义。"五失本"中，第一条是梵汉的语序差异，第二条是梵汉的文体差异，后三条则是梵汉在"繁简"方面的差异。

所谓"三不易"是指：①佛经乃佛陀根据当时情境而言，古今时俗有差异，译文若删古雅以适今时，这不容易做到；②佛陀所言为大智慧，凡夫俗子难以信受，要想把千年之前佛陀的微言大义译得合乎凡人胃口，适合时俗，这也不容易做到；③阿难在记录佛陀所言时距释迦牟尼去世不久，大迦叶令五百罗汉审察、著录，他们尚且需要兢兢业业，何况凡人，且凡人岂敢对佛典翻译有丝毫懈怠，甚至对其有所裁量，这都不容易做到。这里的"三不易"分别针对原作与译作的时代距离、作者与读者之间的身份差异，以及对译者的要求等方面。梁启超（2001）[184]曾对道安的"五失本，三不易"做如下阐释：

>安公论译梵为秦，有"五失本，三不易"。五失本者：（一）谓句法倒装。（二）谓好用文言。（三）谓删去反复咏叹之语。（四）谓去一段落中解释之语。（五）谓删去后段覆牒前段之语。三不易者：（一）谓既须求真，又须喻俗。（二）谓佛智悬隔，契合实难。（三）谓去古久远，无从询证（见《大品般若经序》，以原文繁重不具引，仅撮其大意如上）。后世谈译学者，咸征引焉！要之，翻译文学程式，成为学界一问题，自安分始也。

梁启超对道安翻译思想的阐释，明晰而精准，甚至将其誉为"翻译文学程式"的鼻祖。后世谈及译学，几乎很难超出道安的思想。道安关于翻译的思想，也成为中国传统译论的基石之一。

2.4 玄奘

玄奘在中国是一个家喻户晓的名字，《西游记》就是根据玄奘西行求法的真实经历改编的神话小说。玄奘俗姓陈，名祎，祖籍河南偃师。因有感于各地佛理说法不一，决定前往印度求法，于贞观三年（629年）由长安出发前往天竺，历时四年，于贞观七年（633年）到达印度那烂陀寺，师从当时印度摩竭陀国那烂陀寺住持戒贤大师，相传戒贤大师将自己的佛学知识悉数传给了玄奘，后由玄奘传至中国。玄奘在印度生活十四年，于贞观十九年（645年）回到长安，前后历时十七年，行程五万里，并写下一部《大唐西域记》（玄奘口述，辩机执笔）共十二卷，记载了长安至印度沿途西域诸国及印度各邦国的风土人情、历史地理、气候物产、宗教信仰、民俗文化等情况。《大唐西域记》既是一部游记，同时也是研究古代中国西北、中亚及印度等地区社会、文化、历史的"活"文献。

图 2-5　玄奘西行求法

图 2-6　玄奘口述，辩机执笔《大唐西域记》

"印度"这一译名即始于玄奘。自古以来，中国对印度的称谓并不统一。西汉时，印度被称为"身毒"，东汉时称为"贤豆"，从魏晋南北朝到隋唐时期，开始被称为"天竺"。玄奘认为，"今从正音，宜云'印度'"。玄奘以后，"印度"这一称谓开始在中国通行，直至今天。

玄奘归国时，共带回佛经657部。归国后，他在唐太宗的支持下随即开始了他的译经事业，并于贞观二十二年（648年）在长安城内建大慈恩寺，设立翻经院，作为翻译活动的译场，即今大雁塔的所在地。大雁塔则是永徽三年（652年）由玄奘所建，用来贮藏玄奘从印度带回的经像。在归国后的十九年里，玄奘共译佛经七十五部（总计1335卷，达1300多万字），占整个唐代译经总量的一半以上。

玄奘的佛经翻译实践很多,但其所留下关于译经的讨论则很少。周敦义为宋代僧人法云的《翻译名义集》所作的序言中有玄奘关于"五种不翻"的讨论(陈福康,2000)[33]:

> 唐奘法师论五种不翻:一、秘密故,如"陀罗尼"(直言,咒语)。二、含多义故,如"薄伽梵",具六义(自在、炽盛、端庄、名称、吉祥、尊贵)。三、此无故,如"阎净树"(胜金树),中夏实无此木。四、顺古故,如"阿耨菩提"(正偏知),非不可翻,而摩腾以来,常存梵音。五、生善故,如"般若"尊重,"智慧"轻浅;而七迷之作,乃谓"释迦牟尼",此名"能仁","能仁"之义位卑周孔;"阿耨菩提",名"正偏知",此土老子之教先有,无上正真之道,无以为异;"菩提萨埵",名"大道心众生",其名下劣。皆掩而不翻。

这里,所谓"不翻"是指音译,即译音不译义。玄奘认为,原文中的五种情况都需要作音译处理,具体包括:①保留原文的神秘性,如咒语,如果语音发生了变化就不会灵验;②原文一词多义;③汉语文化中不存在对应物;④保留已经被认可的习惯用法,即"约定俗成"的原则;⑤神圣、引人敬畏的语言也不译义。这一总结,十分全面,且有理有据。梁启超(2001)[222]认为,唐朝贞观至贞元年间,是佛教的全盛时期,"译事亦登峰造极","其空前绝后之伟人,则玄奘也"。这是对玄奘最高的评价,因为玄奘开启了佛经翻译的新时期。陈福康(2000)[29]指出,"佛教史家又把罗什以前的译经称为'古译',把罗什及其后的译经称为'旧译',而把'新译'的名称独让给玄奘",因为"玄奘确实开创了中国译经史的新风格、新局面"。

3 核心译论主题和"译场"制度

3.1 "文""质"之争

佛经翻译时期,贯穿始终的一个核心译论主题即"文""质"之争。"文"即"文辞上的修饰",是要求译文接近汉语语言的使用习惯;"质"即"质朴""质直",是指按照原文直译,尽可能保留原文的语言特点,甚至可以不符合汉语的表达形式。二者大体上相当于我们今天所说的直译(literal translation)和意译(free translation)之分。梁启超(2001)[179-180]将佛经翻译时期的"文""质"视为两种翻译文体:

> 翻译文体之问题,则直译、意译之得失,实为焦点。其在启蒙时代,语义两未娴洽,依文转写而已。若此者,吾名之为未熟的直译。稍进,则顺俗晓畅,以期弘通,而于原文是否吻合,不甚厝意。若此者,吾名之为未熟的意译。然初期译本尚希,饥不择食,凡有出品,咸受欢迎,文体得失,未成为学界问题也。及兹业寝盛,新本日出,玉石混淆,于是求真之念骤炽,而尊尚直译之论起。然而矫枉太过,诘鞠为病,复生反动,则译意论转昌。卒乃两者调和,而中外醇化之新文体出焉!

根据梁启超的观点,直译、意译是佛经翻译时期翻译文本的两种呈现方式,二者存在一个交互发展的过程:佛经翻译初期,由于两种语言之间并未从语义层面建立充分的对应关系,早期的译经仅是对原文的转写,即译音居多,不能算作"好的"直译,梁启超称之为"未熟的直译";随后译经家们开始考虑汉语语言的习惯和汉语读者的接受度,则更注重译文的流畅性和接受度，不去多关心译文与原文是否对应，即只做注重传达原文大意的意译，但这也不能算"好的"意译，梁启超将此类翻译称为"未熟的意译"。早期译本稀少，只要翻译出来就会受到欢迎，因此不会关注直译或意译的问题，但随着佛经翻译的兴盛，各类翻译版本层出不穷，于是译界则希望译本能够忠于原作，因而直译则受到推崇。但当直译发展到一定程度，又会再次受到质疑，则意译的思想再次兴起。当二者最终达到一定调和，则产生出一种新的文体，即翻译文体。这里，梁启超是将关于直译与意译的讨论放在两种语言与文化的沟通和交流程度的层面来讨论的，"未熟的直译"和"未熟的意译"是翻译文体的两个极端，二者也构成一个连续统，译本会随翻译活动的历时发展在两个极端之间摆动。

早期的佛经翻译比较推崇"直译"，即尚"质"，如安世高、支谶的翻译，后期的翻译相对多"意译"，即尚"文"，如鸠摩罗什的翻译，但也并非绝对，总体上，佛经翻译时期"直译"是主流。其原因至少有以下两点。第一，文本类型决定翻译策略。佛经翻译活动中，原文本享有神圣的地位，因此在翻译中对原作的"忠实"被放在首位，目标语读者的期待与接受则在一定程度上被忽略，译者在翻译中享有的自由度则较少，只有采取直译才能更好地"再现"佛经的本旨，另一方面也保证了译者不会受到质疑。第二，佛经翻译在不同时期由当时的翻译模式所决定。梁启超将中国早期的佛经翻译划分为外国人主译期、中外人共译期和本国人主译期三个阶段。早期翻译多以外来胡僧为主，如摄摩腾、竺法户、支谦等。胡僧的姓氏也能说明其身份来源，来自月支的僧人以"支"为姓，安息的僧人以"安"为姓，康居的僧人以"康"为姓，天竺僧人以"竺"为姓。早期胡僧多不通汉语，因此其主导的翻译不会过多考虑汉语读者的接受度，且多以背诵的方式"口授"，笔述者或以胡语或以汉语记述。到了中外共译时期，原文与译文均有兼顾，在一定程度上避免了过度的直译或意译。本国人主译时期则更多考虑汉语读者的接受情况，因而译文也更倾向于意译。

关于直译与意译的讨论不仅是佛经翻译时期的核心话题，也几乎贯穿于古今中外整个传统译论的始终，在一定程度上奠定了翻译讨论的基础。

3.2 "译场"制度

根据《中国大百科全书》的描述，"译场"是指"中国古代组织佛经翻译的一种形式。既指译经的场所，也指译经时分工合作的集体组织"。早期的译场多为私人性质，是译者在佛教信徒的赞助和支持下进行的有组织的佛经翻译活动，通常规模相对较小。早期译场的形成，客观上也是由于翻译活动中的语言问题，即参与翻译活动的外来僧人略通或不通汉语，本地僧人略通或不通胡语，因此需要采取合作的方式，多重接力来完成翻译活动。到了魏晋南北朝时期，译场开始得到政府支持，被逐步官方化而成为主流。最早的佛经翻译官方译场是前秦苻坚时期在长安建立的由道安主持的译场，还有后秦姚兴时期在长安建立的由鸠摩罗什主持的逍遥园译场。之后还有隋朝时期在长安建立的大兴善寺译场和唐朝时期在长安设立的由玄奘主持的弘福寺、慈恩寺译场等。这些译场对中国早期的佛经翻译事业发挥了重大的推动作用。

译场的运作与分工方式也有历时差异。隋朝之前，在译场中讲经与译经同时进行，也就是说，这一时期的译场相当于一个大规模的公共教育场所；隋朝以后，讲经与译经被分开，译场成为专门的翻译场所。早期的译场以私人组织为主，规模小，分工较为简单，主要采取"口授"加"笔述"的方式。例如，早期的安世高和支娄迦谶均为外来僧人，且梵汉皆通,一边翻译一边讲解,信徒将听讲记录整理出来,这就成了最早的译本。之后的译场规模宏大,译场分工通常包括:译主、笔受、度语、证梵、润文、正义、总勘等诸多环节。

根据《中国大百科全书》中的介绍,隋唐时期的译场制度更为完善,分工更为细致,最多可达十多种,具体包括:①译主,作为译场主持人,手持梵语原本,口宣梵语,居于主位;②证义,负责与译主探讨梵文,以达到正确理解梵文经卷的意思;③证梵本,负责在译经时听译主诵读梵文,留意背诵中有无差错;④证禅义,对经文的"禅法"加以评价确认;⑤度语,将经文以汉语加以记录;⑥书字,对译经中"不翻"的情况,以汉字译音转写;⑦笔受,译主宣译完毕,由笔受者书面写成汉文;⑧缀文,负责理顺语言;⑨证译,核对梵汉两种文字,确保不出现语义上的错误;⑩校勘,负责校对、刊定;⑪润文,对文辞加以润色;⑫梵呗,唱经人将音译经文按音韵诵唱;⑬监护大使,皇帝钦命的大臣,负责审阅翻译的经文。由此可见,这种在官方赞助下的集体作业方式,不仅能够确保佛经翻译产出的质量,也能够保证一定的数量和规模,属于早期有组织、有计划的国家翻译行为。

4 佛经翻译带给中国文化的影响

梁启超将佛经翻译带给汉语语言和文学的影响总结为"国语实质之扩大""语法文体之变化"及"文学的情趣之发展"三个方面。

佛经翻译大大丰富了汉语的语言,增加了汉语的词汇及表达。佛经通过翻译进入汉语后,随即成为汉语的一部分。由于佛经的权威性,汉译佛经迅速完成了其经典化的过程,以至于人们从未将其视为一种翻译语言,而是将其作为汉语的一种经典存在来对待。汉语研究领域将这种语言称为"佛教混合汉语"(Buddhist Hybrid Chinese),简称佛教汉语。朱庆之(2009)[654]认为,就佛教汉语研究而言,其中一个重要方面就是"佛教和佛经翻译对汉语历史演变的影响",因为"语言接触,包括不同语言之间的接触和同一语言中口语与书面语之间的接触可能是导致语言演变的最重要的原因"。梁启超在评价日本僧人织田得能等编纂的《佛教大辞典》时指出,其中所收录三万五千多词条大多来源于中国早期的佛经翻译,汉语中"增加三万五千语,即增加三万五千个观念也"(转引自魏志成,1996)[85]。

就佛经翻译带来的"语法文体之变化",梁启超(2001)[198-199]总结了十条,包括词法、句法、文法,以及文本呈现方式等方面:

> 吾辈读佛典,无论何人,初展卷必生一异感,觉其文体与他书迥然殊异,其最显著者:(一)普通文章中所用"之乎者也矣焉哉"等字,佛典殆一概不用(除支谦流之译本)。(二)既不用骈文家之绮词俪句,亦不采古文家之绳墨格调。(三)倒装句法极多。(四)提挈句法极多。(五)一句中或一段落中含解释语。(六)多覆牒前文语。(七)有联缀十余字乃至数十字而成之名词。——名词中,含形容格的名词无数。(八)同格的语句,铺排叙列,动至数十。(九)一篇之中,散文、诗歌交错。(十)其诗歌之译本为无韵的。凡此皆文章构造形式上,画然辟一新国土。质言之,则外来语调之色彩甚浓厚,若与吾辈本来之"文学眼"不相习,而寻玩稍进,自感一种调和之美。

梁启超指出，佛经翻译语言在呈现方式方面，一改文言文的各种规矩，如"之乎者也"和骈体文的华丽，借鉴梵语的句法和文法，使汉语的表达更加灵活多样，给人一种异域的"新鲜感"，以及中外语言交流所产生的翻译语言的"调和美"。这不仅表明了梁启超对待翻译和翻译语言的包容态度，也充分体现出汉语语言的兼收并蓄，汉语的表现形式在翻译的推动下进一步向前发展。

就"文学的情趣之发展"，梁启超提出，中国近代小说、歌曲等文学形式的发展均与佛典翻译文学密不可分。如《孔雀东南飞》等古乐府受到鸠摩罗什译《佛本行赞经》的影响，《搜神记》之类小说应该是受到《大庄严经论》等影响，《水浒传》《红楼梦》等受《华严经》《涅槃经》影响较多，宋元明以后的杂剧、传奇、弹词等也是间接受到《佛本行经》的影响。梁启超之所以有如此观点，是因为在他看来，尽管表面上这些文学作品与佛经典籍并无直接关系，但近代文学与大乘经典之间在深层仍存在微妙关系。胡适在其《白话文学史》中也讲到，译经文学在中国文学史上的影响至少有三个方面：第一，朴实平易、"但求易晓，不加藻饰"的白话体的佛经翻译造就了一种不同以往的文学新体，佛家寺院也成了白话文与白话诗的发源地；第二，佛教文学的想象力对于当时缺乏想象力的中国文学起到了解放作用，可以说中国浪漫主义文学即是印度文学影响下的产物；第三，佛教文学中的长篇故事、小说，以及半小说、半戏剧体的作品对中国后来的文学体裁发展产生了重大影响。

5　小结

始于东汉时期的佛经翻译是我国历史上第一次翻译高潮，其规模之大、时间跨度之久、涉及人物之多、在社会中享有地位之高、对中国社会方方面面产生的影响之大，应该说是空前的。早期佛经翻译对中国语言文字、文学、文化、思想产生了深远的影响，不仅起到了介绍外来文化、扩展视野的作用，也为中国文化的发展注入了新元素。语言文字方面，译经家们创造性的遣词用句扩展了汉语的词汇量和表达能力，丰富了汉语语言的内涵。佛经文学本身兼具文学和哲学性质，对中国文学的发展起到了借鉴和影响作用，使中国文学在形式与内容上呈现出新的风貌，一定程度上丰富了中国文学创作的题材和思想内涵。此外，佛经翻译对中国文化和思想也产生了深远影响，佛经翻译使中国人接触到了不同的哲学思想和文化形式，并将其融入中国的文化传统中。佛经翻译为中华文化的多样性作出了贡献，是中国翻译史上的重要里程碑之一，促进了中华文化的发展和繁荣。

调查、思考与讨论

1. 中华文化为何会在东汉时期与印度文化发生接触与交流？
2. 早期佛经翻译在译者身份、翻译模式、翻译策略及译文呈现方式方面表现出哪些特征？
3. 请从翻译学的视角，讨论支谦《法句经序》的意义。
4. 佛经翻译在魏晋南北朝时期享有何等社会地位？它体现在哪些方面？
5. 请简要说明佛经翻译史上的"文""质"之争。
6. 道安"五失本，三不易"思想的价值体现在哪些方面？

7. 玄奘对中国佛经翻译的贡献体现在哪些方面？
8. 《大唐西域记》是怎样的一部作品？其价值可体现在哪些方面？
9. 梁启超对佛经翻译有哪些自己独到的认识和见解？
10. 请讨论佛经翻译对中国语言文字、文学、文化及思想的影响。

翻译习作

请在小组分工调查、讨论基础上，借助翻译工具完成以下汉-英、英-汉翻译习作，总结翻译中遇到的问题并进行讨论。

(1) 汉译英

佛经翻译，从"白马驮经"算起，差不多有两千年了。据传说，东汉明帝（公元58年至75年在位）时——实际上是据记载，只不过这记载的是传说——派使者去西天取经。《后汉书》卷八十八云："世传明帝梦见金人，长大，顶有光明，以问群臣。或曰：'西方有神，名曰佛，其形长丈六尺而黄金色。'帝于是遣使天竺问佛道法，遂于中国图画形像焉。"明帝派人不但取回了真经，用白马驮回来的，还接来了高僧摩腾、竺法兰。为了这白马驮来的经，在洛阳西门外造了白马寺。请那接来的高僧在寺里译经，这就是传说中最早的翻译成果《四十二章经》。

是否确有《四十二章经》，是有争论的。梁启超（1998）[26]在《〈四十二章经〉辨伪》中说："此书必为中国人作而非译自印度；作者必为南人而非北人；其年代最早不过吴，最晚不过东晋；而与汉明无关，则可断言也。"但汤用彤（1997）[26-28]认为梁说"非确论"，"《四十二章经》汉晋间有不同的译本[…]译出既不只一次，则其源出西土，非中华所造，益了然矣。"

不管"白马驮经"是真是假，佛徒、佛教、佛经在东汉初年传入中国是不会有什么错的。与汉明帝、章帝同时的楚王英在家接待持经东来的僧人，并信仰了佛教。《后汉书》卷八十八说："楚王英始信其术。"指的就是信佛教。《隋书》卷三十五说："楚王英以崇敬佛法闻，西域沙门赍佛经而至者甚众。"

以上确定了佛经翻译开始的年代。从那以后，翻译的事业就开展起来了。

（朱志瑜，"佛经翻译概述"，《佛籍译论选辑评注》导言）

(2) 英译汉

As far as an anthology of Chinese discourse on translation is concerned, achieving "thick translation" entails four main considerations: (1) How are we to bring out the rich nuances of meaning of key Chinese translation concepts without relying on the conventional means of replacing them with apparently "corresponding" concepts in the target culture, and thus erasing important differences and distinctness? (2) How are we to ensure that the salient features of Chinese discourse on translation can surface in spite of the linguistic and cultural divide? (3) How are we to convey the cultural tradition, or evoke a sense—some senses—of the cultural tradition in which the key concepts are rooted? (4) How much historical and other background information needs to be provided to facilitate comprehension?

These four considerations are interrelated. The satisfaction of the first and the second considerations is dependent on the third and the fourth considerations being met. This means that in order to interpret, describe, represent, and re-present the Chinese translation concepts and the salient features of Chinese discourse on translation adequately (in order to, as it were, translate "thickly"), ways must be found to bring the Chinese cultural tradition to life, and sufficient background information has to be provided.

Contextualization is the key to achieving thick translation. And that is also where the challenge begins: with the determination of measures to ensure depth, complexity, and fine distinctions of meaning, measures that will generate a thick translation rather than a translation that is merely thick.

Appiah has not commented on the colloquial meanings of the word "thick". However, the concept of "thick translation" is useful precisely because of the double meaning and the duplicity embedded in it. The concept highlights the tension between the attempt to attain breadth and depth in translation and the charge of denseness such an attempt might provoke. The concept is useful because, at the same time as it indicates what the translator is seeking to do in his/her translation, it also spells out the possibilities of misfired intention, overkill, failure, and ridiculousness. In short, the term identifies itself as a problematic — a problematic of the (self)representation of culture.

(Martha Cheung, Lin Wusun, *An Anthology of Chinese Discourse on Translation*)

推荐阅读

陈福康，2000.《中国译学理论史稿》(增订本). 上海：上海外语教育出版社.
胡适，1998.《白话文学史》(8). 北京：北京大学出版社.
季羡林，2010.《佛教十六讲》. 武汉：长江文艺出版社.
梁启超，2001.《佛学十八篇》. 上海：上海古籍出版社.
朱志瑜，2006.《佛籍译论选辑评注》. 北京：清华大学出版社.

第 3 章　中国翻译史（Ⅱ）

> "欲求超胜，必须会通；会通之前，先须翻译。"
>
> （徐光启，《历书总目表》）
>
> "故今日而言，译书当首立三义：一曰，择当译之本；二曰，定公译之例；三曰，养能译之才。"
>
> （梁启超，《论译书》）
>
> "注重翻译，以作借镜，其实也就是催进和鼓励着创作。"
>
> （鲁迅，《关于翻译》）

中国历史进入明朝，对外交流方面既有和平外交，也有武力征讨，既有海禁政策，也有朝贡贸易，更有郑和七下西洋的辉煌壮举。明末基督教传入的同时，也带动了科学翻译活动的兴起。晚清时期，两次鸦片战争让国人意识到落后就得挨打的道理，提出了"师夷长技以制夷"的思想，此后开始了大规模借助翻译来学习西方的探索，从格致到政令，从思想到文学，翻译为各方面的变革都作出了很大的贡献。清政府被推翻以后，新文化运动推动了思想的进一步变革，翻译在社会生活中依然发挥着举足轻重的作用，早期有关马克思主义的翻译活动为马克思主义在中国的传播奠定了一定的基础。

明末、清末和五四运动前后是继佛经翻译之后的三次翻译高潮。每个阶段在翻译方面都有各自的特点、思想和代表人物。值得我们思考的是，不同阶段的翻译活动与社会发展是否存在一定的互动关系？不同时期有哪些翻译代表人物，翻译了哪些作品，这些翻译作品分别发挥了什么作用？不同时期的翻译活动在推动社会、历史与文化发展进步方面具有怎样的重要功能？总体而言，翻译在知识传播、文化交流、贸易发展、外交关系、社会思想进步等方面均扮演着重要的角色。不同历史时期的翻译活动的兴起，都与社会变革和发展密不可分。

1　明末的科学翻译活动

黎难秋（2006）[212]认为，"从汉晋至唐宋，伴随佛教经典的大量翻译，外国的一些天文、算学、医学、哲学等方面的知识也传入了我国。"也就是说，早在两千多年前，科学翻译已在中国零星发生。伴随明末基督教在中国的传播，西方科学文献被大规模译介到中国。据统计,明末清初之际,大约有 30 名外国传教士共编译各类科学译著(包括辞典)约 167 种(黎难秋,2006)。

十五世纪末,随着意大利航海家哥伦布发现新大陆,以及葡萄牙航海家达·伽马开辟了从欧洲通往亚洲的新航线,新一轮的文化交流便拉开了帷幕。十六世纪初,葡萄牙人开始打着租借的旗号占据了澳门,面对当时明朝的"海禁"政策,殖民者除力推贸易外,亦选择借助宗教传播来打开中国的大门。十六世纪中后期,罗马教皇开始派遣耶稣会士前往中国。在传教遇阻后,早期的传教士逐渐意识到,要想在中国传教,不仅要掌握汉语,还需要"入乡随俗",并具备特殊的才干和能力。1582 年,意大利传教士利玛窦抵达澳门,次年来到广东肇庆。除去其神父和传教士的身份外,利玛窦还是一位学者,在天文、数学、地理等科学领域均有一定造诣,被当时的士大夫阶层尊称为"泰西儒士"。随后来华的传教士中,很大一部分同时也是当时在欧洲享有一定声誉的学者和科学家。这些传教士一方面传教,另一方面广泛结交当时的士大夫和官员,合作开展了一系列科学翻译活动,开启了明末科学翻译的高潮。

1.1 徐光启与利玛窦的《几何原本》汉译

徐光启,明末政治家、科学家、军事家和翻译家,在天文、数学、水利、农学、军事等领域均有涉猎,官至崇祯朝礼部尚书兼文渊阁大学士,被誉为"会通中西第一人""翻译西方科学的鼻祖",是中西文化交流和中国近代科学技术事业的先驱。1607 年,他与利玛窦合作翻译了古希腊数学家欧几里得《几何原本》前六卷。需要指出的是,此译作底本为利玛窦的老师、数学家克拉维乌斯 1591 年的拉丁文评注本,共十五卷,亦称为《原本十五卷》(*Elementorum Libri XV*)。尽管徐光启希望一鼓作气完成剩余九卷,但利玛窦却提出,"请先传此,使同志者习之,果以为用也,而后徐计其余"。徐光启接受了利玛窦提议:"是书也,苟为用,竟之,何必在我。"于是在明万历三十五年(1607 年),《几何原本》前六卷在北京初次刻印出版,成为第一部我国翻译的西方数学著作。

图 3-1 徐光启画像

图 3-2 1668 年《中国图说》荷兰语译本中的徐光启与利玛窦画像

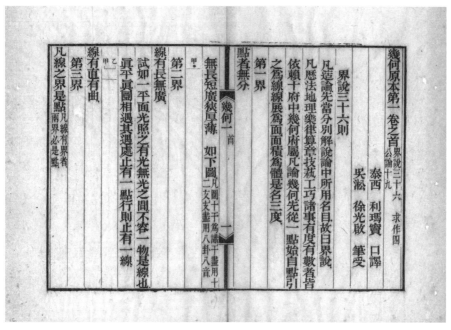

图 3-3 徐光启、利玛窦版《几何原本》第一卷首页

该书一经出版便引起广泛关注和强烈反响,成为当时数学学习者的必读书目,并且在很大程度上影响了近代中国数学的发展。徐光启在"刻《几何原本》序"(见下引文)叙述了《几何原本》在西方科学中的地位、翻译此书的缘由,以及传译此书的意义等。

《几何原本》者,度数之宗,所以穷方圆平直之情,尽规矩准绳之用也。利先生从少年时,论道之暇,留意艺学,且此业在彼中所谓师传曹习者,其师丁氏,又绝代名家也,以故极精其说。而与不佞游久,讲谈余晷,时时及之。因请其象数诸书,更以华文,独谓此书未译,则他书俱不可得论。遂共翻其要约六卷。既卒业而复之,由显入微,从疑得信,盖不用为用,众用所基,真可谓万象之形囿、百家之学海,虽实未竟,然以当他书既可得而论矣。

私心自谓,不意古学废绝二千年后,顿获补缀唐虞三代之阙典遗义,其裨益当世,定复不小。因偕二三同志,刻而传之。先生曰:"是书也,以当百家之用,庶几有羲和般墨其人乎,犹其小者,有大用于此,将以习人之灵才,令细而确也。"余以为小用大用,实在其人,如邓林伐材,栋梁榱桷,恣所取之耳。顾惟先生之学,略有三种,大者修身事天,小者格物穷理,物理之一端,别为象数。一一皆精实典要,洞无可疑,其分解擘析,亦能使人无疑。而余乃亟传其小者,趋欲先其易信,使人绎其文,想见其意理,而知先生之学可信不疑,大概如是,则是书之为用更大矣。他所说几何诸家,藉此为用,略具其自叙中,不备论。吴淞徐光启书。

徐光启指出,《几何原本》是数学的本源之作,利玛窦(即文中"利先生")曾师从"丁氏"(即克拉维乌斯神父),学习此书。徐光启在与利玛窦交往过程中发现利先生不仅精通此学,而且时常提及此书,于是提议合作翻译。利玛窦指出,《几何原本》应为数学学科首译之书。尽管二人合作翻译完成了前六卷，未能全译，但其对中国数学的影响已经不容小觑。利玛窦认为，《几何原本》"以当百家之用"，看似细小，实则有大用，因为数学可以训练人的思辨能力，使人达到精细与正确。徐光启也认为，在利玛窦的三种学问当中，此学颇为重要，此书"为用更大"。需要特别指出的是，《几何原本》第一次将欧几里得的几何学及其严密的逻辑体系和推理方法引入中国，译本中确立的许多几何学名词，如点、直线、平面、相似等一直沿用至今。

然而遗憾的是，1610年，利玛窦去世，《几何原本》后九卷的翻译工作被迫搁置。直到两个半世纪以后的清同治四年（1865年），《几何原本》后九卷才由晚清数学家李善兰与英国传教士伟烈亚力根据英国数学家巴罗的十五卷英文本译出。

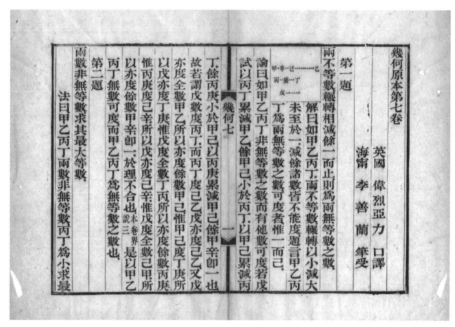

图 3-4　李善兰、伟烈亚力版《几何原本》第七卷首页

此外，徐光启还与利玛窦合作编译完成了第一部融合中西测算方法的数学著作《测量法义》。1612年，徐光启与意大利传教士、水利学家熊三拔合作翻译的《泰西水法》，是我国第一部译自西方的水利学著作。1624年，徐光启与意大利传教士毕方济合作翻译的亚里士多德的《论灵魂》，译作题名《灵言蠡勺》，是一部较早详细介绍西方心理学思想的著作。

徐光启除与西方传教士合作进行科学翻译活动外，还提出了自己的翻译思想："欲求超胜，必须会通；会通之前，先须翻译。"意思是说，在科学翻译中，要想达到一种文化对另一种文化的超越、胜出，就必须对两种文化中就同一问题的思考融会贯通，既能找到差异，又能发现共通之处，最终达到既要为我所用，又要"青出于蓝而胜于蓝"的效果；但融会贯通的前提必须借助翻译。也就是说，在徐光启看来，科学翻译的目的，不仅仅在于简单的语言转换，更在于通过翻译，实现在学习外来文化基础上的进一步超越。

1.2 王徵与邓玉函的《奇器图说》编译

在明末的科学翻译活动中，陕西泾阳人王徵与来自德国的传教士邓玉函合作编译的《奇器图说》(也称《远西奇器图说录最》或《远西奇器图说》)被誉为一部"奇人""奇书"。这部著作不仅是中外科技交流史上具有历史意义的一份记录，同时也是中国早期希望借助翻译推动科学发展的一个范例。《奇器图说》是"我国第一部机械工程学"翻译著作。

  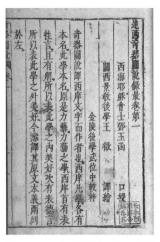

图 3-5　王徵(1571-1644)　　图 3-6　邓玉函(1576—1630)　　图 3-7　《奇器图说》卷一首页

李约瑟(1999)[183]认为，此书"首次用中文介绍了文艺复兴时期的机械原理及欧洲工程师实际应用的情况"，王徵"肯定是中国第一位'现代的'工程师，虽然他远离文艺复兴的发源地，却实在是一位文艺复兴人士"。这些都足以说明《奇器图说》在中国科技史和文化交流史上的地位。

根据"《奇器图说》序"可知，这一编译活动的发起人即编译者之一——王徵。王徵本人是一个"奇器"爱好者，不仅痴迷"奇器"，而且有一定的制造技术。据来鹿藏版"《远西奇器图说录最》王徵自序"言，他在阅读意大利传教士艾儒略的《职方外纪》时，对其中记载的多勒多城从山下往山上汲水的工具、亚而几墨得(即阿基米德)设计的航海大船和自动浑天仪等工具充满好奇与向往。1626 年，王徵进京补官，正好遇到了在京城候旨修历的意大利传教士龙华民、德国传教士邓玉函和汤若望，交流过程中王徵就《职方外纪》中关于"奇器"的记载向他们求证，得到了传教士们肯定的回答，王徵要求一览此类书籍，结果发现其中"属奇器之图说者不下千百余种"，其中所记"种种妙用，令人心花开爽"。王徵提出想将这些书籍翻译成汉语，邓玉函则告诉他说，翻译这些力学书不难，但要懂力学必先懂得测量、计算、比例等相关知识。在邓玉函指导下，王徵"习之数日，颇亦晓其梗概"，在此基础上，两人开始了合作编译。

《奇器图说》的两位编译者均有自己的编译目的，只不过王徵起主导作用，可以在很大程度上决定翻译的内容。明朝末年，西方传教士或与中国学者合作编译或独立撰写了很多西学书籍，他们的目的在于将西方科技发展介绍给中国人，同时服务于传教。因此从邓玉函的视角来看，编译西方科学书籍是为了让当时的中国人更好地认识西方科技，使传教士能够以正面形象被中国人所接受，从而更好地传播基督教。而王徵的目的主要从实用角度出发，希望可以借助译书更好地服务民众民生。尽管制造"奇器"被视为"末务"，并不为当时社会所推崇,但王徵在其序言中指出:"学原不问精粗,总期有济于世人。亦不问中西,总期不违于天,兹所录者,虽属技艺末务,而实有益于民生日用,国家兴作甚急也。"据此可知,王徵发起编译《奇器图说》目的明确,就是想让更多的人了解机械知识,更好地服务老百姓。

《奇器图说》开篇署名为"西海耶稣会士邓玉函口授,关西景教后学王徵译绘",明确指出这部作品属于"西人口授"加"国人笔述"的传统翻译模式。《奇器图说》的序言中写道:"取诸器图说全帙,分类而口授焉。余则信笔疾书,不次不文,总期简明易晓,以便人人览阅。"据此可以推知,尽管王徵与邓玉函属合作编译,王徵在这一过程中仍发挥着主导作用,不仅在选材方面确定了基本原则,对文本呈现方式也具有决定权。从王徵的叙述看,邓玉函不仅可以使用汉语进行日常交流,还能用汉语就专业科学知识进行口头沟通。王徵本人不大懂外语,但作为一个科学家却可以就科学问题与邓玉函达到很好的交流,然后再将科学知识以当时中国读者易于接受的文字加图解的方式记录下来。可以看出,当时的编译过程采用的是两位科学家跨文化、跨语言的交流与合作模式:邓玉函扮演着一个专业口译员的角色,作为口述者,他在科学层面上做到了忠实于原文本,保证了译文的充分性(adequacy);王徵的图文记录主要作用在于传递科学信息,同时在语言和图像层面做到了同目标语语言规范与图例规范保持一致,确保了译本的可接受性(acceptability)。

这一合作模式在明末科学翻译中被广泛采用,其优势在于它保证了科学知识的跨语言传递,不足则在于:由于目标语文化占据主导地位,占主导地位的翻译活动发起人会根据目标语文化需要,对原文本信息进行筛选和改编,在一定程度上不利于科学知识体系的全面传播。

张柏春等(2008)[155]指出,"作为第一部用中文撰写的系统的力学著作,《奇器图说》在结构上和内容上都存在与西方著作明显的区别,这正是我们认识中西科学技术知识传播、重构与会通的典型个案"。张德让(2010)[68]认为,"'翻译会通'指译者通过翻译把中学和西学进行融会贯通,以求超胜","与传统学术会通不同的是,翻译所会通的双方是中学和西学,强调中学对西学的信任、开放、包容与接受,而非彼此的遭遇与冲突"。简言之,翻译会通即目标语文化以自身需求为导向,对外来文化接受与吸纳,达到为我所用的目的。这一思想不同于清末洋务派"中学为体,西学为用"的思想,更多体现出两种文化的平等交流与沟通互补。

《奇器图说》体现的中西科学知识会通表现在三个方面。第一,重构结构体系。原作中定义、定理、命题、假定、问题等内容被以"款"的形式重新并列排序,原作中例子、解释、注释、推论等被作为示例列于各"款"之下,原作中数学证明被删去,基本统一了图解画法。西方科学知识经过一定"变形",被"移植"到中国传统科技大背景下,为中国文化所用。第二,重构术语体系。《奇器图说》对物理学术语的处理方式可分为三大类:①使用汉语相关著作中的对应术语,如使用"柱""梁""架""轴""轮""机""器"等中国古代已有的传统机械术语,通常还会在核心字或词之前加上表示方位、状态、形状、大小、材料、功能、操作方式或从属关系的字词,如"横梁""立轴""方架""铁螺丝转"等,另外,原作中的西学度量单位也被替代为中国度量单位;②借鉴已有相关术语,《奇器图说》中的一些术语直接借用了已翻译西学著作中的既有译名,如"本所""重心"出自熊三拔与周子愚编译的《表度说》,"拂郎大铳"出自艾儒略的《职方外纪》等;③创立对应术语,如"力艺""重学""天平""杠杆""支点""齿轮""流体""本重""起重""水铳"等新创术语,其中"天平""杠杆""支点""齿轮""流体"等一直沿用至今。第三,重构图解背景。为使当时的国人更好地接受科学知识,编者对原著中的原图背景进行了重新绘制,使其"中国化",具体包括:①背景的欧洲人物示例被改绘为中国人,包括其衣着;②背景建筑及风景被改绘为中国建筑和风景;③简化原图。这样的改变更有利于当时国人接受此种科学知识,降低了普通读者了解此种科学知识的壁垒。

尽管如此,《奇器图说》等一批科学译书并没有充分发挥其应有作用。造成这一结果的原因是多样的。首先,科学知识体系建立的土壤在当时尚不够完备。尽管明末翻译了许多西方的科学书籍,但大多仅停留在以实用为目的,并未对科学知识进行深入系统的总结与归纳。其次,科学译著的预期受众认识有限。刘仙洲(1940)[9]认为,尽管当时一部分有远见的知识分子具有开放的眼光,能够接受西方纯粹的科学知识,但大多数还是持排斥态度,主要在于封建社会传统"攻乎异端"和"重'道'轻'艺'"的偏见。邹振环(2011)[309]认为,由于当时中国社会主要还是以家庭生产为单位的小农经济,难以产生对技术革新的积极追求,同时对西学科技比较陌生,产生了一定的排斥心理。正因如此,尽管明末的科学翻译活动确实带来了一定的科学启蒙效果,还是未能充分发挥其应当产生的作用。

2 清末的翻译活动

晚清是我国翻译史上的又一次翻译高潮,这一时期,翻译被视为一种挽救民族危亡的手段,发挥了举足轻重的作用,也使得翻译人员在当时的社会地位大幅提升。这一时期的翻译经历了由"格物制造"到"政令法律"再到"思想启蒙"的演变过程,这一过程在很大程度上反映了晚清时期从技术革新到制度革新再到思想革新的探索过程。

2.1 翻译科学技术著作,实行技术革新(1862—1894)

两次鸦片战争让中国人意识到"坚船利炮"才是战场上和外交上的制胜根本。国防成为国家事务中的首要大事,翻译西方的科技、军事著作,进行技术革新,成为这一时期翻译活动的主导思想。一系列同文馆和译书局相继创建,其中以京师同文馆、上海外国语言文字学馆和江南制造总局译书局最具代表性。

在认识到西方列强洋枪洋炮的威力后,李鸿章意识到提高军事实力是当时清政府的当务之急。1863年初,李鸿章在《请设外国语言文字学馆折》中指出,"彼西人所擅长者测算之学,格物之理,制器尚象之法,无不专精务实,渐有成书",但现有的翻译很有限,他设想将来同文馆培养的翻译人才"果有精熟西文,转相传习,一切轮船火器等巧技,当可由渐通晓。"李鸿章奏请设立同文馆的目的非常明确,就是为了学习西方的"轮船火器等巧技",发展军工,强大国防,实现"自强"。

以京师同文馆的译书为例,根据1898年《京师同文馆题名录》的记载,同文馆译书共计27种,其中人文社科著作12种,包括法律6种,语言3种,历史、外交、社会著作各1种;自然科学著作共计15种,包括化学3种,数学3种,天文5种,物理1种,医学2种,自然哲学1种。这些译书中,自然科学著作的翻译数量显然多于人文社科著作,自然科学著作的翻译目的主要服务于国防,人文社科著作的翻译目的主要是了解西方,从而在战场上和外交中取胜。以法律翻译为例,洋务运动时期翻译西方法律著作并不是为了效法西方，而是将其作为外交争端中对付洋人的一种工具，方便解决涉外活动中遇到的一些法律问题。恭亲王等在奏章中表示，"窃查中国语言文字，外国人无不留心学习。其中之尤为狡黠者，更于中国书籍，潜心探索，往往辩论事件，援据中国典制律例相难"，这说明当时清政府的官员在与西方国家的外交活动中已经意识到，西方人已经翻译了中国当时的法律制度，使侵略者有机会借此钻空子，制约中国，而另一方面清政府官员苦于语言不通，"每欲借彼国事例以破其说，无如外国条例，俱系洋字，苦不能识"。因此，官员们已经开始考虑翻译一些国际公法外交类的西书，以期其能够改变清政府在外交活动中的被动局面。例如，丁韪良翻译的《万国公法》(Elements of International Law)一经产生，便帮助清政府在"普丹大沽口船舶"事件中大获全胜。这一事件的成功解决，使洋务派官员认识到翻译外国法律的必要性，它可以作为外交活动中一种有效的工具。因此，又有一些西方法律著作陆续被同文馆翻译，如汪凤藻、凤仪译《公法便览》(Introduction to the Study of International Law)，联芳、庆常译《公法会通》(Das Moderne Volkerrecht der Civilisieten Staten als Rechtsbuch dargestellt)等。

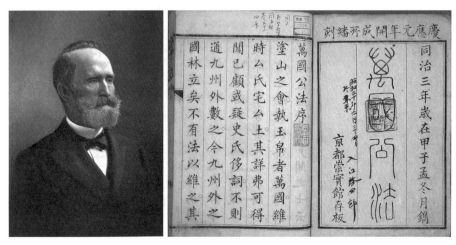

图 3-8　丁韪良及其译作《万国公法》

京师同文馆是以办学为主、译书为辅的学校兼译馆，因此在翻译时会较多考虑办学的需求。除京师同文馆外，江南制造总局译书局的西书翻译也表现出鲜明的"技术优先"的特点。该馆创立于1868年，到1881年，加上上海外国语言文字学馆并入前的5年，也不过15年时间，却已经翻译了近500本西方的科学技术著作，包括：已刊成者98部，计235本；尚未刊者45部，计142本；未译全者13部，计已译出34本。其中，译作所属门类包括：算学测量、汽机、化学、地理、地学、天文行船、博物学、医学、工艺、水路兵法、造船、国史、交涉公法、零件等。英国传教士傅兰雅在谈及江南制造总局翻译西书的情况时指出，"中国大宪已数次出谕，令特译紧要之书"。

这里所谓"紧要之书"即"制造与格致之学"，因为这些书籍一经译出，就能迅速被应用到工业制造和军事技术中，产生即时效益。江南制造总局是清朝洋务运动时建立的军事工业生产机构，其下设的译书馆所译的著作绝大部分属于自然科学类。甲午战争后，洋务派逐渐意识到仅靠技术革新并不足以改变清朝的落后现状，翻译活动的重心也发生了从科技著作到社会著作的过渡。

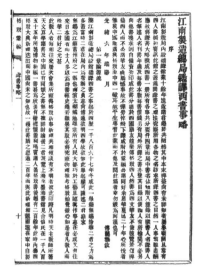
图 3-9 傅兰雅撰《江南制造总局翻译西书事略》

图 3-10 傅兰雅

2.2 翻译政令法律著作，变革政治体制(1894—1902)

甲午战败粉碎了洋务派的强国之梦。战争的失败使洋务运动开始遭到质疑，许多思想进步人士意识到，清朝的落后，关键不在军事技术的落后，他们开始思考政治体制的变革，翻译活动关注的焦点也从"格物制造"向"政令法律"转变。戊戌变法前一年，时任黑龙江舆图局总纂的屠寄在《译书公会叙》一文中指出：

> 从前同文馆所译偏重法律，上海江南制造局及天津水师学堂所译多兵家之言，夫公法国律既因时轻重，兵家技巧复出愈新，即此二端今日已译之书西人视之不啻刍狗。而各教会所译又尽出教士之口，其言多归重教宗。而于彼国政教之本与一切农工商艺术仍苦语焉不详，其不足开吾民之智也。

这里的关键词是"彼国政教之本"和"开吾民智"。他认识到以前向西方学来的不过皮毛而已。这是中国士大夫第一次承认"政治"和"民智"才是中国落后的根本症结所在。甲午战争的惨败加上《马关条约》的签订，致使有识之士考虑解决国家体制的问题：首先从翻译入手，为维新变法制造舆论，核心思想即主张以翻译"变法""政艺"之书为先。以"开民智、广见闻"为宗旨的维新派翻译出版机构——译书公会，在其机构刊物《译书公会报》周刊的启事中声明：

> 本公会志在开民智、广见闻，故以广译东西切用书籍、报章为主，辅以同人论说。今首先译出之书，为《五洲通志》《交涉纪事本末》《拿破仑失国记》《维多利亚载记》《威林吞大事记》《英国史略》。……所译各报，如英《泰晤士报》《律例报》《东方报》，法《非扎罗报》《勒当报》《国政报》，德《东方报》，美《自立报》《纽约报》，日本《政策报》及东报之最著名者若干种。

不难看出，《译书公会报》的翻译首选是各国的兴衰历史和时政，旨在"以史为鉴"，将他国兴衰发展的历史与当时中国的社会状况对比，从中汲取经验和教训。从其选材取向可以发现，其根本目的在于为维新变法制造舆论。在一定程度上，此类讨论已经开始论及以翻译来教化民众的思想了。

与此同时，梁启超在《大同译书局叙例》中更明确地指出，"本局首译各国变法之事，及将变未变之际，一切情形之书，以备今日取法"，具体包括"译学堂各种功课书""宪法之书""章程之书""商务书"，其余各类暂缓。这里，翻译"宪法""章程"仅仅是手段，最终的目的是效仿变法，实现制度革新。梁启超还指出，"官局旧译之书，兵学几居其半"，他认为造成这一选材误区的原因在于中国与西方各国早期接触较少，战场上的失败让国人误认为西方国家之所以能战胜中国是因为其军事技术强大，"故其所译，专以兵为主"，甚至"其间及算学、电学、化学、水学诸门者，则皆将资以制造，以为强兵之用"，梁启超认为"此为宗旨剌谬之第一事。起点既误，则诸线随之"，根本错误在于"不师其所以强，而欲师其所强"。这里梁启超再次强调洋务派的错误在于本末倒置，要实现中国的振兴应从根本入手，即从体制变革开始。也就是说，梁启超认为当时中国在技术方面的落后仅是表象，更深层的原因在于政治不革新，即使再先进的技术也不能使中国强大起来。面对技术革新的失败，"法政"已经取代了"格物制造"，成为翻译活动的首选。

2.3　翻译人文社科著作、小说和教科书，启蒙民众思想（1895—1911）

甲午海战和维新变法的失败让当时一些有识之士意识到，军事工业的技术革新和从上而下的制度革新还不是改良中国社会的最佳选择。当时中国落后的关键不是技术，也不是政治，而是民众的思想观念，要强大就要先从启蒙民众的思想入手，人文著作成为此阶段翻译活动的一个新取向。

(1) 严译名著作为思想启蒙的工具

严复是晚清时期提出通过翻译来进行思想启蒙的第一人。早在1895年，严复就发出了"民智者，富强之源"的呼吁，他认为，"终谓民智不开，则守旧、维新两无一可"，"是以西洋观化言治之家，莫不以民力、民智、民德三者断民种之高下，未有三者备而民生不优，亦未有三者备而国威不奋者也"。只靠科技，无论（洋务派的）守旧和维新，都无法成功，最重要的是人的思想。虽然当时和者不多，但他的提倡还是很快就产生了影响。严复身体力行，大约从1895年开始到1909年的十四年中，就翻译了8种西方启蒙思想家的人文社科著作，内容涉及哲学、经济、法律、伦理、社会、政治和教育等方面。

图 3-11　赫胥黎《天演论》

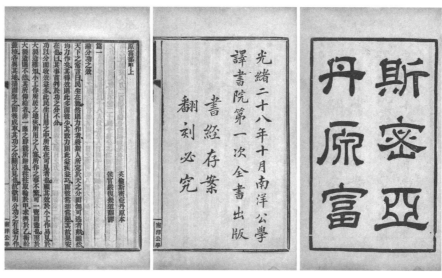

图3-12　亚当·斯密《原富》

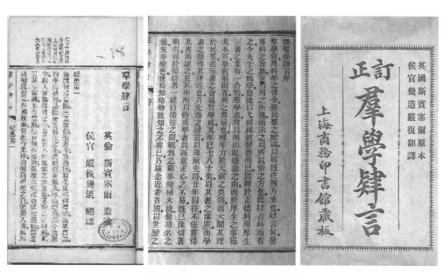

图3-13　斯宾塞《群学肄言》

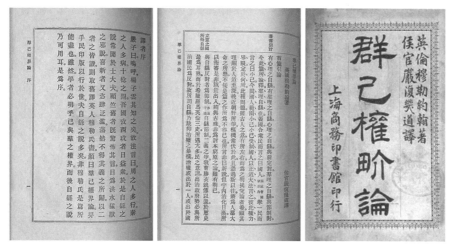

图3-14　约翰·勒《群己权界论》

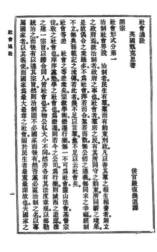

图 3-15 甄克斯《社会通诠》

图 3-16 约翰·穆勒《穆勒名学》

图 3-17 耶方斯《名学浅说》

图 3-18　孟德斯鸠《法意》

贺麟（1982）[30]在讨论严复的翻译选材时指出，"他处在中学为体，西学为用的空气中，人人只知道西洋的声、光、电化，船坚炮利；且他自己又是海军人才，他不介绍造船制炮的技艺，和其他格致的书，乃能根本认定西洋各国之强盛，在于学术思想，认定中国当时之需要，也在学术思想。"严复亲身经历了洋务派的技术革新，但他并未从翻译科学技术或政令法律著作入手，而是基于改变民众落后的思想才是当务之急的认识，选择翻译西方人文社会科学著作。他在回复张元济关于翻译选材的问题时指出，"古人开局译经，所从事者不过一二部，故义法谨严，足垂远久……今欲选译，只得取最为出名众箸之编"。在严复看来，选译西籍，贪求数量，会拉长译书的周期，因此译书不在数量多，而在于精，而且要具备一定的专业知识，否则"强作解事……则非徒无益，且有害矣"。此时严复译作的读者主要是上层知识分子。

（2）翻译小说作为教化的工具

晚清时期通过翻译外国小说来"广见闻、开民智"是这一时期翻译活动的一个特点，严复是第一个倡导以翻译外国小说来开启民智的人。1897 年，严复与维新派代表人物王修植、夏曾佑、杭辛斋等在天津集资创办了《国闻报》，他在谈及报馆附印说部的原因时指出，"且闻欧、美、东瀛，其开化之时，往往得小说之助。是以不惮辛勤，广为采辑，附纸分送。或译诸大瀛之外，或扶其股本之微"，翻译小说的"宗旨所在，则在乎使民开化"。如果说他翻译人文著作是为了"转移士夫观听"，那么翻译小说则是"开凡民智慧"了。甲午战争后短短三年的时间，中国的学者已经清楚地意识到技术与制度革新尚不足以改变中国落后的现状。中国强大的根本在于国民思想的革新，他们选择的思想革新的手段就是翻译西方社会科学著作和小说，而后者更具有普及性。严复认为以翻译小说作为"开民智，广见闻"的手段是"愚公之一畚、精卫之一石也"。晚清时期译入的外国政治小说、科学小说和侦探小说都是此前中国传统小说所没有的文学形式，加上这些小说带有很强的目的性，能够使大众广泛接触和了解西方事物与思想，称得上是一种"使民开化"的工具。

随后，梁启超提出，"彼美、英、德、法、奥、意、日本各国政界之日进，则政治小说为功最高焉"，因此"今特采外国名儒所撰述，而有关切于今日中国时局者，次第译之，附于报末，爱国之士，或庶览焉"。由此可以看出，维新变法失败后，梁启超已经开始思考用其他方式来实现中国的变革，即改良民众的思想，而他选择的途径就是翻译外国的政治小说。1898年12月起，梁启超所译的日本政治小说家柴四郎的《佳人奇遇》一书，在其主编的《清议报》上连载，这也是近代中国译成中文的第一部日本小说。这一时期翻译的政治小说还有《累卵东洋》《比律宾志士独立传》《经国美谈》《雪中梅》《游侠风云录》《美国独立记演义》《政海波澜》《多少头颅》《珊瑚美人》《苏格兰独立记》《旅顺双杰传》等，其中一大部分是来自日本的政治小说。

在严复提出翻译小说"使民开化"的思想五年以后，梁启超在《论小说与群治之关系》一文中指出，"欲新一国之民，不可不先新一国之小说"，从而掀起了"小说界革命"的热潮。

图3-19　梁启超《论小说与群治之关系》（载《新小说》1902年第1卷第1期）

此后，翻译小说成为这场革命中"启民智"的主力，这里的"小说"已经不局限于政治小说。以林纾的翻译为例，从1895年到1924年，近三十年时间他翻译小说共一百多部，其中甲午到辛亥年间较为多产。

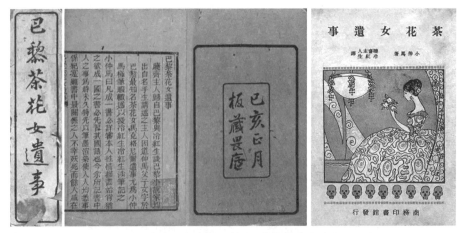

图3-20　王寿昌口授、林纾笔述《巴黎茶花女遗事》（1895）

林纾翻译的外国小说也并非盲目随机选择的,而是有一定目的性的。他不止一次在自己的译序中阐述自己借翻译图强的愿望,"为振作志气,爱国保种之一助"。林纾之所以选择大量翻译西方小说而并未将主要精力放在创作小说上,是因为他觉得自己"不能肆力复我国仇,日苞其爱国之泪,告之学生,又不已,则肆其日力,以译小说"。陈熙绩在给林纾所译《歇洛克奇案开场》的序言中说:"吾友林畏庐先生夙以译述泰西小说,万其改良社会、激劝人心之雅志",这也是对林纾选材目的性的一个说明。"小说新民"的思想成为翻译的口号后,大量翻译小说诞生。根据《清末民初小说目录》,辛亥革命以前(1840年至1911年)出版的小说作品中,创作有1288种,翻译有1016种,共计2304种(樽本照雄,2000)[157],翻译小说几乎占到一半。其实,1894年之前翻译小说的数量并不是很多,这就足以看出"小说新民"产生的效应。然而,技术上的进步的确可以做到速效,政治体制上的变革也可能在形式上迅速实现,但要改变民众的思想却并非易事。

侦探小说是晚清时期翻译小说选材的另一个明显特征,侦探小说的翻译开始于1896年。郭延礼(1996)[81]指出,侦探小说"在近代译坛上,倘就翻译数量之多(约占全部翻译小说的四分之一)、范围之广(欧美侦探名家几乎都有译介)、速度之快(翻译几乎和西方侦探小说创作同步)来讲,在整个翻译文学的诸门类中均名列前茅"。当时的许多译者在其译序中都阐述了自己的选材思想,如周桂笙(1903)[33]指出,"自庚子拳匪变后,吾国创巨痛深,此中胜败消息、原因固非一端。然智愚之不敌,即强弱所攸分有断然也。迩者朝廷既下变法之诏,国民尤切自强之望,而有志之士,眷怀时局,深考其故,以为非求输入文明之术断难变化固执之性。于是而翻西文,译东籍尚矣。"通过翻译小说来输入西方文明,借以改变民众的"固执之性",成为当时译者的主流选择。

晚清翻译小说的另一种类别是科学小说。20世纪最初十年科学小说的翻译出版总数大约在百部以上,翻译科学小说目的在于普及科学,海天独啸子在其译序中言:"我国今日,输入西欧之学潮,新书新籍,翻译印刷者,汗牛充栋。苟欲其事半功倍,全国普及乎?请自科学小说始。"这类译本选材虽然也包含很多趣味成分,但在当时都服务于一个比较统一的教化目的。趣味读物易为大众接受,也是普及教育的手段之一。

(3)翻译教科书作为培育新人的工具

教育始终是改良国民思想的一条最直接的途径。除思想启蒙和"小说新民"外,晚清时期翻译活动的另一个关注焦点就是翻译国外的教科书。罗振玉指出,"今拟先分为学、政、业三者,先译教育教科及法律行政各书,而余及实业各书,或此省译教育行政书,彼省译实业书,如此行之,乃有条理"。1902年之后,可以看到翻译活动中有明显的重点转移。洋务运动时期,实业在翻译西籍中居首,维新变法时期法政取代了实业,到了20世纪初,除小说以外,教育书籍也成为翻译的重点,这一顺序变化体现了当时国人对革新的认识过程。

1902年,严复任京师大学堂附设译书局总办。严复指出,"今吾国所最患者,非愚乎?非贫乎?非弱乎?……而三者之中,尤以愈愚最为急。""愚"为因,"贫""弱"是果。这一点在一部分学者当中已成共识。在严复手订的《京师大学堂译书局章程》中,关于翻译有这样的讨论,"现有所译各书,以教科委当务之急",该章程按照西方的学科分类将需要翻译的课本分为"统挈科学""间立科学"和"及事科学"三类:"统挈科学"包括"名学"和"数学",因此"二学所标公例为玩物所莫能外,又其理则钞众虑而为言,故称统挈也";"间立科学"介于"统契科学"和"及事科学"之间，包括"力学""质学"，即物理和化学；"及事科学"是"治天地人物之学也"，包括天文、地理、生物、历史等，此外还包括一些"哲学、法学、理财、公法、美术、制造、司账、卫生、御舟、行军等"专业书籍。前两类是逻辑学、数学、物理学和化学等基础学科，其余全归入所谓"及事学科"。

从教科书翻译的兴起可以看出，晚清时期新式学校在课程设置上已经逐渐趋于完备，翻译西方的教材起到了举足轻重的作用。该章程还指出，选译西方教科书的原则是"但使有补于民智，则亦不废其译功"。通过西学教育来开启民智，已不限于自然科学，人文社会科学也位列其中，只要有助于"开民智"，就在翻译之列。

3 五四运动前后的翻译活动

3.1 鲁迅"法外""立人"的翻译

鲁迅先生一生著译等身，翻译与创作并重，其翻译作品多达200多种，共计300余万字，题材涉及小说、戏剧、诗歌、论文等。鲁迅的翻译生涯始于1903年翻译法国作家雨果所著《随见录》中的《哀尘》，终于1935年翻译俄国作家果戈理的《死魂灵》。鲁迅的翻译活动与当时的社会文化发展及演进密切相关，体现出鲁迅想借翻译建构中国社会文化的思考与实践。在三十余年的翻译生涯中，鲁迅的翻译思想日益成熟，其借助翻译以"法外""立人"，进而强国的理念，体现出鲜明的历史超越性。

（1）鲁迅的翻译——"借镜"

在《关于翻译》一文中，面对当时一些人认为"翻译不如创作"的偏见，鲁迅写道，"注重翻译，以作借镜，其实也就是催进和鼓励着创作"。可见，鲁迅的"借镜"，是指在文学领域"取法于外国"，通过借鉴外国作品，促进国人的创作。同时，"借镜"也可指鲁迅通过翻译介绍外国文艺作品，对当时中国文字、文学、文化，乃至社会和思想都产生了积极影响。这是鲁迅对翻译的社会文化功能的深刻洞见。在鲁迅看来，翻译有助于引进文字表达、文学形式和文化思想，改造国民思想的劣根性，促进新文艺的发展，推动社会文化的发展与进步。这一思想体现在鲁迅的整个翻译生涯中。鲁迅对翻译的"借镜"体现在科学翻译、文学翻译和文艺翻译。

鲁迅留学日本期间，主要以翻译英美法的作品为主。当时，"西学东渐""科学救国"思潮兴起，面对中国科学小说"乃如麟角"的现状，他翻译了《月界旅行》《造人术》和《地底旅行》等"经以科学，纬以人情"的科幻小说。鲁迅希望借助引进科幻作品，使国民"获一斑之智识，破遗传之迷信"。由此可见，鲁迅顺应了晚清时期"小说界革命"的社会语境，希望借翻译科学小说，借鉴其科学精神，并启迪民智。这也体现了晚清时期中国学界对翻译社会文化功能的认识，即通过翻译小说来引导民众改变思维方式，通过"法外"，实现"立人"而后"立国"的功效。

弃医从文后，面对愚弱的国民，鲁迅认为，"我们的第一要著，是在改变他们的精神"，而文艺是解决这个任务的首要推力，因为借助翻译文学可以"转移性情，改造社会"。也就是说，鲁迅希望异域文学作品中的思想情感能引起当时中国读者的共鸣，引导他们改变精神面貌，促进其思想改良，进而拥有改变社会现状的意识。这一时期，鲁迅的翻译活动以"被压迫民族文学"为主要对象，具体包括俄国文学，以及匈牙利、波兰、芬兰、保加利亚、捷克等一切弱小民族的文学，通过这些小说中所描述的人民被压迫的境遇，来反观当时中国的现状。鲁迅并未迎合当时国内以欧美强国为主的翻译潮流，而是"开五四以后关注被压迫弱小民族文学的风气之先"。

1908年，鲁迅发表译作《裴彖飞诗论》，这被认为是鲁迅翻译的第一篇弱小民族文学作品。次年，鲁迅与周作人合作翻译出版了《域外小说集》，共收录外国短篇小说16篇，其中包括波兰、芬兰、波斯尼亚三个国家作品6篇，以及俄国作品7篇。五四运动后，鲁迅继续介绍俄国文学，并认为其具有"为人生"的特质，即具有贴近社会和人生的写实性特征。1922年苏联建国后，鲁迅开始翻译苏联"同路人"文学、无产阶级文学和童话，其中"同路人"文学与童话这两类作品延续了俄国文学"为人生"的特征。无产阶级文学也顺应时代需求，凸显出一定的阶级特征与政治功能，是与革命运动直接相关的一类文学。

至此，鲁迅的"借镜"思想，由前期借镜"科学"转为借镜"文学"。自1924年，鲁迅翻译了一系列日本与俄苏的文论著作，开始了他"借文艺之镜"的翻译实践。鲁迅先是翻译了以厨川白村《苦闷的象征》和《出了象牙之塔》为代表的日本文艺论著，之后便以日本与俄苏的诸多无产阶级文艺理论作品为主要翻译对象。鲁迅认为《苦闷的象征》中有厨川白村对文艺的独到见解，并指出中国文艺界所缺乏的正是"天马行空似的大精神"。当时正值五四运动后期，鲁迅不仅将这一作品作为"文艺理论"的讲义，而且旨在借此推动现代化的文学创作。1927年反革命政变后，鲁迅的"文艺理论"选材由20年代中期的"文学"转向了20年代后期的"革命"。1928年，在无产阶级革命文学运动兴起的背景下，面对"革命文学论争"，鲁迅既翻译了片上伸、青野季吉等日本文艺评论家的无产阶级文艺论文，也翻译了蒲力汗诺夫、卢那察尔斯基等俄苏文艺理论家的马克思主义文艺理论专著。鲁迅希望通过翻译此类科学的文艺理论，一方面帮助自己廓清对无产阶级文学的认识，另一方面指导无产阶级文学批评家学习唯物史观的文艺理论并进行"真切的批评"，由此在文艺界催生出"真的新文艺和新批评"。在学习马克思主义文艺理论时，鲁迅赞成"为人生而艺术"的文学形态，这与其早期看重文学"为人生"价值的文艺思想一脉相承。同时，鲁迅主张"文学为革命服务"，并指出"无产阶级革命文学只有在革命后才能产生"。这一认识有助于解答"革命文学论争"的问题，并为革命文学创作指明了方向。由此可见，鲁迅基于中国文艺现实的语境，希望通过翻译来吸纳外来文艺思想，促进文艺思想建设，推动革命文艺运动，进而推进社会进步的思想。

(2) 鲁迅的"硬译"

鲁迅认为，所谓"硬译"，是指"按板规逐句，甚而至于逐字译"，其在译文中有多种表现形式，如形式层面移植原文句式，内容层面保存异质文化，风格层面再现"精悍语气"等。"硬译"一词首次出现在鲁迅于1929年所译《托尔斯泰之死与少年欧罗巴》的译后附记中。在该文中，鲁迅指出，"硬译"是唯一的出路。这表明，鲁迅是基于现实需要，将"硬译"作为当时一种必要的翻译方法。这一方法提出后，梁实秋、赵景深和杨晋豪分别撰文对其抨击。梁实秋认为，鲁迅的"硬译"近于死译。对此，鲁迅多次对"硬译"予以辩护，其相关论述间接揭示了"硬译"的本质。

鲁迅的首次辩驳是在《硬译与文学的阶级性》一文中，对梁实秋的观点予以回应。鲁迅在这篇文章中指出，在翻译日本文艺理论《苦闷的象征》和俄苏无产文学理论《艺术论（卢氏）》《文艺与批评》时，他采取了相同的翻译方法，皆是"逐句译"或"逐字译"。在译文前言及附记中，鲁迅分别称前者为"直译"，称后者为"硬译"。由此可见，"直译"与"硬译"在具体翻译过程中并无本质区别，皆是本着保留外文语序和口吻的目的，来翻译原文的字词句法。而且，鲁迅以"艰涩""晦涩""诘屈枯涩"等词描述自己的"硬译"，这与其评价自己的"直译"为"蹇涩""句子生硬""佶屈聱牙""冗长费解"等词如出一辙。这再次印证，"硬译"仅是"直译"的另一种说法。也就是说，自1909年《域外小说集》汉译以来，鲁迅的直译方法并未发生本质变化。

尽管如此，"硬译"却因晦涩难懂而备受诟病。鲁迅曾多次指出，译文难懂的原因可能在于译者个人能力不足、中文文法不完备、俄苏文论著作不够"易解"或语系不够相近。意思是说，在翻译此类作品时，由于主客观因素，鲁迅本已颇为极端的直译方法被进一步强化，达到一种接近极限的状态，成为所谓"硬译"。因此，鲁迅的"硬译"可以说是一种严格意义上的直译。这里的"硬译"表明，一方面，当时中西语言差异使此类文本具有较强的不可译性，直译方法会使译文显得尤为生硬；另一方面，"硬译"的译文极度超出当时的汉语规范，比直译的译文更难被读者理解与接受。因此，鲁迅的"硬译"仍属"直译"范畴，并未发生质变成为"死译"，而是一种特殊的"直译"类型。

事实上，"硬译"体现出鲁迅对翻译本质及功能的思考。就翻译本质而言，鲁迅曾提出，"凡是翻译，必须兼顾着两面，一当然力求其易解，一则保存着原作的丰姿"。可见，"易解"与"丰姿"是鲁迅对翻译标准的常规认识。对此，罗选民（2016）[34-35]认为，"易解"与"丰姿"是对"硬译"的继承与发展，前者是指译文语言的清晰度和精密度，后者是指"经过'易解'后的整体文学形象"。这里，罗选民从语言发展的视角来解读"易解"，将其视为经翻译改造后的语言所具有的特征。这种语言表达方式，并不符合当时的语言规范和读者的接受心理。就鲁迅而言，理论上来说，其倾向于保存原作"丰姿"，但从实践层面来看，在无法调和二者矛盾时，形式上仍需要通过直译来保留外文句式语法，内容上则会采用少量意译方法将原文词语"中国化"。可见，鲁迅认为翻译的本质在于"存异"，而非绝对的"求同"。

从翻译的功能来看，"硬译"还是鲁迅期望以"暴力"改造语言与文化的一种方式。从鲁迅的"硬译"实践看，他为了保存原作的"丰姿"，宁可译文"不顺口"，也要坚持再现原作的特征。在他看来，"不顺"揭示了中文语言形式的不足，如字词缺乏、语法不精密等。因此，在当时的汉语语境下，鲁迅倾向于忽视读者的接受与反应，重视译文充分性的传达。通过"硬译""新造"乃至"硬造"新的词法、句法和文法，以期借改造后的汉语保存原文的语言文化异质性。也就是说，在文字转换之外，鲁迅考虑更多的是翻译可以为当时的汉语发展、文学创作、文化建构等提供新的表现形式和内容，推进语言和文化的现代化。同时，鲁迅寄希望于这种翻译方法，借由此法，将逻辑严密的外语表达方式移植到汉语中，进一步改善国人"不精密"的思维，以实现"立人"的目的。

鲁迅"硬译"观不仅可以是一种翻译方法和一种翻译策略，也可以是一种文化态度和一种翻译伦理观。他超越了当时国内既有的意识形态与诗学规范，坚持再现原作的"异质"特征。其"硬译"在一定程度上颠覆了中国传统译论所倡导的"信"，不仅强调内容层面的"信"，还重视形式层面的"信"，体现出鲁迅在特定语境下多维"求异"的翻译伦理诉求，具有超越时间、跨越空间的现代性意义和价值。

3.2 朱生豪的莎士比亚戏剧翻译

莎士比亚戏剧的汉语译本最早是在20世纪初借助翻译查尔斯·兰姆和玛丽·兰姆的改

写本《莎士比亚故事》(Tales from Shakespeare)，以小说或故事形式进入中国的。1903年，上海达文社出版文言译本《澥外奇谭》(未属译者名，包括10个故事)。1904年，商务印书馆出版文言译本《吟边燕语》(译者为林纾、魏易，包括20个故事)。1921年，田汉在《少年中国》杂志上发表了自己翻译的《哈孟雷特》，这是莎士比亚的经典戏剧《哈姆雷特》(Hamlet)首次以白话文剧本的形式被完整地翻译为汉语。此后，莎士比亚戏剧开启了其在中国的旅程。

在20世纪翻译莎士比亚戏剧的译者队伍里，朱生豪是一位佼佼者。从1936年开始，朱生豪以24岁的年纪，用短短8年完成了莎士比亚30余部剧本的翻译，创造了莎士比亚戏剧翻译的奇迹。

朱生豪在译者自序中说：

> 中国读者耳闻莎翁大名已久，文坛知名之士，亦尝将其作品，译出多种，然历观坊间各译本，失之于粗疏草率者尚少，失之于拘泥生硬者实繁有徒。拘泥字句之结果，不仅原作神味，荡焉无存，甚且艰深晦涩，有若天书，令人不能卒读，此则译者之过，莎翁不能任其咎者也。

图 3-21　朱生豪与世界书局版《莎士比亚戏剧全集》

由此可以看出，朱生豪的翻译是从目标语读者的角度出发，追求译文最大限度地被译语读者所接受，传达原作"神韵"：

> 余译此书之宗旨，第一在求于最大可能之范围内，保持原作之神韵；必不得已而求其次，亦必以明白晓畅之字句，忠实传达原文之意趣；而于逐字逐句对照式之硬译，则未敢赞同。凡遇原文中与中国语法不合之处，往往再四咀嚼，不惜全部更易原文之结构，务使作者之命意豁然呈露，不为晦涩之字句所掩蔽。每译一段竟，必先自拟为读者，察阅译文中有无暧昧不明之处。又必自拟为舞台上之演员，审辨语调之是否顺口，音节之是否调和。一字一句之未惬，往往苦思累日。然才力所限，未能尽符理想，乡居僻陋，既无参考之书籍，又鲜质疑之师友。谬误之处，自知不免。所望海内学人，惠予纠正，幸甚幸甚！

朱生豪以目标语读者或观众为中心的翻译理念，保证了其译本所使用的语言是"明白晓畅"的地道汉语，采用将原剧拉近目标语读者的翻译策略，不去追求形式上的完全对等，力求做到将原作的意图展示给读者，同时兼顾考虑译文的舞台演出效果。例如，朱生豪译《汉姆莱脱》中仅包含15条脚注，主要是对涉及文化典故专有名词的解释，以免读者产生理解障碍。朱生豪的莎剧翻译理念与之前的莎译相比较，已经有了内涵的提升，即翻译莎剧不再满足于对故事内容或情节的传达，更重要的是要让读者领会莎剧的语言艺术效果，即原作"神韵"。

莎剧属于诗体剧（poetic drama），但为了使当时的中国读者能更好地接受莎剧，朱生豪的莎剧翻译主要采用散文体，以确保其可读性和可表演性。他在写给妻子宋清如的信中谈及《哈姆雷特》时指出，"这是一本深沉的剧本，充满了机智和冥想，但又是极有戏剧效果，适宜于上演的。莎士比亚之所以伟大，一个理由是因为他富有舞台上的经验，因此他的剧本没有一本是沉闷而只能在书斋里阅读的。"面对莎士比亚的无韵诗（blank verse），朱生豪的散文体译文亦体现出诗歌化的特征。倘若我们将《哈姆雷特》第三幕第一景的英文与其译文逐行对应，则可以发现这一突出的特征。

Hamlet, Prince of Denmark: Act Ⅲ, Scene Ⅰ

To be, or not to be, that is a question:
Whether it's nobler in the mind to suffer
The slings and arrows of outrageous fortune,
Or to take arms against a sea of troubles
And by opposing end them. To die—to sleep,
No more; and by a sleep to say we end
The heart-ache, and the thousand natural shocks
That flesh is heir to, 'Tis a consummation
Devoutly to be wish'd. To die, to sleep;
To sleep, perchance to dream—ay, there's the rub:
For in that sleep of death what dreams may come,
When we have shuffled off this mortal coil,
Must give us pause. There's the respect
That makes calamity of so long life.
For who would bear the whips and scorns of time,
Th' oppressor's wrong, the proud man's contumely,
The pangs of despised love, the law's delay,
The insolence of office, and the spurns
That patient merit of th' unworthy takes,
When he himself might his quietus make
With a bare bodkin? Who would fardels bear,
To grunt and sweat under a weary life,
But that the dread of something after death,
The undiscover'd country from whose bourn
No traveller returns, puzzles the will,
And makes us rather bear those ills we have
Than fly to others that we know not of?
Thus conscience does make cowards of us all,

And thus the native hue of resolution
Is sicklied o'er with the pale cast of thought,
And enterprises of great picth and moment
With this regard their currents turn awry
And lose the name of action.

《哈姆雷特》第 3 幕第 1 景
生存还是毁灭，这是一个值得考虑的问题；
默然忍受命运暴虐的毒箭，
或是挺身反抗人世无涯的苦难，
通过斗争把它们扫个干净，
这两种行为，哪一种更加高尚？死了；睡着了；
什么都完了；要是在这一种睡眠之中，我们心头的创痛，
以及其他无数血肉之躯所不能避免的打击，
都可以从此消失，那正是我们求之不得的结局。
死了；睡着了；
睡着了也许还会做梦；嗯，阻碍就在这儿：
因为当我们摆脱了这一具朽腐的皮囊以后，
在那死的睡眠里，究竟将要做些什么梦，
那不能不使我们踌躇顾虑。
人们甘心久困于患难之中，也就是为了这个缘故；
谁愿意忍受人世的鞭挞和讥嘲、压迫者的凌辱、
傲慢者的冷眼、被轻蔑的爱情的惨痛、法律的迁延、
官吏的横暴和
费尽辛勤所换来的小人的鄙视，
要是他只要用一柄小小的刀子，
就可以清算他自己的一生？
谁愿意负着这样的重担，
在烦劳的生命的压迫下呻吟流汗，
倘不是因为惧怕不可知的死后，
惧怕那从来不曾有一个旅人回来过的神秘之国，
是它迷惑了我们的意志，
使我们宁愿忍受目前的折磨，
不敢向我们所不知道的痛苦飞去？
这样，重重的顾虑使我们全变成了懦夫，
决心的炽热的光彩，
被审慎的思维盖上了一层灰色，
伟大的事业在这一种考虑之下，
也会逆流而退，
失去了行动的意义。

朱生豪以其流畅的诗化译笔,将莎剧声情并茂地介绍给了中国读者,其莎剧译本也成为国内迄今为止流传最广、最受欢迎的译本。朱生豪去世两年后,1947年,世界书局出版了朱生豪译《莎士比亚戏剧全集》,共三卷,包括27部剧。1954年,作家出版社再次出版朱生豪译《莎士比亚戏剧集》,分为11卷,包括31部剧。1957年,世界书局又出版了朱生豪、虞尔昌合译《莎士比亚戏剧全集》,共分五卷,包括全部37部剧。1978年,人民文学出版社又组织专家队伍,对朱生豪的译文进行校对和补译,再版了《莎士比亚全集》,分为十一卷,共37部剧。1998年,译林出版社再次组织专家学者,对朱生豪译本校对和补译,出版《莎士比亚全集》八卷本,共37部剧。这些均为莎士比亚戏剧的诗体翻译及翻译研究奠定了一定的基础。

3.3 科学社团与科学译名统一活动

译名问题又称翻译名义,贯穿于中国传统翻译讨论的始终。从晚清到民国,科学名词翻译及其统一是学者和国家的一个关注焦点。民国初年,一大批在海外或曾经在海外留学的学者开始组织各类科学社团,创办学术刊物,致力于发展中国的科学事业。他们为这一时期的科学译名统一活动发挥了举足轻重的作用,代表性的学社及其刊物主要包括:中国科学社及其《科学》杂志、中国工程学会及其《工程》杂志、中华学艺社及其《学艺》杂志、中国化学会及其《化学》杂志、中国地质学会及其《地质评论》等。其中以中国科学社及其《科学》杂志、中国工程学会及其《工程》杂志、中华学艺社及其《学艺》杂志的科学译名统一的讨论最为突出。

(1) 中国科学社与《科学》杂志

1915年,中国留学生在美国康奈尔大学创办了"科学社",后改称"中国科学社",化学家任鸿隽为首任社长。该会的一个宗旨就是审定名词。其会刊《科学》杂志一经出版,就着手于科学译名的统一工作。科学社章程第三条规定:"编订科学名词,以期划一而便学者"。可见,从创立之初,统一科学名词就是科学社的一项基本工作。

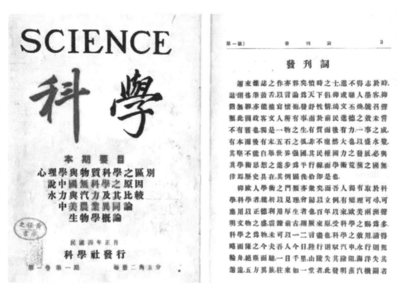

图3-22 《科学》月刊创刊号(1915)

科学社创办了《科学》杂志,从《科学》发刊词中也可以看出,统一科学译名的确是该刊物所设立的一个目标:

> 译述之事，空名为难。而在科学，新名尤多。名词不定，则科学无所依倚而立。本杂志所用名词，其已有旧译者，则由同人审择其至当，其未经翻译者，则由同人详议而新造，将竭鄙陋之思，借基正名之业。

科学社的学者们意识到中国的科学要有更迅速的发展，就必须建立统一的名词话语体系。1916年6月，科学社成立了"名词讨论会"，作为"他日科学界审定名词之预备"，由周铭、胡刚复、顾维精、张准、赵元任五人负责，"凡社内外同人有以讨论名词见教者，无任欢迎"，讨论采用通信的形式，并订立了通信简章，并附有邮件地址。自此，统一科学名词的讨论开始超越某一机构或刊物，而将更多的人，既包括学者，也包括普通读者，都纳入了科学名词统一活动之中。名词讨论会统一科学名词的原则有两个，"立名务求精确，故必征求多数专家之意见；选择须统筹全局，故必集成于少数通才之手"。也就是说，译名统一需要在广泛讨论基础上再由专家审定。

1916年12月，《科学》杂志第2卷第12期上刊载了《中国科学社现用名词表》，涉及学科有名学、心理学、天文、算学、物理、化学、照相术、气象学、工学、生物学、农学及森林学、医学12个学科，以及人名、学社及公司名、地名等。《中国科学社现用名词表》的例言中指出，该词表所辑录英汉对照名词皆为"本年月刊中已用诸名词"，并不是"有秩序之翻译"，词表每年出一次，主要目的是"以便本社编辑采用，并逐出问世"。另外，该词表是开放性的，主要表现在："一科之中，至要之字有时亦付阙如，补完之事，俟诸异日"，即有些值得商榷的译名并未录入；"重复改订者，与本刊所用之字不尽相同。然新改之字，编纂者确信较旧译为优，用者请以此表为准"；"凡名词虽经本刊引用而未敢信为佳译者，暂置不录"；"该名词虽经本社暂定，仍随时可以改易凡涉内外学友惠示卓见，匡所不逮，无任欢迎"。这里可以看出，科学社组织的译名统一活动表现出如下一些特点：第一，其主要目的是传播科学，在汉语中建立相关的术语体系；第二，应用范围较小，主要限于学术刊物或学术组织内部；第三，参与者主要限于学者，普及性较为欠缺；第四，权威性低，约束力较弱。上述词表的开放性说明了中国科学社作为一个学术性组织，其公布的名词对照表并不具有广泛的强制性，因此在一些学科名词统一的讨论中，反复争论较多。

(2) 中国工程学会与《工程》杂志

1917年，一批留美学习工程的学生倡议组成"中国工程学会"（以下简称"学会"），旨在"就地讨论国中工业，切实研究应用学识"。学会在成立初期设管理分支——名词股，确定其职责为"掌理规定或审定已用及未有之工程学名词"。1918年，学会在名词股下设立土木、化工、电机、机械、矿冶五科，"预期一年将五科通用华文名词规定或审定"。

学会于1925年创办《工程》杂志，"由总会通信书记编发会务特刊，每月一期，以发表会议记录、各股报告、及各地会员消息"。此外，此刊物也积极致力于各类工程学名词的统一工作。

1927年，《工程》杂志第3卷第1号上刊载了孔祥鹅的《商榷电机工程译名问题》。孔祥鹅认为，翻译学术名词不同于人名地名等专名的翻译，"因为一个学名，不但代表某种意义的自身，同时也和他个名辞有学理上的关联，所以翻译学名时，不要单对单的直译，务必和他有关系的他种名辞，同时并译"。孔祥鹅继而对中国科学社编译的《英汉物理学名词》一书中的个别译名进行了商榷，提出了7条译名原则。

1929年，《工程》杂志第4卷第2号上刊载的《道路工程学名词译订法之研究》一文，提出了道路工程学名词译名的 21 条原则，并在卷末附录内列有译名表。

自 1928 年起，学会先后编定发表了《机械工程名词》《土木工程名词》《航空工程名词》《无线电工程名词》《染织工程名词》《电机工程名词》《化学工程名词》《道路工程名词》《汽车工程名词》等名词草案。

实际上，这一时期讨论译名统一的杂志还有商务印书馆 1904 年创刊于上海的《东方杂志》、浙江省教育会 1917 年创刊的《教育周报》（后更名为《教育潮》）、吴承洛 1936 年创办的《化学通讯》等。其中以中华学艺社《学艺》杂志的工作最为突出，先后刊载过化学、电磁学、度量衡等方面的科学名词统一的讨论。

4 小结

总体上，明末、清末及五四运动前后的翻译活动体现出各自鲜明的时代特征，即在社会转型时期，面对外来文化与本国文化的差异，社会各个阶层均涉足翻译，希望借助翻译来实现社会和思想的改良或变革，达到富国强国的目的。也就是说，特定社会中，翻译与社会的发展存在密切的互动关系，社会的发展与进步离不开翻译，同样翻译也需要符合时代和社会发展的现实需求，不断自我反思。翻译的社会性与工具性是我们需要关注的一个重要方面，这种社会性和工具性使得翻译不仅是一种语言转换的手段，更是推动社会发展与进步一种隐形的力量。此外，通过对社会转型时期一些翻译事件的梳理，也能让我们深切感受到一批又一批翻译领域的有志之士的爱国情怀。

调查、思考与讨论

1. 为什么我国科学翻译的高潮会首先发生在明朝末年？
2. 明末科学翻译活动取得了哪些成就？为何这些成就未能促成当时科学的进一步发展？
3. 明末中国士大夫与传教士的翻译活动与清末有何异同？为什么？
4. 如何阐释徐光启"欲求超胜，必须会通；会通之前，先须翻译"的思想？
5. 请客观评价江南制造总局的翻译成就及其对中国社会发展的贡献。
6. 从翻译选材、翻译策略和译文呈现方式等方面阐释严复的翻译思想。
7. 晚清时期外国文学翻译领域有哪些代表人物？他们翻译了哪些作品？呈现出何种特点？
8. 作为翻译家的鲁迅有哪些翻译成就？请从现代主义视角阐释其翻译思想。
9. 民国时期作家大多都从事翻译，如何解释这一时期作家兼译者的现象？
10. 科学名词的翻译及译名统一对中国科学话语体系的构建有怎样的影响？

翻译习作

请在小组分工调查、讨论基础上，借助翻译工具完成以下汉英、英汉翻译习作，总结翻译中遇到的问题并进行讨论。

(1) 汉译英

　　明末清初东渐之西学，是西方文化向全球辐射的一束。15、16世纪，是人类对赖以生存的地球重新认识的转折时代，也是世界格局发生空前变化的关键时代。1492年哥伦布对美洲大陆的发现，1498年达•伽马对绕道非洲好望角到达印度航路的开辟，1522年麦哲伦绕行地球的成功，这一系列事件，搅得欧洲沸沸扬扬，人心蠢动。怀着对财富的贪婪追求，对上帝的虔诚信仰，一批又一批欧洲人乘风逐浪，驶向美洲，驶向非洲，自然，也向亚洲驶来。葡萄牙、西班牙、荷兰、英国、法国、普鲁士等国，在世界各地，为夺占殖民地而争斗、厮杀。

　　与中国毗邻的印度、南洋各地，以及中国的一些海岛，如台湾，是他们进攻、争夺的战场之一。大体说来，这一带地方，在15、16世纪，为葡萄牙、西班牙时代，16世纪下半叶、17世纪上半叶，为荷兰时代，18世纪为英国时代。

　　漂洋过海、连樯接帆的西方人，给他们所争占的地方，带去了血与火，罪恶与苦难，也播撒了与各地本土文化很不相同的西方文化。

　　15世纪，16世纪，17世纪，这些表示时间的名词，是今天我们的叫法，也是当时西方人的叫法。但当时的中国则不这么说，而是称万历几年、康熙几年、乾隆几年。此时的中国，不是西洋人争夺的殖民地，而是他们觊觎的黄金国。中国与欧洲，文明历史都很悠久，闻名历史也很久远。大秦、支那、造纸术、火药、马可•波罗，……这些在中西交通史上出现频率很高的名词，诉说着一二千年间，中国与欧洲对视、了解和交流的许许多多动人的传说和故事。总的说来，16世纪以前，中国与欧洲，互相闻名已久，但所知不深。

　　明末清初西学东渐，就是在这样的世界环境和时代背景下开始的。

（熊月之，《西学东渐与晚清社会》）

(2) 英译汉

Evolution and Ethics（Excerpt）

By Thomas Henry Huxley

　　It may be safely assumed that, two thousand years ago, before Caesar set foot in southern Britain, the whole country-side visible from the windows of the room in which I write, was in what is called "the state of nature." Except, it may be, by raising a few sepulchral mounds, such as those which still, here and there, break the flowing contours of the downs, man's hands had made no mark upon it; and the thin veil of vegetation which overspread the broad-backed heights and the shelving sides of the coombs was unaffected by his industry. The native grasses and weeds, the scattered patches of gorse, contended with one another for the possession of the scanty surface soil; they fought against the droughts of summer, the frosts of winter, and the furious gales which swept, with unbroken force, now from the Atlantic, and now from the North Sea, at all times of the year; they filled up, as they best might, the gaps made in their ranks by all sorts of underground and overground animal ravagers. One year with another, an average population, the floating balance of the unceasing struggle for existence among the indigenous plants, maintained itself. It is as little to be doubted, that an essentially similar state of nature prevailed, in this region, for many thousand years before the coming of Caesar; and there is no assignable reason for denying that it might continue to exist through an equally prolonged futurity, except for the intervention of man.

推荐阅读

马祖毅,2006.《中国翻译通史》(全五卷).武汉:湖北教育出版社.

张柏春,田淼,马深孟,等,2008.《传播与会通:〈奇器图说〉研究与校注》(上、下).南京:江苏科技出版社.

熊月之,2011.《西学东渐与晚清社会》(修订版).北京:中国人民大学出版社.

王友贵,2005.《翻译家鲁迅》.天津:南开大学出版社.

顾钧,2009.《鲁迅翻译研究》.福州:福建教育出版社.

第4章 西方翻译史（Ⅰ）

> 翻译不仅仅是语言之间的转换，或文化信息的传播，它本身也是个模仿和借鉴的途径。这种翻译/模仿又不单是语言的模仿（如词语、句法、结构等），还包括文学的模仿（如题材、意象、风格、方法、构思、布局等）、思想的模仿（宗教上、哲学上、教育上以至科学技术上，等等），最终在不同程度上促进译入语语言、文学、思想等方面的发展。
>
> （王克非，《翻译文化史论》）

世界文明进程中，翻译始终发挥着举足轻重的作用。文明之间交流互鉴均离不开翻译。无论是《圣经》从古希伯来语和古希腊语到拉丁语的传播，还是罗马文明对希腊文明的学习与继承，无论是文艺复兴时期的欧洲文学的发展，还是宗教改革时期《圣经》由拉丁语向各个民族国家语言的流传，无一不得到翻译活动的助力。翻译在这一过程中，不仅仅是不同语言之间的转换，更是文化、文学、思想的交流，这种交流不仅促进了目标语文明的进步与发展，也在很大程度上推动了人类文明的繁荣。

通常认为，有记载的西方翻译历史以宗教文本翻译为开端。《圣经》被认为是世界范围内翻译次数最多的文本，其影响力不仅在宗教方面，更重要的是其对语言文字、文学文化、艺术观念、哲学思想等方面的影响，因为正是这样的翻译活动打破了罗马教廷对信仰和知识的垄断。同时，欧洲的文艺复兴更是带来了西方翻译史上的又一次高潮。这里，值得我们思考的是，为什么西方文明中最早的翻译活动是以《圣经》翻译开始？为什么早期的翻译活动能改变整个欧洲的文化格局？翻译对欧洲民族国家的文学产生了何种影响？

1 古代西方翻译：以《圣经》翻译及其古代译本为代表

《圣经》包括《旧约》和《新约》两部分，是犹太教和基督教的圣书。犹太教只有古希伯来文的《旧约》，被称为《塔纳赫》，基督教《圣经》则包含两部分。古希伯来文《圣经》很早以前就已经被翻译到其他语言中，即古译本《圣经》，例如七十士希腊文译本（*Septuagint*）、拉丁通俗译本（*the Vulgate*）、古叙利亚文的伯西托本（*Peshitta*）、亚兰文的塔古姆译本（*Targum*）等。其中影响最大的是七十士希腊文译本和拉丁通俗译本。

1.1 七十士希腊文译本

七十士希腊文译本（简称七十士译本）是现存最早的《旧约》希腊语译本，也被称为《希腊文旧约》，大约成书于公元前3世纪，由希伯来语翻译到希腊语中。相传是应古埃及的希腊人法老托勒密二世邀请，耶路撒冷的七十二位希伯来语译者来到埃及亚历山大城，将"犹太人的法律"翻译成希腊语。七十二位译者来自当时以色列的十二个部落，每个部落六人，因此该译本即被称为七十士译本。七十士译本是用通用希腊语译写而成，有些部分包含闪米特语，许多专有名词在翻译中都用希腊语元音拼写，这对研究早期希伯来语有一定的帮助作用。

七十士译本在将犹太文化传播到更广泛的世界方面发挥了重要作用，使希腊语受众能够得到并理解希伯来语的圣经，从而促进犹太思想、价值观和传统的希腊化传播。这一翻译活动作为文化交流的媒介，影响了犹太文化和希腊文化，促进了二者的融合与发展。在早期基督教的形成中，七十士译本也发挥了重要作用。许多早期的信奉基督教的作家和神学家，在他们的著作中都有对七十士译本的引用。该译本也为早期基督教社区提供了共同的圣经基础，影响了基督教神学、教义和实践的发展。这些影响共同推动了欧洲文明的希腊化进程。从翻译学视角，七十士译本的译者在翻译这一神圣性文本时，面临着保留希伯来语的文本本质，同时又要让希腊语读者能够接受和理解的双重挑战。这也是基于原作文本的类型与性质，译者就直译或意译翻译策略的最早的实践。

1.2 拉丁通俗译本

在拉丁通俗译本产生之前，几乎所有拉丁语版本《圣经》都是基于希腊语版本七十士译本的翻译。当时罗马教会使用的是维图斯拉丁文《圣经》(Vetus Latina Bible)。实际上，维图斯拉丁文《圣经》并没有单一的文本，而是圣经手稿文本的集合，是七十士译本和《新约圣经》段落的拉丁语翻译。公元382年，哲罗姆受教皇达马苏斯一世委托，根据希腊文本修订了罗马教会使用的维图斯拉丁福音书。哲罗姆主动将这项修订和翻译工作扩大到《圣经》的大部分，从而完成了经典的《圣经》(拉丁通俗译本)。

哲罗姆是罗马帝国时期的天主教神父、神学家和历史学家，通常被称为圣哲罗姆，兼通希腊语和拉丁语。哲罗姆的《圣经》翻译工作一开始是以希腊语七十士译本为底本的，但后来他决定直接从古希伯来文翻译《旧约》部分，从希腊文翻译《新约》部分，其最终完成的译本即拉丁通俗译本。

 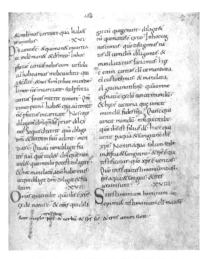

图4-1 哲罗姆的画像　　　　图4-2 拉丁通俗译本(8世纪)

随后大约一千多年中，拉丁文《圣经》一直是西方最常用、最有影响力的圣经版本。16世纪，罗马天主教会正式确认拉丁通俗译本为其官方拉丁语版本《圣经》。除宗教上影响外，拉丁通俗译本对欧洲国家语言、文学及文化思想均产生了较为深远的影响。以英语为例，英语的许多拉丁语单词均来源于拉丁通俗译本，并且在拼写以及含义上几乎没有变化。几个世纪以来，通俗圣经对文学产生了重大的文化影响，从而对英语的发展产生了重大影响，特别是在宗教问题上。许多拉丁语单词取自通俗圣经，在含义或拼写上几乎没有变化，例如，creatio、salvatio、justificatio、testamentum apostolus、ecclesia、evangelium 等。

就翻译而言，哲罗姆认为，《圣经》原文具有神圣性，因此翻译时应尽可能忠实于原文，译文在文采方面不宜过于华丽，即便形式上的忠实会破坏译文的可读性（acceptability），也要保证其对于原文的充分性（adequacy）。这一思想，与中国古代佛经翻译时期"质"派的思想异曲同工。

当时，罗马教会另一位主教奥古斯丁得知哲罗姆正在从希伯来文翻译《圣经》，而希伯来文《圣经》在许多地方与七十士译本不同，于是他在一系列书信中对哲罗姆的翻译提出质疑，要求哲罗姆证明自己这种背离习惯文本的正当性，恳请哲罗姆对这一行为三思而后行。

对此，哲罗姆也作出回复：前期翻译参照的是希腊文七十士译本，注释是为了说明七十士译本的特定部分要多于希伯来文的相关内容，以及经奥利金修订的狄奥多提翁希腊文版本中所增加的内容；而后期的翻译则直接译自希伯来文，是按照自己的理解与认识来翻译的一个拉丁文译本。哲罗姆进而指出，现有希腊文七十士译本并非其原本的真实形式，而是被奥利金用注释符号修订（破坏）过的版本。哲罗姆告诉奥古斯丁，如果后人想真正地追随前人的思想，那么就需要忽略注释的内容，但这很难做到，因为现有的文献似乎都是经过了后人阐释的。

这里哲罗姆就自己翻译活动的讨论有两点值得我们关注。第一，翻译底本的重要性和译者对底本应有的态度。"底本"即翻译所依据的原作的版本，版本不同，译文的呈现必然有差异，因此底本选择是翻译活动首要问题。此外，译者不能盲从特定的底本，即便其具有相当的接受度。通常原始的底本具有权威性，在原始底本上产生的各类版本亦可作为译者的参照。哲罗姆的翻译中，他选择了古本的《圣经》作为底本，确保了翻译活动的权威性。第二，直接翻译与间接翻译的差异。希腊文七十士译本源自希伯来文《圣经》，从希腊文七十士译本再翻译到拉丁文的《圣经》则属于间接翻译，或称为转译，而从希伯来文《圣经》翻译到拉丁文的《圣经》则属于直接翻译。相比较而言，直接翻译更具有权威性。此外，对原文本在不同时期的解读可以被视为一种"阐释"行为，翻译活动亦可被视为一种跨语言的"阐释"行为。

2 中世纪西方翻译

2.1 阿拉伯百年翻译运动

公元 7 世纪，阿拉伯人建立了地跨欧、亚、非三大洲的阿拉伯帝国，历经四大哈里发时期、倭马亚王朝、阿拔斯王朝，并在阿拔斯王朝时期，出现了以巴格达为中心持续二百多年的"阿拉伯百年翻译运动"。阿拉伯帝国的建立为不同文化与文明之间的交流奠定了基础，为了巩固自己的统治，促进阿拉伯文化的进一步发展，阿拔斯王朝实施了非常开放的文化交流政策，在国家赞助下，大力倡导将古希腊、罗马、波斯、印度等国的学术典籍译成阿拉伯语，学习和吸取先进文化遗产。

"阿拉伯百年翻译运动"从8世纪中期开始，一直持续到10世纪末，大体分为以下三个阶段。

第一阶段从8世纪中期到9世纪初，这一时期翻译选材主要集中在医学、天文、数学、哲学、逻辑学和伦理学等领域，包括印度天文学著作《西德罕德》、天文学数学著作《悉昙多》、医学著作《苏色卢多》、波斯文的寓言故事集《卡里莱与笛木乃》、古叙利亚文逻辑学著作《伊赛果吉》、希腊文欧几里得的《几何学原理》，以及亚里士多德的《范畴篇》《解释篇》等作品，更注重应用价值。

第二阶段主要是9世纪上半叶前期，这一时期是"百年翻译运动"的鼎盛时期。阿拔斯王朝崇尚波斯文化，因此非常注重对波斯文献的保存与翻译。这一时期，阿拔斯王朝建立了一所图书馆——"智慧宫"（也被称作"智慧之家"，"智慧宫"一词是波斯语中对图书馆的直译），它兼具翻译馆和科学院的职能，是一个国家级综合性学术机构。智慧宫随后成为这一时期最重要的翻译机构，也被视为伊斯兰黄金时代的一个主要的学术中心，吸引了许多博学的穆斯林学者来到巴格达，成为这所学术中心或研究机构的一分子。智慧宫不仅将大量的希腊、波斯著作翻译为阿拉伯语，也发挥着人才培养的功能。智慧宫原本只注重翻译及保存波斯文文献，之后其翻译范围扩展到了帕拉维文、叙利亚文、希腊文及梵文，内容涉及占星学、数学、农业、医学及哲学等诸多领域。翻译关注的焦点，也从注重实用转向翻译的文化与学术价值。从这里诞生的翻译作品包括柏拉图的《政治家篇》《法律篇》《蒂迈欧篇》《理想国》、亚里士多德的《论动物的产生》《天空和世界》《论生灭》《论灵魂》《形而上学》《论道德》、欧几里得的《未解决的问题》，以及托勒密等人的天文学、数学方面的著作。智慧宫的翻译及成书过程非常细致：首先根据待译书籍所属的专业领域，将其指定给特定的专业人士或群体来负责翻译，翻译人员具备不同文化、宗教和种族背景，包括波斯人、基督徒和穆斯林；翻译完成后，译本被交给精通且熟练手写的人来誊抄；誊抄完成后，将其装订成册并进行装饰，然后编入目录，存放于图书馆的特定地方。一本书也会被制作成多个誊抄本，在整个帝国范围内流通。

第三阶段从约9世纪中期到10世纪末，属于翻译运动的尾声阶段。这一阶段的翻译更加注重翻译的学术价值，不仅关注对原著的翻译，也包括相关注释本的翻译。主要的翻译作品包括《奈卜特农书》《旧约》、柏拉图的《青年的礼仪》《申辩篇》、亚里士多德的《论雄辩》《诗学》《感觉和被感觉》、加连林的《歌声》、亚里士多塞诺斯的《论协和》《论卡龙》等。

"阿拉伯百年翻译运动"对当时的阿拉伯帝国乃至世界文明进程具有深远意义。各种文化在此交融，知识交流与传播规模空前。"阿拉伯百年翻译运动"翻译的著作包括希腊语100多部、波斯语约20部、印度语约30部、奈伯特语约20部，此外还有从古叙利亚语、希伯来语翻译的文学、艺术和科技著作几十部。这些翻译不仅是借助译介对外国知识的继承，还包括译者在翻译过程中，通过加入自己的思想和见解从而形成的对知识体系的扩充和发扬。在近两百年的时间里，各种语言中的经典著作，如希腊科学和哲学，波斯、罗马、印度等地的文化，都被翻译为阿拉伯语，使阿拉伯语成为当时主要的科学话语。这些翻译著作后来又辗转被回传到欧洲，对后来的欧洲文艺复兴产生了重要影响。

2.2　托莱多翻译学院

托莱多（Toledo）是位于西班牙中部的一个城市。历史上的托莱多城曾经历过罗马人、西哥特人和阿拉伯人的统治，作为多民族、多语言交汇的语言文化中心，这里曾经是犹太教、基督教和伊斯兰教共存的"三大文化之城"。

公元前 2 世纪，罗马人征服了这座城市，将其命名为托莱图姆(Toletum)，拉丁语成为这个地区的通用语。公元 5 世纪，此城被西哥特人占领，成为托莱多西哥特王国的首都。8 世纪，托莱多城又成为穆斯林统治区。11 世纪时，西班牙卡斯蒂利亚国王阿方索六世将托莱多并入自己的领土。

阿方索六世积极推行文化宽容政策，吸引大批基督教、犹太教和穆斯林学者来到托莱多，使托莱多地区成为基督教、犹太教和伊斯兰文化的交汇点，开启了托莱多很长一段时间的文化繁荣时期。12 至 13 世纪，一大批学者被组织起来，在托莱多共同从事翻译工作，他们翻译了大量的古典阿拉伯语哲学和科学著作，历史上称为托莱多翻译学院(Escuela de Traductores de Toledo)。

托莱多翻译学院的翻译活动分为两个阶段。第一个阶段是在 12 世纪。1125 年，时任托莱多大主教的雷蒙德将一群学者们组织起来，形成一个翻译团队，并将重建的托莱多大教堂的一部分作为翻译工作的场所，这即是托莱多翻译学院的开端。这一时期主要是将古希腊、古罗马、犹太语著作的阿拉伯语译本和评注本，以及阿拉伯语的许多伊斯兰哲学和宗教著作翻译成拉丁语。从公元 8 世纪至 11 世纪，阿拉伯人曾统治托莱多地区近四百年，留下了大量阿拉伯语的哲学、宗教、天文学、数学等著作，为托莱多翻译高潮奠定了基础。第二阶段是 13 世纪卡斯蒂利亚国王阿方索十世时期，这一时期的翻译主要是将阿拉伯语的著作翻译成卡斯蒂利亚语，这是一种经过修订的古西班牙语，奠定了现代西班牙语的基础。托莱多汇集了来自世界各地有着不同语言和文化背景的学者和学生，投身于学习和翻译活动。这一时期翻译的作品包括《古兰经》，以及各种医学、生物学、植物学、矿物学、修辞学、伦理学等文献。

以医学翻译为例，阿拉伯人统治时期为托莱多留下了大量的医学著作。随着麻风病和各种传染病开始在欧洲大规模流行，托莱多地区的统治者和学者希望从希腊、罗马、阿拉伯医学中寻找良方，从而产生了一批具有代表性的犹太医学翻译家。意大利学者杰拉德是这一时期著名的翻译家，他除了将大量数学、天文学、炼金术著作翻译成拉丁语外，在医学方面，他还曾将被誉为"现代外科学之父"和"中世纪最伟大的穆斯林外科医生"阿布·卡塞姆·宰赫拉威所著的《医学宝鉴》，从阿拉伯语翻译成拉丁文，并加入了自己的注释。此拉丁文译本，在之后大约五百年一直是欧洲医学领域的第一手资料，是内科及外科医生的主要参考书。

托莱多翻译学院属于教会赞助和支持下的有组织的翻译机构，这里的翻译活动不仅促进了不同种族背景文化与科学知识的交流与传播，而且对整个欧洲文明的继承与发展举足轻重。此外，托莱多的翻译也奠定了现代西班牙语的基础。

3 近代西方翻译：以思想解放运动中的翻译活动为代表

文艺复兴、宗教改革与启蒙运动被视为欧洲近代的三大思想解放运动，其人文主义、因信称义和理性主义的核心思想推动了欧洲的近代化进程。在这一过程中，翻译活动同样发挥着催化剂和加速器的作用。

3.1 文艺复兴时期的翻译

文艺复兴(Renaissance)是指 14 世纪至 16 世纪发生在欧洲的文化思想运动，该运动首先在意大利半岛兴起，随后传播至整个欧洲。文艺复兴结束了中世纪以神为中心的"黑暗时代"(Dark Ages)，形成了以人为中心的人文主义。相应的翻译活动也不再局限于宗教领域对《圣经》的翻译，而是延伸到了文学、哲学、思想等世俗领域。这一时期，为了满足外交官、朝臣和商人对异域知识的需求，其他各类翻译作品也大量涌现。

文学领域，英国作家托马斯·马洛里的作品《亚瑟王之死》(Le Morte d'Arthur)被视为大多数亚瑟王神话现代形式的源头，也是在大约一个世纪前的杰弗里·乔叟和大约一个世纪后的莎士比亚之间唯一的英国文学代表作品，也被称为第一部英文小说。这部关于亚瑟王传奇的经典英文编年史，实际上是根据法语相关资料编纂翻译而成，主要源于有关亚瑟王的法语故事，以及英文的《不列颠国王史》(History of the Kings of Britain)和一些相关故事。

《亚瑟王之死》整部作品由8个故事组成，共21本书，包含507章。马洛里经过编译，将不同来源的材料重新整合为一个有机整体。该书最初的标题是《亚瑟王及其圆桌贵族骑士全书》(The Whole Book of King Arthur and of His Noble Knights of the Round Table)，印刷商威廉·卡克斯顿在1485年印刷之前，将其改为《亚瑟王之死》，并做了一定修改。

哲学领域，意大利思想家菲奇诺是文艺复兴早期最有影响力的人文主义哲学家之一。1462年，银行家、政治家科西莫·德·美第奇于佛罗伦萨重建了柏拉图学院，菲奇诺受邀担任院长。科西莫向菲奇诺提供了柏拉图著作的希腊语手稿，随后菲奇诺开始将整个作品翻译成拉丁文，其中对话文稿于1468至1469年翻译完成。菲奇诺是第一位将柏拉图现存完整著作翻译成拉丁语的译者。

菲奇诺还将意大利画家列奥纳多·达·皮斯托亚发现的、之后被称为《赫姆提卡文集》(Hermetica)的一批希腊文献，以及包括古罗马哲学家波菲利、叙利亚阿拉伯裔哲学家扬布利库斯和古罗马哲学家普罗提诺在内的多位新柏拉图主义者的著作翻译成了拉丁语，并进行了注释。在此期间，菲奇诺和其他语言学家为当时欧洲宗教和哲学著作的翻译作出了贡献。

菲奇诺对柏拉图和其他哲学家著作的拉丁语翻译，为文艺复兴时期人文主义学术树立了标准，柏拉图学院在很大程度上影响了意大利文艺复兴的方向和基调，促进了欧洲哲学未来的发展。

法国主教、学者、作家和翻译家雅克·阿米欧以翻译古希腊作家的著作而闻名。1547年，阿米欧将罗马统治时期希腊小说家赫利奥多罗斯的小说《特阿革涅斯和卡里克勒亚》翻译成法文，即《埃塞俄比亚传奇》(Aethiopica)，这是他的第一部译作。之后，他又翻译了古希腊历史学家狄奥多罗斯·西库卢斯的《历史丛书》(Bibliotheca Historica)中的七卷。1559年，阿米欧又翻译了被誉为世界上第一位小说家、古希腊晚期作家朗戈斯的田园诗式爱情小说《达夫尼斯和赫洛亚》(Daphnis et Chloë of Longus)。

阿米欧最著名的译著是翻译罗马帝国时代希腊作家、哲学家、历史学家普鲁塔克的《希腊罗马名人对比列传》(Les Vies des Hommes Illustres Grecs et Romains)。之所以称其为"对比列传"，是因为该作品是按照一个希腊名人对应一个罗马名人的平行列传的方式成书的。阿米欧的法文译本被简称为《名人传》(Vies des Hommes Illustres)。阿米欧的翻译是在法王弗朗索瓦一世的支持下完成的，前后共花费十七年时间。他曾亲自前往罗马等地搜集整理各类古籍手稿，进行对比研究，以确保翻译的准确性。语言方面，他的译文自然流畅，同时还向希腊文和拉丁文借用并且创造了大量新词，大大丰富了法语语汇。

图 4-3　雅克·阿米欧的画像

图 4-4　阿米欧版《希腊罗马名人对比列传》

这本译著不仅影响了法国文学，而且因其之后被转译成英文，故而对整个欧洲文学界和思想界都产生了很大影响，为莎士比亚、拉辛等作家的创作提供了素材。他的文体成为16世纪末作家仿效的对象，对法国古典散文的形成作出了贡献，对同时代及后世欧洲作家的创作也产生了较大影响。与阿米欧同时代的法国思想家、作家蒙田曾这样评价阿米欧："如果没有阿米欧的耕耘，这世界将是多么荒芜贫瘠"，"如果不是这本书把我们从泥潭里拔出来，我们这些无知的人就完了"。由此足见阿米欧在法国乃至欧洲文学史及翻译史上的地位。

伊丽莎白一世时代的托马斯·诺斯从法文版转译了西班牙修士兼作家安东尼奥·德·格瓦拉的 *Reloj de Principes*，因为原作是根据古罗马皇帝马可·奥勒留的希腊文著作《沉思录》辑录的道德劝勉纲要，英文标题为 *Diall of Princes*，因此通常被称为《君王宝鉴》或《马可·奥勒留的黄金之书》，诺斯的英译本不同以往忠实于原作风格的译本，而是突出译者自己华丽、丰富、尖锐的独特风格，此种风格作为典范在后来的英国文学中引领一时。

图 4-5　托马斯·诺斯的画像

图 4-6　诺斯版《君王宝鉴》

诺斯还曾将意大利学者、翻译家多尼的《道德哲学》(The Morall Philosophie of Doni)，俗称《比德派寓言》(The Fables of Bidpai)，翻译成英文。此书原本为印度寓言故事，但最早是以阿拉伯语版本传入欧洲的，多尼将其翻译成意大利语，随后经诺斯译成英语。

图 4-7　诺斯版《道德哲学》

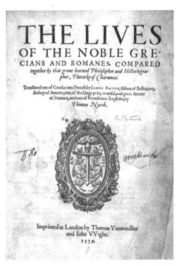

图 4-8　诺斯版《希腊罗马名人传》

诺斯最有影响力的翻译作品是 1579 年对普鲁塔克《希腊罗马名人对比列传》的转译，其英译本依据的底本是法国人文主义者雅克·阿米欧的法文译本，英译本名为《希腊罗马名人传》(The Lives of the Noble Grecians and Romanes)，简称《名人传》。诺斯的《名人传》英译本对英语及英国文学均影响深远。《大英百科全书》第 11 版对此译本的评价是："诺斯的英文充满活力，其对当代作家的影响无论如何高估都不为过，一些评论家称其为第一位英语散文大师"。英文版《名人传》也为莎士比亚的罗马历史剧创作提供了素材，其中关于罗马贵族将军科里奥兰纳斯的故事为莎士比亚提供了灵感，帮助其创作了历史剧《科里奥兰纳斯》(Coriolanus)。

3.2　宗教改革时期的翻译

欧洲宗教改革是指 16 世纪至 17 世纪开始于德国并迅速传播到北欧地区、挑战罗马天主教的一场大规模宗教运动，这也是新教形成的开端。1517 年，德国神学家、哲学家兼神学教授马丁·路德发表《九十五条论纲》(即《关于赎罪券效能的辩论》)，讨论教会腐败问题，引发了德意志宗教改革，拉开了欧洲宗教改革的序幕。这一时期的翻译活动，主要是将《圣经》翻译为其他语言。在此前很长一段时期中，拉丁文《圣经》被奉为金科玉律，罗马教会禁止将《圣经》翻译成其他语言，并将这种翻译视为亵渎上帝的行为。

(1) 马丁·路德的德语《圣经》翻译

在马丁·路德翻译《圣经》以前，德国已经有一些德语版的《圣经》。到 1518 年，德语中大约有 14 个版本的《圣经》采用标准德语，4 个版本的《圣经》采用低地德语，但这些翻译都是以哲罗姆的拉丁文版本为底本的。路德的《圣经》译本则是从希伯来语和希腊文直接翻译过来的。他于 1521 年开始将《新约》由希腊文原本译成德文，并于 1522 年出版。该译本让不懂拉丁文的普通德国人也能够读懂《圣经》，打破了罗马教会对宗教信仰的垄断。此后他又从希伯来语翻译了《旧约》，并于 1534 年完成全部《圣经》的翻译。随后，他花费一生时间，继续致力于改进和完善《圣经》的译文。路德版的《圣经》，被称为第一部"民众的《圣经》"。

路德的《圣经》译本以萨克森（现德国中部）官话为基础，并融入了一些生动的地方语言，用语丰富、深刻。这一版《圣经》为德语的规范化发展起到了决定性的奠基作用，促进了现代标准德语的发展。同时，其所提出的一些翻译思想也为当时的翻译学发展作出了贡献。就翻译文本所应当使用的语言方式，路德指出：

> We do not have to inquire of the literal Latin, how we are to speak German, as these asses do. Rather we must inquire about this of the mother in the home, the children on the street, the common man in the marketplace. We must be guided by their language, the way they speak, and do our translating accordingly. That way they will understand it and recognize that we are speaking German to them.（我们不必像这些蠢材那样询问拉丁文本的本义，询问我们该如何说德语。相反，我们必须向家里的母亲、街上的孩子、市场上的普通人询问这一点。我们必须以他们的语言和说话方式为指导，进行相应的翻译。这样他们就会理解并认识到，我们正在对他们说德语。）

在路德看来，译者必须考虑目标语读者的接受程度，应当使用他们日常所使用的语言来进行翻译。路德的"让文本说德语"的思想十分超前，他认为翻译不仅仅是将一种语言或文本转换为另一种语言或文本，更需要考虑目标语读者的接受度，体现了他认为翻译应当尊重不同语言各自具有的独特性的翻译观。这一思想也成为德国功能主义翻译思想的组成部分。

(2) 献身翻译的艾蒂安·多雷

法国人文主义学者、翻译家和印刷商艾蒂安·多雷，被认为是最早就翻译提出理论框架，并阐明如何、为何要进行翻译的学者。多雷是一位多产的法语翻译家，曾翻译过《新约》《诗篇》等，以及柏拉图、伊拉斯谟等人的作品，还有他自己的一些拉丁语作品。

1540 年，他撰写并出版了《如何完美地从一种语言翻译成另一种语言》(*De la manière de bien traduire d'une langue en autre*)，该书被认为是近代欧洲第一篇讨论翻译的著作。书中详细介绍了翻译时可能遇到的危险和陷阱，概述了译者应遵循的五项原则。具体包括：

① 译者必须完美地理解所译作品的意义和主题。

② 译者应完美地掌握所译作者的语言，并且对译入语的掌握应达到同样优秀的水平。

③ 译者不应采用词对词的翻译，应关注句子而非词序，以确保传达作者的意图，同时保留两种语言的特征。

④ 在从拉丁语向其他语言翻译的过程中，译者应采用目标语中的常见用法，但也不应过度回避拉丁语的新颖表达和罕见词语。

⑤ 译者应注重修辞，即词语的衔接与排列能使人赏心悦目，绝不应反对语言中的和谐。

这里的五条原则中，第一条是关于译者对原作的认识，包括意义及主题；第二条是关于译者应具备的双语语言能力，必须同等优秀；第三条是关于译者应采取的翻译策略，多雷不赞成词对词(word for word)直译，而是提倡以传达作者意图为目标、以句子为单位的意译，在两种语言之间达到调和；第四条是关于译者所使用的翻译语言，原则上以目标语读者的接受度为导向，选择目标语中常用的用法，但也可有一定程度的借鉴，以丰富目标语；第五条是关于译作的修辞风格，即译作的审美效果。

多雷通常被描述为"文艺复兴时期的第一位殉道者"。因为在翻译柏拉图《阿克西奥库斯篇》(*Axiochus*)中的"死后，你将一无所有"时，多雷添加了"du tout"（根本没有）一词，索邦大学神学院因此将他的作品视为异端邪说，指控他不相信灵魂不朽，并将他处以火刑。

(3) 钦定版英语《圣经》的翻译

钦定版英语《圣经》(Authorized Version，AV)，即詹姆斯王译本或詹姆斯王《圣经》(King James Version，KJV，或 King James Bible，KJB)，是 1611 年在英国国王詹姆斯一世主持下完成的《圣经》英译本。该译本是 17 世纪中叶至 20 世纪初期的标准英文《圣经》，对英国文学风格产生了显著影响。钦定版英语《圣经》的翻译历经七年，是宗教改革时期翻译领域的一件大事。

1534 年，英国国王亨利八世授权议会通过《至尊法案》(Act of Supremacy)，宣布英国国王是英国教会的唯一首脑，英国教会脱离罗马教廷控制，宣布独立。经过了一系列波折后，到了英国女王伊丽莎白一世时期，英国国教最终被确立为英国的法定宗教。

虽然当时已经有若干版本的英文《圣经》存在，但各个版本不一致，有些也未经国王授权，甚至在一些教士眼中个别版本"腐败且不符合原文的真实性"。早在 1380 年，牛津大学哲学、神学博士、英国宗教改革先驱约翰·威克里夫已将当时通用的拉丁文《圣经》译成了中古英文，成为首位将《圣经》翻译成英语的人。

另一位《圣经》英语翻译者是威廉·廷代尔。1522 年，受到马丁·路德版德语《圣经》的启发，廷代尔决定将《圣经》翻译为英语。于是在 1526 年至 1536 年的十年间，廷代尔将《新约》及《旧约》的一半根据希腊原文翻译成了现代英语，成为第一个将《圣经》译为现代英语的翻译家。1535 年，第一本英文版《圣经》印刷出版，其中大部分是以廷代尔的版本为基础。但实际上，此译本最终完成之前，廷代尔就被以异端罪处以了火刑。因为在廷代尔的时代，罗马教廷只允许拉丁文《圣经》存在，不容许私自翻译，并且只有神职人员才有资格诠释《圣经》。此后，英文版本的《圣经》还有 1560 年被称为"第一部专为平民而翻译"的《日内瓦圣经》和 1568 年由 10 多位教会人员翻译完成的《主教圣经》。

在此背景下，詹姆士一世于 1603 年即位。1604 年，詹姆斯一世召开汉普敦御前会议 (The Hampton Court Conference)，教士们提出修订英文《圣经》，得到了詹姆士一世的批准授权，于是钦定版《圣经》的翻译工作开始了。詹姆士一世全程参与了此项工作，并任命坎特伯雷大主教理查德·班克罗夫特担任总监，为译者制定了教义公约，以确保翻译的严肃性和权威性。实际参与此项工作的多达 47 人，分为 6 个团队，参与者大多是英国当时顶尖的学者。该版英语《圣经》于 1611 年完成，史称钦定版《圣经》。

钦定版英语《圣经》中的《旧约》是从希伯来语版本翻译而来的，《次经》部分是从七十士希腊文译本翻译而来的，《新约》部分译自天主教学者伊拉斯谟所整理翻译的希腊文《新约》文本，《启示录》的大部分译自拉丁通俗译本。与早期翻译的不同之处在于，钦定版《圣经》

采用了专有名称的通俗形式，以达到使读者能够熟悉并广泛接受的目标。它不仅采用了一些当时已有的英语翻译，如威廉·廷代尔的大部分翻译，还参照了犹太文本的注释。同时，译者们还利用了一些丰富的学术工具，参照希伯来语、希腊语，甚至考据阿拉姆语原文，确保译文的原创性和准确性。该译本并不追求字对字的直译，而是力求精准掌握原文背后的意义。译者们对英语译文极尽打磨，务使其简洁、明晰、朗朗上口，且不失威严和庄重。因此，该译本比任何以前的译本都更忠实于《圣经》的原始语言，也更具学术性，堪称宗教和文学翻译的楷模。其中，希伯来语《圣经》对新版本的影响尤为明显，译者们翻译时在一定程度上会有意识地模仿其节奏和风格。通常认为，钦定版《新约》的文学性明显优于希腊语《新约》。

钦定版《圣经》不仅影响了随后的英文版《圣经》，对英语语言和文学也产生了很大影响。为了让更多未受良好教育的普通人也能直接阅读《圣经》，这部《圣经》仅包含 8,000 个常用词，十分容易理解。其中许多语句如今已成为英语中广泛使用的习语或谚语。通常认为，钦定版《圣经》和莎士比亚的作品，共同奠定了现代英语的基石。该版本《圣经》也被视为英国文学中的杰作，之后英语文学领域一些知名作家，如约翰·班扬、约翰·弥尔顿、约翰·德莱顿、赫尔曼·梅尔维尔等均从这个版本的《圣经》中得到启发。

3.3 启蒙运动时期的翻译

17 世纪至 18 世纪的欧洲先后经历了启蒙运动（Enlightenment）和第一次工业革命（Industrial Revolution），进一步完成了欧洲的思想革命和生产力的解放。启蒙运动又称启蒙时代，指 17 世纪及 18 世纪欧洲发生的一场哲学及文化运动，是继文艺复兴后的又一次思想解放运动。该运动反对宗教迷信，崇尚理性思考，倡导科学知识，鼓励科学探索，旨在将人民从蒙昧无知的状态下解放出来。第一次工业革命又称产业革命，兴起于 18 世纪中期，持续到 19 世纪上半叶，欧洲进入"蒸汽时代"。这一时期，翻译活动同时也在蓬勃发展。

(1) 作为翻译家的约翰·德莱顿

约翰·德莱顿是英国 17 世纪最杰出的诗人，是继莎士比亚和本·琼森之后最伟大的剧作家，也是文学评论家。作为一位翻译家，他同样成绩斐然，值得我们关注。

德莱顿翻译过古罗马贺拉斯、尤维纳尔、奥维德、卢克莱修和提奥克里特的作品，他觉得自己的翻译比剧本创作更令人满意。1697 年，他翻译完成了《维吉尔作品》(*The Works of Virgil*)，这是他作为翻译家最具有代表性的作品。他的最后一部翻译作品是于 1700 年完成的《古今寓言》(*Fables Ancient and Modern*)，书中收录了荷马、奥维德和薄伽丘的一系列故事，以及对乔叟作品的现代化改编，其中还穿插了一些自己的诗歌。

在其《〈奥维德书信集〉译序》("From the Preface to *Ovid's Epistles*", 1680)一文中，德莱顿讨论了他对诗歌翻译的观点。在他看来，所有的翻译都可归结为直译（metaphrase）、意译（paraphrase）和仿译（imitation）三种形式：直译是对原作进行逐词、逐行翻译，本·琼森对贺拉斯《诗艺》(*The Art of Poetry*)的翻译便是如此；意译或有自由度的翻译是指译者将原作置于心中而不至于迷失方向，但不会像对待原作意义（sense）那样去刻意遵循其文字（words），译者可以对意义有所加强，但不对其做改变，埃德蒙·沃勒翻译维吉尔的《埃涅阿斯纪》即属于此类；仿译作品中，译者不仅拥有改变文字和意义的自由，而且可以根据自己认为有必要的情况将二者均予以放弃，仅从原作获取一些提示，并且根据自己意愿对原作进行切分,亚伯拉罕·考利翻译《品达颂》和贺拉斯的诗歌就属于仿译。

德莱顿引用贺拉斯的观点,他指出过于忠实原作的确会显得迂腐,无异于迷信、盲从,乃至狂热。根据德莱顿的观点,一面按照字面翻译,同时还要做到得体,这几乎不可能。以拉丁语译为英语为例,拉丁语中的词语往往包含复合的意义,而现代语言则无法做到这一点。译者需要同时考虑作者的思想、语言,还要考虑这些在另一种语言中要如何对应,此外还要受到数量和韵律的约束,就像"戴着枷锁在绳子上跳舞的舞者",她可以小心一些避免滑落,但我们就不能再期待她能有优美的舞姿。

对原作的仿译,就如同后辈译者模仿前辈译者就同一主题的创作一样,不能仅翻译原作的文字,也不能局限于其意义,而是要将原作作为一个样板,按照他认为合适的方式来创作。德莱顿之所以会对翻译有这样的思考,其中一个原因在于他所翻译作品由于个性鲜明而无法复制,针对这一问题,译者的最佳选择就是仿译,甚至在一定程度上使译文超越原作。

(2)早期的"东学西渐"

"东学西渐"通常是指17世纪至18世纪,中国古代典籍和儒家学说,通过传教士的翻译、介绍和研究,在欧洲社会得到传播。法国汉学家梅谦立(2011)[101]指出,"从17世纪起,中国经典迈向西方,使得它们不再仅仅是中国的经典,而是逐渐变成全世界的经典"。"四书"之一的《论语》,作为儒家思想的代表作品,早在1687年就被译为拉丁文在法国巴黎出版。

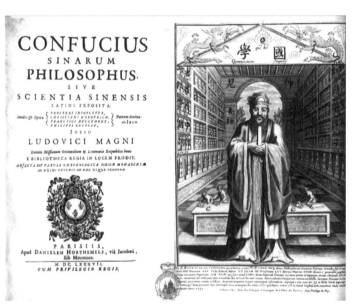

图4-9 《中国哲学家孔夫子》封面及内页图

此译本标题为《中国哲学家孔夫子》(*Confucius Sinarum Philosophus*)。从图4-9中此书的标题可以看出:第一,此书内容不仅包括儒家哲学,还包括"中国知识",实际上该译本不仅囊括了《论语》《大学》和《中庸》的翻译,还对先秦诸子、先秦儒家、宋明儒家、道教及中国佛教进行了系统介绍;第二,这个译本并非由一位译者完成,而是一个群体的工作成果,具体包括意大利传教士殷铎泽、奥地利传教士恩理格、比利时传教士鲁日满和柏应理。早在1662年,殷铎泽就和自己的老师郭纳爵翻译出版了《中国智慧》(*Sapientia*

Sinica），其中就包括孔子生平，以及《大学》《论语》的部分内容。大约1666年，殷铎泽完成了《中庸》的拉丁文翻译，并经过多位传教士修订，以《中国政治伦理知识》(Sinarum Scientia Politico-Moralis)为标题，在1668年至1669年逐步出版。1666年至1671年，传教士恩理格、鲁日满和柏应理在进行"四书"的拉丁文翻译，于是，1668年，殷铎泽将"四书"的翻译工作委托给了恩理格、鲁日满和柏应理，他们共同花费三年时间完成了除《孟子》以外"四书"的翻译，并将译稿寄到欧洲。直到1687年，在法国国王路易十四和巴黎皇家图书馆馆长特维诺的支持和赞助下，这部翻译作品才得以最终出版。

相对于早期来华传教士在中国国内对中国古代经典作品的翻译，《中国哲学家孔夫子》在欧洲出版的意义更为重大。前者主要作为传教士学习和了解中国语言文化的"教材"，便于他们在中国传教，后者则超越了"教材"的范畴，成为一部系统的学术性编译作品，极大促进了中国思想文化经典的西传。《中国哲学家孔夫子》不仅引起了当时欧洲社会对中国文化的极大兴趣，也促进了欧洲汉学研究的发展。在更大意义上，拉丁文版《中国哲学家孔夫子》在欧洲的出版与传播也是中国文化走向世界的早期标志和里程碑，成功塑造了早期中国在欧洲的形象。

(3) 中国文学西传的开端

18世纪，中国文学作品也开始通过翻译传入欧洲。1731年，法国传教士马若瑟在广州将元代纪君祥杂剧《赵氏孤儿》翻译成了法文，题名《中国悲剧赵氏孤儿》(Tchaochi-coueull, ou Le petit orphelin de la Maison de Tchao, tragedie Chnoise)，首先发表在《法兰西时报》《信使》等报刊上，并于1735年全文发表于由传教士杜赫德所编的汉学丛书四卷本《中华帝国全志》(Deion géographique, historique, chronologique, politique, et physique de l'empire de la Chine)的第三卷中，这标志着中国文学走向欧洲的开端。《赵氏孤儿》也被认为是我国最早传入欧洲的戏剧作品，进一步助力了这一时期在欧洲兴起的"中国风"(chinoiserie)。

图4-10 《中华帝国全志》封面

图4-11 《赵氏孤儿》法译本封面

马若瑟在《赵氏孤儿》法译本的前言中写道，他希望欧洲人能够借此了解中国文明的发展程度和中国人的道德观念。由于《赵氏孤儿》中所体现的思想和价值观在很多方面与当时欧洲的思想发展有共通之处，该译本在当时的法国乃至欧洲都引起了极大反响。

随后五年间，基于对《中华帝国全志》的节译与全译，法译本《赵氏孤儿》就有了两个英文转译本。1741年，英国剧作家威廉·哈切特依据马若瑟的《赵氏孤儿》法译本改编了英文剧本《中国孤儿》(The Chinese Orphan)，他的改编保留了马若瑟译本的基本结构，但对人物做了较大改变。1752年，维也纳宫廷作家、阿卡迪亚诗派诗人梅塔斯塔西奥创作了意大利语的歌剧《中国英雄》(L'Eroe Cinese)，但严格来讲，该作品并非直接取材于《赵氏孤儿》的故事。

法国文学家伏尔泰也将《赵氏孤儿》的故事改编成了五幕剧《中国孤儿》(L'Orphelin de la Chine)，并于1755年在巴黎法国大剧院上演，取得巨大成功，随后连演十六场。实际上，伏尔泰的《中国孤儿》与《赵氏孤儿》的故事主题相似，但内容相差较大，可以说是根据《赵氏孤儿》故事的重新创作或再塑，因此也被称为"五幕孔子道德剧"。1759年，爱尔兰剧作家亚瑟·墨菲在伏尔泰《中国孤儿》和马若瑟《赵氏孤儿》的基础上，又改编创作了一部《中国孤儿》(The Orphan of China)，正式上演后获得巨大成功。1762年，根据法文版的《赵氏孤儿》又产生了第三个英语转译本。1774年，德国哥廷根的大学生弗里德里希根据《赵氏孤儿》的故事，改编完成了《中国人或命运的公正》(Der Chineser, oder die Gerechtigkeit des Schicksales, Tragödie)一剧，全剧采用六步抑扬格。

直到1834年，针对马若瑟《赵氏孤儿》及其他版本在删减和改编方面的不足，法国汉学家儒莲首次将《中国孤儿》的完整版，包括对话和唱词，都原原本本地翻成了法语。17世纪至18世纪《赵氏孤儿》在欧洲的译介与传播，向世界展示了中国文学与文化的魅力。王国维曾评价《赵氏孤儿》一剧说："即列之于世界大悲剧中，亦无愧色也"。《赵氏孤儿》在欧洲的翻译与传播充分说明了这一点。

另一部早期传播到国外的中国文学作品是《好逑传》，又称《侠义风月传》。该书创作于明清时期，作者不详，书名取自《诗经·国风·关雎》中"窈窕淑女，君子好逑"一句，是一部"才子佳人"小说。这是第一部被翻译成英文的中国长篇小说。鲁迅在其《中国小说史略》中论及《好逑传》时说，此书"在外国特有名，远过于其在中国"。

18世纪初，英国东印度公司职员魏金森首先进行了《好逑传》的翻译。1719年，他从广东将自己译文带回英国，其中前三册用英文翻译，第四册用葡萄牙文翻译。1736年，魏金森离世。1761年，托马斯·珀西将译稿中的葡萄牙文部分改译为英文，并出版了完整的英译《好逑传》(The Pleasing History)。尽管此翻译版本删去了小说中全部的诗词，但译者考虑到当时英国读者对中国的了解程度，对小说中的中华文化进行了注释。

这是第一部被翻译成英文的中国长篇小说，在欧洲风行一时。之后，针对这一版《好逑传》的不足，英国汉学家德庇时重译了《好逑传》，题名 The Fortunate Union，于1829年在伦敦出版。上述两版《好逑传》在欧美世界影响最大。

1766年，《好逑传》法文版在里昂出版，译者为法国作家、翻译家马克-安东尼·鄂都。这是18世纪被完整翻译为法文并在法国出版的唯一一部中国小说。但该书并非由中文直接翻译为法文，而是根据英文译本转译而来的，并且几乎转译了英译本的所有内容。当时法国许多文学期刊上都有就英译本和法译本而撰写的书评，可见《好逑传》在当时欧洲的关注度很高。同年，德国学者克里斯托弗·戈特利普·冯·穆尔将英文版《好逑传》转译为德文，在莱比锡出版。1767年，《好逑传》荷兰文译本在阿姆斯特丹出版，此译本也是由英文转译而来。

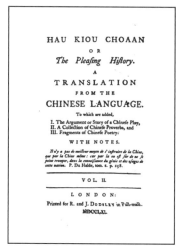

图 4-12 魏金森、珀西版《好逑传》英译本封面

图 4-13 德庇时版《好逑传》封面及内页

直到 1926 年，德国汉学家、中国文学翻译家弗朗茨·库恩才完成了从中文版直接翻译为德文的《好逑传》。《好逑传》在 18 世纪欧洲的盛行，让西方人能够更直接地了解中国的通俗文学，认识中国社会，从而理解中国人的思想观念、道德观念和价值取向。在相当长的一段时间里，《好逑传》成为西人了解中国文学与文化的重要参考资料，在很大程度上激发了欧洲汉学的进一步发展。《中华帝国全志》编译者杜赫德指出："了解中国最好的途径是通过中国自身进行了解，因为只有这样，我们才能确信，在了解这个民族的天分与风俗方面不会出错"。

4 小结

从早期的圣经翻译，到文艺复兴时期的宗教与文学翻译，再到启蒙运动时期以来欧洲各国之间的翻译交流及欧洲对东方作品的译介，翻译活动逐渐从宗教翻译走向世俗化翻译。这一进程不仅涉及语言与文化的交流，更是思想和文明的互鉴与互惠。通过翻译，不仅能够加深对外国文化的认识，更为重要的是，翻译还能够大大丰富本国的语言文字、文学文化，甚至带来思想观念和价值观的发展进步。在一定意义上，翻译的历史就是文化的历史，翻译的历史就是文明互鉴的历史。任何一个民族，任何一种文化，只有在这一文明互容互鉴的过程中，才能进一步增强文化自信，实现世界文明的共同繁荣与进步。

调查、思考与讨论

1. 从世界翻译史发展进程看，不同文化的翻译历史表现出哪些共性与个性？
2. 宗教文本翻译的特殊性体现在哪些方面？
3. 阿拉伯百年翻译运动对欧洲文明和世界文明的意义何在？
4. 托莱多翻译学院对欧洲文明和世界文明的意义何在？

5. 文艺复兴时期的翻译与宗教改革时期的翻译在关注主题、翻译策略上有何异同？
6. 翻译在欧洲社会的地位经历了怎样的历时变化？这些变化具体体现在哪些方面？
7. 翻译在一种文化特定时期的思想启蒙作用可体现在哪些方面？
8. 发生在中国的"西学东渐"和发生在欧洲的"东学西渐"有何异同？
9. 请讨论17世纪至18世纪"翻译中国"对欧洲汉学发展的作用。
10. 请讨论翻译在世界文明发展进程中的作用。

翻译习作

请在小组分工调查、讨论基础上，借助翻译工具完成以下汉-英、英-汉翻译习作，总结翻译中遇到的问题并进行讨论。

(1) 汉译英

各国各民族间的文化交流，一般说来，总是由近及远，由易到难，由实转虚，这恐怕是一条规律。古往今来，物质文化往往充当文化传播和彼此了解的先锋，而技术知识的外传，就比较困难一些。举例来说，中国是世界上最早从事养蚕织丝的国家，而且是公元6世纪前唯一饲养家蚕和织造丝帛的国家。根据考古学者在西阴村发掘出蚕茧一事，人们推断，早在石器时代中国就有了蚕丝。大约在公元前2800年，商代缫丝业便有了很大进步，并将丝织品成批向外推销。到了公元前841年至公元前476年的春秋时代，缫丝业更为发达，不但能织出各种提花的文绮、纨素与绫罗，还出现了各种各样的锦衣、锦绣。就在这个时期，或者更早一些，中国的丝绸织品传入西方。大约在公元前6至公元前4世纪成书《旧约》中就提到了中国丝绸。公元前438年至公元前431年的希腊帕特农神庙"命运女神"雕像，就身穿透明长袍，衣褶雅丽，质地柔软，应属丝织衣料。这些丝织品是通过丝绸之路进入西方世界的。然而，养蚕织丝的技术，却未同时外传。日本是中国的近邻，中国曹魏王朝与当时控制20余个小国的邪马台国常有使节往来，邪马台国进贡的物品中就有包括丝织品在内的纺织品，尽管质地粗糙，毕竟已知纺织。有人估计，养蚕技术是公元3世纪初通过乐浪传入日本的。这一技术之传入西方，则大大晚于日本。公元550年，东罗马皇帝尤斯提阿罗斯，为了获得这一技术，曾命两名波斯僧人（景教徒）去中国，设法把蚕卵藏在通心竹杖里带回罗马。不久又弄去白桑叶树，这才在罗马帝国建立了蚕丝业。记载中国蚕桑技术的书籍翻译成外文的时间则更晚。18世纪，法国耶稣会士汤执中，作为西方最早研究中国柞蚕的人，著有《蚕的饲养》一书，内附彩色插图23幅。此书充其量只能算是编译。到了19世纪前半叶，欧美养蚕业面临蚕病无法医治的技术困难，法国汉学家儒莲才在1837年将我国《授时通考》卷71至76的《蚕桑篇》摘译成法文，以《蚕桑辑要》为书名出版。法译本一问世，不少国家争先抢译，两三年内便有意、德、英、俄四种转译本，儒莲也因此在西方科技界中名声大噪。

(选自马祖毅、任荣珍，《汉籍外译史》；有删改)

(2)英译汉

The Nature of Civilizations (Excerpt)

Human history is the history of civilizations. It is impossible to think of the development of humanity in any other terms. The story stretches through generations of civilizations from ancient Sumerian and Egyptian to Classical and Mesoamerican to Christian and Islamic civilizations and through successive manifestations of Sinic and Hindu civilizations. Throughout history civilizations have provided the broadest identifications for people. As a result, the causes, emergence, rise, interactions, achievements, decline, and fall of civilizations have been explored at length by distinguished historians, sociologists, and anthropologists including, among others, Max Weber, Emile Durkheim, Oswald Spengler, Pitirim Sorokin, Arnold Toynbee, Alfred Weber, A. L. Kroeber, Philip Bagby, Carroll Quigley, Rushton Coulborn, Christopher Dawson, S. N. Eisenstadt, Fernand Braudel, William H. McNeill, Adda Bozeman, Immanuel Wallerstein, and Felipe Fernandez-Armesto. These and other writers have produced a voluminous, learned, and sophisticated literature devoted to the comparative analysis of civilizations. Differences in perspective, methodology, focus, and concepts pervade this literature. Yet broad agreement also exists on central propositions concerning the nature, identity, and dynamics of civilizations.

(Samuel P. Huntington, *The Clash of Civilizations and the Remaking of World Order*)

推荐阅读

蒋百里，2007.《欧洲文艺复兴史》. 北京：东方出版社.

林丰民，等，2011.《中国文学与阿拉伯文学比较研究》. 北京：昆仑出版社出版.

马祖毅，任荣珍，1997.《汉籍外译史》. 武汉：湖北教育出版社.

乔纳森·莱昂斯，2013.《智慧宫：阿拉伯人如何改变了西方文明》(*The House of Wisdom: How the Arabs Transformed Western Civilization*)，刘榜离、李洁、杨宏译. 北京：新星出版社.

许明龙，2022.《欧洲十八世纪中国热》. 北京：商务印书馆.

第 5 章　西方翻译史（Ⅱ）

> 20世纪50年代，人们开始尝试使用公共机器翻译，一种观点从此不断传播，那就是机器翻译必将取代人工翻译。然而，如今从事翻译行业的人数却比以往任何时候都要多。尽管在线翻译系统已经变得非常高效，并且大多数人都具备使用条件，但翻译这一职业从未因此被扼杀，而仅仅是得到了改变。
>
> （乔斯·莫肯斯，《译者，濒危物种？》）

进入20世纪，在两次世界大战及战后的国际交往中，翻译尤其是口译的需求大大增加，这也给翻译的发展带来了极大机遇。联合国的成立，纽伦堡审判、东京审判等全球范围的事务进一步加强了各国在外交与法律事务领域的交流。1963年，加拿大原创媒介理论家、思想家马歇尔·麦克卢汉出版了《理解媒介：论人的延伸》(*Understanding Media: The Extensions of Man*)一书，提出了"地球村"(global village)的说法，说明在新时代世界的联系更加紧密，翻译的地位进一步凸显。随着计算机技术的发展，机器翻译迅速发展起来，随之世界进入以互联网为标志的电子信息时代。多样化的翻译活动几乎无所不在，成为推动不同文化群体交流的主要方式。

21世纪，世界进入"大数据"和人工智能时代，翻译亦以一种全新的姿态呈现在我们面前。神经机器翻译(Neural Machine Translation)、人工智能翻译等不仅对传统翻译提出了挑战，也改变了我们对翻译的认识。我们正在逐步走进一个智能化翻译的时代。在这样的背景下，翻译发挥着何种作用？其在特定社会中的地位如何？其对社会发展及文化交流是否产生了新的影响？现今的翻译发生了哪些变化？其未来走向如何？这些都值得我们思考。

1　联合国的成立与翻译的发展

第二次世界大战接近尾声之时，1945年4月25日至6月26日，来自50个国家的282名代表在美国旧金山举行了联合国国际组织会议，起草并签署了《联合国宪章》。1945年9月2日，日本正式签署降书，第二次世界大战宣告结束。1945年10月24日，《联合国宪章》经中国、法国、苏联、英国、美国及大多数其他签署国批准，联合国正式成立。如今，联合国的五个常任理事国为中国、美国、俄罗斯、英国、法国，核心宗旨在于维护世界和平与安全及进行国际合作。联合国现包括五大机构：联合国大会(General Assembly)、安全理事会(Security Council)、经济及社会理事会(Economic and Social Council)、秘书处(The Secretariat of the United Nations)、国际法院(International Court of Justice)。联合国秘书处总部设在美国纽约,并在日内瓦、维也纳、内罗毕设有办事处。

联合国创建初期,其官方工作语言包括汉语、英语、俄语、法语和西班牙语,1973年增加了阿拉伯语。秘书处以英、法两种语言为工作语言。西班牙语和阿拉伯语则是除常任理事国外,使用国家数量最多的语言,西班牙语是20个国家的官方语言,阿拉伯语则是26国官方语言。为了达到各个国家彼此之间充分沟通与交流的目的,不同语言之间的翻译转换不可或缺。

联合国大会和会议管理部(Department for General Assembly and Conference Management)设有六个翻译处,负责用汉语、阿拉伯语、英语、法语、俄语和西班牙语六种官方工作语言编写会议文件及信函、出版物等其他文件,为各种会议提供支持。纽约总部还设有一个规模不大的德语翻译科(German Translation Section),由德语成员国提供资助。

联合国的翻译具有很高的挑战性。译员必须要在准确性、可读性和使用正确术语方面做到统一,并达到最高质量标准。在满足上述标准的同时,还有期限要求,译员要确保及时交付。翻译的文件类型涵盖广泛,包括技术、政治、科学、社会、经济、法律、和平与安全、统计、海洋法、经济发展和食物权等诸多领域。文字量也有很大差异,从60,000字的报告到1页的外交照会都有涉及。此外,在危急或紧急情况下,翻译工作的强度和时限要求则会更高。翻译模式主要是笔译和口译,口译主要分为同声传译(simultaneous interpreting)和交替传译(consecutive interpreting)。为了保证翻译中的术语统一,译员们也会借助一些计算机辅助翻译工具、双语文本对齐工具、多语种术语数据库(terminology databases)和翻译记忆工具(translation memory system)等,以便提高工作效率和译稿的专业性。此外,联合国翻译人员通常以团队形式开展工作,共同承担任务,彼此协商,共同解决翻译中遇到的各类问题。联合国对翻译人员有如下要求:

(1) Thoroughly understand the subject and nature of the document they are translating and be aware of any political nuances. (充分理解所翻译文件的主题和性质,充分认识任何政治方面的细微差别)

(2) Ensure the accuracy and completeness of their translations in conveying both the meaning and tone of the original. (确保译文的准确性和完整性,既要传达原文的含义,还要传达其语气)

(2) Ensure consistency within series of documents by checking official terminology, specialized terms or phrasing, and references. (核对同系列文件中正式术语、专业术语或用法以及参考文献,确保一致性)

(4) Adhere to the style and usage rules of their translation service. (遵守各自所服务翻译部门的风格和用法规则)

2 全球范围事务的开展对翻译发展的影响:以纽伦堡审判与东京审判为例

纽伦堡审判与东京审判是第二次世界大战结束以后,国际范围内与翻译活动关系极为密切的历史事件。法庭审判中,由于参与各方语言不通,翻译必不可少。其中既包括对各类文件的多语种翻译,还包括庭审现场各语种之间的口译。因此,这两次国际范围的审判对口译,尤其是会议口译的发展,具有十分重要的意义,甚至可以说是大规模同声传译的开端。

2.1 纽伦堡审判中的翻译活动

纽伦堡审判(The Nuremberg Trials)是指第二次世界大战结束后,1945年11月20日至1946年10月1日间,由欧洲国际军事法庭(International Military Tribunal)在德国纽伦堡对战犯进行的审判,具体由第二次世界大战战胜国对欧洲轴心国的军事、政治和经济领袖进行军事审判。纽伦堡审判的"庭审以英、俄、法、德四种语言同时进行,开启了大规模使用同声传译的先河。这不仅在翻译学,更在人类文明史上树立了一个新的里程碑"(胡愈,2014)[36]。

同声传译出现于两次世界大战之间,其雏形是一种被称为"耳语者"(chuchoteurs)的方式,即译员采用小音量进行的持续翻译,仅供坐在一起的少数人听到。随后出现了"hush-aphone"(消音电话),即hush-a-phone,一款可以连接在电话发射器上、为减少干扰、用于私下交流的装置,可用于辅助同声传译。1925年,美国商人爱德华·菲林与英国工程师A. 戈登-芬利合作研制了一个依赖于电话设备进行同声传译的系统,此设计被称为菲林-芬利同声传译者(the Filene-Finlay simultaneous translator),其专利之后卖给了IBM公司。IBM公司随即推出了其改进的菲林-芬利语言翻译者(the Filene-Finlay speech translator)传译系统,并于1927年在国际联盟的会议上投入使用,此系统也成为当代同声传译系统的鼻祖。之后,许多国际会议开始采用同声传译系统,一些类似的同传系统也被开发出来。

二战结束后,鉴于在审判战犯时需要进行语言翻译,在美国大法官罗伯特·H. 杰克逊和出生于法国的美军中校、语言学家莱昂·多斯特的支持下,纽伦堡审判最终决定采用同声传译系统,相关设备由IBM公司提供。多斯特被指派为纽伦堡审判首席译员,审判现场的36名口译员被分为3组,每组12名成员,其中每3人一个隔间,负责将庭审涉及的四种语言(英、法、俄、德)之一译入自己的母语。每位译员头上都佩戴耳机,每个隔间的3位译员共享一个话筒。这样,就可以同时进行四种不同语言的同声传译。

纽伦堡审判共持续300余天,开庭200余次,动用翻译人员上百人。其中,口译组36人,笔译组分为8个团队,每个团队25人。译员们克服了重重困难,最终审判也取得了前所未有的成功。纽伦堡审判中的翻译活动对世界范围内翻译的发展而言是史无前例的。首先,纽伦堡审判中的口译活动,不仅开启了同声传译大规模应用于正式国际会议的先河,也使同声传译技术得到了进一步的深入发展。第二,纽伦堡审判结束之后,世界各国开始更加重视相关口译人才的培养,一些专门的口译学校和译员培训机构被建立起来。例如,1948年巴黎高等口译学院成立,主要培养翻译人才,后来发展为以口译为主兼顾笔译的综合性翻译学院;1955年美国蒙特雷高级翻译学院成立,作为翻译人才训练基地,该校致力于培养高端的外交、贸易、科学及商业领域笔译及口译人才。第三,对于翻译学科发展而言,纽伦堡的庭审口译为会议口译和同声传译的研究与应用提供了丰富的一手资料,为今天的同声传译事业发展奠定了一定的基础。1953年,国际翻译家联盟(Federation Internationale des Traducteurs, FIT)成立,致力于在全球范围内推进翻译事业的发展与进步。在这一历史背景下,翻译学作为一门独立学科也开始逐步成长起来。

2.2 东京审判中的翻译活动

东京审判(Tokyo War Crimes Trial),是指 1946 年 5 月 3 日至 1948 年 11 月 12 日远东国际军事法庭(International Military Tribunal for the Far East)在日本东京对第二次世界大战中日本首要战犯的国际审判。此次审判遇到的首要问题即语言问题,翻译成为庭审中不可或缺的环节。

借鉴《纽伦堡宪章》作为审判依据的经验,驻日本盟军颁布了《远东国际军事法庭宪章》(International Military Tribunal for the Far East Charter),又称《东京宪章》,规定了东京审判的法律程序。其中就东京审判的翻译工作有这样的规定:审判和相关程序应以英语和被告的语言(日语)进行,根据需要和要求所有文件和其他文案都应当提供翻译文本。因此,整个审判过程中,译员以交替传译的方式提供英语和日语之间的口译,同时也为既不懂英语也不懂日语的苏联法官提供俄语同声传译。尽管如此,在审判过程中,当证人或检察官使用汉语、法语、荷兰语、德语、俄语和蒙古语时,法庭还为其配备了这些语言与英语或日语之间进行互译的口译员。例如,庭审初期,当证人用汉语发言时,证词首先被译成日语,然后再由日语翻译成英语。

根据庭审记录,出场较多的日语口译员有 27 位,其中半数来自日本外务省,其余均为拥有双语背景的日本人,其中也不乏对日本有所维护的译员,因此法庭也设有由四位日裔美国人担任的监听员,负责维护口译的公正性。东京审判法庭向纽伦堡审判法庭提出了一系列的咨询问题,并得到了详细的答复。技术上,东京审判也采用了 IBM 公司的同声传译系统,同时还设计了口译员工作间(interpreter's booth),但实际庭审中的翻译并未完全采用同声传译的方法。

参加东京审判的中国代表团以法官梅汝璈为领队共 17 人,其中翻译人员包括周锡卿、张培基、郑鲁达、高文彬、刘继盛、朱庆儒等。东京审判历时 900 余天,共开庭 800 余次,受理证据 400 余件,成为有史以来参与国家最多、规模最大、开庭时间最长、留下档案文献最多的一场世纪大审判。

3 欧洲联盟与翻译

欧洲联盟(European Union),简称欧盟(EU),是欧洲多国共同建立的政治及经济联盟,由欧洲理事会(European Council)、欧洲议会(European Parliament)、欧盟(部长)理事会(Council of the EU)、欧盟委员会(European Commission)、欧洲法院(European Court of Justice)、欧洲中央银行(European Central Bank)等分支机构组成,是世界上第三大经济实体,现拥有 27 个成员国,正式官方语言有 24 种。其宗旨是"通过建立无内部边界的空间,加强经济、社会的协调发展和建立最终实行统一货币的经济货币联盟,促进成员国经济和社会的均衡发展","通过实行共同外交和安全政策,在国际舞台上弘扬联盟的个性"。

由于其正式官方语言众多,每一种语言都属于工作语言,因此在制定各类文件和举行各类活动中,各个语种之间的翻译在所难免。尽管欧盟的工作人员大多掌握双语或三语及以上的语言,欧盟委员会仍设有专门的翻译服务部。欧盟翻译总司(Directorate-General for Translation)是欧盟委员会下设的一个行政部门,总部位于布鲁塞尔和卢森堡两地,主要负责笔译方面事务,因此也常被称作笔译总司;另一语言服务部门是口译总司(Directorate-General for Interpretation),主要职责在于提供口译服务和会议组织(许宗瑞,2019)[322]。欧盟委员会的翻译服务部是全球最大的翻译服务机构,大约有1750名语言学家及600名辅助人员,还有600名全职和3000名兼职口译员。此外,欧洲议会还雇用了大量译员,有时还会聘用许多外包翻译(熊伟,2019)。

由于欧盟实行多语言政策,尊重语言之间的平等,因此这一国际组织中的翻译活动表现出这样一些特点:第一,淡化翻译,以平行文本的形式呈现;第二,翻译中涉及的文化交际主要是欧盟文化与成员国文化之间的交流;第三,以翻译来捍卫语言之间的平等;第四,无论质量优劣,所有文本具有同等价值与效力;第五,作为实务性翻译,通常都是将外语译入母语,译、编、写兼及,因此译文质量可能超越原文(贺显斌,2007)。

欧盟翻译总司所制定的《2016—2020战略规划》确立了六项工作目标:第一,提供高质量翻译服务和编辑服务,满足欧盟委员会相关需求;第二,扩大外包,以有效利用人力、财务资源,应对需求的波动变化;第三,提升爱尔兰语翻译能力;第四,构建一种模块化、先进的机器辅助翻译环境,为翻译质量和翻译效率的提升提供支持;第五,通过开展合作和共同研发IT工具,创造与其他机构的协同效应;第六,通过外展工作(outreach work)提升翻译的地位,促进专业合作(许宗瑞,2019)[322-323]。总体而言,这些目标都是服务于欧盟的高质量、高效率运转。同时,从这份规划中也可以看出,翻译与技术的融合将成为未来的一大趋势。

4 机器翻译的兴起与发展

早在20世纪30年代,人们就已经有了利用机械装置进行翻译的想法,但直到40年代电子计算机诞生才使得这一想法能够付诸实践。1954年,美国乔治敦大学与IBM公司合作,利用IBM-701计算机进行了世界上第一次机器翻译试验,这被视为世界上最早的书面机器翻译系统(冯志伟,1999)[38]。我国在1957年开始机器翻译研究,并于1959年成功进行了第一次俄汉机器翻译实验(刘涌泉 等,1984)[1]。这一时期,机器翻译被视为语言学、数学和计算技术三门学科基础上的"边缘学科",相关研究成果在当时已经在外语教学、机器自动查询和自动编写文摘等方面得到了直接或间接的应用(刘涌泉 等,1964)[8-10]。1966年,美国语言自动处理咨询委员会(Automatic Language Processing Advisory Committee,ALPAC)发布了一份题为《语言与机器》的报告,对机器翻译研究提出质疑,导致机器翻译研究进入低谷期(冯志伟,2011)[11]。尽管如此,70年代以后,随着计算机技术和自然语言处理研究的进展,机器翻译又重新焕发生机。

90年代,以翻译记忆系统为基础的计算机辅助翻译迅速发展起来。以1991年德国Star公司推出的Star Transit、1992年Trados公司发布Translator's Workbench II、IBM德国分公司推出的Translation Manager/2,以及1993年西班牙Atril公司发布的Déjà Vu等翻译记忆软件为标志,计算机辅助翻译迅速发展(王正,2011)[38-139]。中国国内的Transmate、雅信CAT、雪人CAT等一系列翻译记忆软件也陆续被开发出来。机辅翻译的发展大大提高了翻译实践的效率。另一方面,以互联网为载体的电子化文本语料大规模产生,基于语料库的机器翻译迅速发展并成为主流。1993年,美国IBM公司布朗等四人在《计算语言学》(Computational Linguistics)第19期第2卷发表了"The mathematics of statistical machine translation: Parameter estimation"一文,文中描述了翻译过程的五个统计模型,并给出了相应的算法。此文可以说宣告了统计机器翻译时代的到来。

2000年以后,统计机器翻译进一步发展。2006年,谷歌公司发布了在线翻译服务软件谷歌翻译(Google Translate),统计机器翻译研究迎来了发展高潮。目前,谷歌翻译可以支持100多种语言之间的互译。

随着深度学习技术兴起,神经网络机器翻译技术产生。2015年,百度发布全球首个互联网神经网络翻译系统。2016年,谷歌公司也发布了神经网络机器翻译系统,机器翻译研究进入一个全新阶段。此后,多家在线机器翻译系统陆续升级到了神经网络机器翻译系统,大大提高了翻译实践的精准度。2018年,美国旧金山人工智能公司OpenAI发布了GPT自然语言处理模型,2019年又发布了第二代产品GPT-2。到了2020年,其发布的GPT-3程序除拥有生成应用和布局、搜索和分析数据、生成和分析程序、数学推理、问答、游戏等功能外,还具备文本生成和创作功能,如对特定语言或文本风格的归纳与生成。其强大功能背后是高达1,750亿个参数的海量训练数据。

2022年11月,OpenAI推出了ChatGPT工具。作为一款基于机器深度学习的技术工具,ChatGPT因经过海量模型训练而"见多识广",能够完成诸多貌似不可能完成的任务。新技术的发展,为未来的翻译事业提供了无限的可能性。

5 人工智能时代的翻译

21世纪,人类进入人工智能(Artificial Intelligence)时代。人工智能技术的进步极大推动了翻译行业的发展,催生了翻译记忆、术语管理、神经网络机器翻译等一大批新技术,引发了翻译生产模式的划时代变革(王均松 等,2023)[14]。

人工智能在翻译领域的最主要应用就是机器翻译。人工智能技术可以通过分析大量的语言数据和语法规则,自动识别和翻译文本,从而实现高质量的翻译。人工智能还可以用于开发辅助翻译工具,帮助翻译人员提高工作效率和译稿的准确性。这些工具可以根据上下文和语法规则提供翻译建议,自动矫正错误,并提供相关的词汇和短语翻译。辅助翻译工具可以大大减少翻译人员的工作量,提高翻译质量。此外,在语音翻译领域,通过语音识别和语音合成技术,人工智能可以将语音输入转换成文字,并将其翻译成其他语言的文字输出。这种技术可以用于电话翻译、语音助手等场景,使语言交流变得更加便捷和高效。在线翻译平台也可以利用人工智能技术提供实时翻译服务,用户可以通过输入文本或上传文件进行翻译,平台可以根据用户的需求提供准确的翻译结果,帮助用户解决语言障碍。

那么,人工智能翻译会完全替代人工翻译吗?答案当然是否定的。尽管翻译领域对人工智能的应用体现出其强大的能力,但人工智能的前提是"人工","智能"是由人设计的智能,即让机器具备类似人的智能化能力。尽管人工智能在翻译实践方面已经达到了相当高的精准度,但就目前而言,其还不能完全替代人工翻译。主要原因在于:首先,人类语言和文化具有复杂性,人工智能翻译很难完全理解人类文化和语言的细微差异,因此在处理复杂的语言表达时可能会出现偏差;其次,翻译活动涉及灵活性和适应性,一般翻译人员可以根据上下文和读者对象的需求,进行灵活调整和适当选择,以确保翻译的准确性和流畅性,而人工智能翻译在这方面相对较弱;最后,也是最为重要的一个因素,人工翻译保留了人类的创造力和情感表达，因为翻译不仅仅是简单的语言转换，还涉及文本的感情色彩、修辞手法等，这些方面均需要人类的创造力和情感介入，而人工智能翻译目前还不能完全模拟和替代人类。

但我们必须承认，人工智能等现代技术在翻译中的应用，的确大大提高了翻译的效率，避免了重复劳动，在术语统一与精确度方面也表现突出。人工智能辅助的翻译已成为当下翻译的主流模式，译后编辑（post-editing）则成了译者的主要任务。面对人工智能翻译技术的快速发展，我们应采取何种应对态度呢？实际上，我们可以积极面对和接受，并利用其优势，在此基础上，进一步提高翻译的效率和质量，服务于我们的需求。简言之，即"拥抱技术，为我所用"。

6 小结

20世纪至今，世界范围内，翻译在全球化背景下扮演着关键角色，促进了各种文化间的交流、理解和合作。同时，技术的发展为翻译提供了新的工具和方法，推动着翻译领域的进步和发展。翻译领域的专业化、学术化、技术化进一步推动了翻译行业和产业的迅猛发展，大规模国际贸易、政治互动和文化交流需要更多高层次、专业化的翻译人才和翻译技术来应对多语言环境，而机器翻译、计算机辅助翻译、人工智能翻译和生成式语言大模型等的发展大大提高了翻译效率和质量。未来计算机科学的进一步发展必定带给翻译领域前所未有的变革，翻译也将进一步伴随世界的进步以实现更繁荣的发展。

调查、思考与讨论

1. 从历时角度看，国际事务中，译员的角色与地位是否有所改变？
2. 二战后的翻译活动与欧洲早期翻译活动的主要差别，表现在哪些方面？
3. 世界范围内专门的口译学校和译员培训机构有哪些？其发展现状如何？
4. 请简述机器翻译的历史。
5. 国内外具有代表性的机器辅助翻译软件有哪些？在线翻译软件有哪些？
6. 翻译可以带来和平，也可能引发战争，请在世界翻译史上找寻相关的案例。
7. 机构翻译与一般翻译有何差异？
8. 通过实验，对比分析并讨论人工翻译与在线翻译软件翻译结果的差异何在。
9. 在线翻译软件的优势体现在哪些方面？
10. 人工智能翻译在未来是否将取代人工翻译？

翻译习作

请在小组分工调查、讨论基础上，借助翻译工具完成以下汉-英、英-汉翻译习作，总结翻译中遇到的问题并进行讨论。

(1) 汉译英

西方文化从文艺复兴以来，昌盛了几百年，把社会生产力提高到了空前的水平，也促使人类社会进步达到了空前的速度。光辉灿烂，远迈前古，世界人民无不蒙受其利。但它同世界上所有的文化一样，也是决不能永世长存的，迟早也会消逝的。20世纪20年代前后，西方的有些学者已经看出西方文化衰落的端倪，如德国的施宾格勒在1917年开始写作的《西方的没落》一书，预言当时如日中天的西方文化也会没落。此书一出版，马上洛阳纸贵，产生了巨大的影响，英国著名历史学家汤因比受其影响，也反对西方中心论。他们的观点是值得肯定的，因为，西方文化同世界上所有的文化一样，也是决不能永世长存的，迟早也会消逝的。在今天，它已逐渐呈现出强弩之末的样子，大有难以为继之势了。具体表现是西方文化产生了一些威胁人类生存的弊端，其荦荦大者，就有生态平衡的破坏、酸雨横行、淡水资源匮乏、臭氧层破坏、森林砍伐、江河湖海污染、动植物种不断灭绝、新疾病出现等，都威胁着人类的发展甚至生存。西方文化产生这些弊端的原因，是植根于西方的基本思维模式。因为思维模式是一切文化的基础，思维模式的不同，是不同文化体系的根本不同。简而言之，我认为，东方的思维模式是综合的，它照顾了事物的整体，有整体概念，讲普遍联系，接近唯物辩证法。用一句通俗的话来说就是，既见树木，又见森林，而不是只注意个别枝节。

（季羡林，《季羡林谈东西方文化》）

(2) 英译汉

Mastery of translation technologies is now a key professional requirement, and they are developing at an unprecedented rate. The vast and growing amounts of digital content being created, much of it time-sensitive, means that there is far more material to be translated than there are human translators available to do the work. There is now very little translation that could not be considered a form of human-computer interaction, as noted by O'Brien, from working within a text-editing interface with automatic spelling and grammar checking, to making use of online machine translation (MT), based on huge repositories of previous translations, with many tools and options for assistance and automation in between. As a key and highly visible example of artificial intelligence (AI) in action, MT is the most widely used translation technology today, but there are many other tools that translators work with when producing a high-quality translation. The development of many of these tools grew from the earliest efforts to digitise and automate translation. Automation is when computers carry out repetitive functions such as word counting or spell checking that were previously carried out by humans, but that 'humans do not wish to perform, or cannot perform as accurately or reliably as machines'.

(Rothwell, etc., *Translation Tools and Technologies*)

推荐阅读

梅汝璈，2016．《东京审判亲历记》．上海：上海交通大学出版社．

威尔杜·兰特，阿里尔·杜兰特，2018．《文明的故事》(全 11 卷)．北京：天地出版社．

Samuel P. Huntington, 1996. *The Clash of Civilizations and the Remaking of World Order*. New York: Simon & Schuster.

Taked Kayoko, 2010. *Interpreting the Tokyo War Crimes Tribunal: A Sociopolitical Analysis*. Ottawa: University of Ottawa Press.

Ruth A. Roland, 1999. *Interpreters as Diplomats: A Diplomatic History of the Role of Interpreters in World Politics*. Ottawa: University of Ottawa Press.

第6章 中华文化"走出去"

> 增强中华文明传播力影响力。坚守中华文化立场，提炼展示中华文明的精神标识和文化精髓，加快构建中国话语和中国叙事体系，讲好中国故事、传播好中国声音，展现可信、可爱、可敬的中国形象。加强国际传播能力建设，全面提升国际传播效能，形成同我国综合国力和国际地位相匹配的国际话语权。深化文明交流互鉴，推动中华文化更好走向世界。
>
> （习近平，《中国共产党第二十次全国代表大会报告》）

古代丝绸之路是中外文化互通互鉴的历史见证，通过商贸、科技、艺术、文化、宗教等形式，中国与周边国家及亚欧文明在历史上发生过深刻的交流与碰撞。今天，随着全球化发展，中华文化"走出去"进一步推动了对传统文化的传承与创新文化的拓展。这不仅有助于树立文化自信，借助多元化的交流与合作，还可以推动国际社会全面了解中国，促进不同文明之间的对话与融合。正是在这样的背景下，本章将简要追溯中华文化"走出去"的历史脉络，总结中华文化对外传播在不同历史时期的表现形式及传播路径，为新时代中华文化"走出去"拓展思路。

1 早期中华文化"走出去"的记载

以季羡林先生为代表的一批学者，曾发表过一系列关于"东学西渐"的文章。他们认为中国在历史上向来是一个愿意向其他国家传递文化的国家。例如，中国古代的四大发明即是通过丝绸之路传播到欧洲，推动了欧洲社会的进步与发展。有的学者提出广义的"东学西渐说"，认为中华文化的对外传播可追溯至更早的古代，并以一些考古发现来支持这一观点。目前，史学界对中华文化对外传播的起始时间看法不一，但大多数学者均认为，陆上丝绸之路和海上丝绸之路的开通，是东西方文化早期交流的不争事实。

相传，商纣王叔父箕子在商朝灭亡后，带领一行人东渡到达朝鲜，建立了箕子朝鲜，并将当时商朝时期的中原文化传播到了朝鲜半岛。《尚书大传》有记载："武王胜殷，继公子禄父，释箕子之囚。箕子不忍周之释，走之朝鲜。武王闻之，因以朝鲜封之。"《史记·秦始皇本纪》中记载了这样一个故事：徐福带领着三千童男童女，踏上了寻找蓬莱三岛的探险之旅。尽管后来他们的去向成谜，但史籍记载显示秦朝可能与其他文明发生联系，促成了文化传播的可能性。西汉时期张骞出使西域，成为古代中国一次具有划时代意义的对外交流。公元前139年,张骞率一百多人的外交使团出使西域,主动联络西域国家,其初衷带有明确的军事目的,即与西域国家联手来应对匈奴入侵。随着通往西域的道路被打通,这条今天被誉为"丝绸之路"的纽带,其影响和意义远远超出了最初的军事设想,不仅建立了中国与中亚地区许多国家之间的联系,更促进了他们之间的政治、军事、经济和文化交流。

文化交流离不开翻译,相关内容在史籍中均有一定记载。早在西周时期,为了促进国家之间的交流,政府就设立了专门负责翻译的官职"象胥"。当时由于受地缘影响,交流的对象主要是周边少数民族。到了秦朝和汉朝初年,负责翻译的官职改称"典客",主要负责对少数民族的接待和交往等事宜。汉代国力逐渐强盛以后,对外交流也越来越多,翻译人员的工作也不断增加。汉武帝太初元年设置了"大鸿胪"一职,其职责包括对外交往的组织、外国使者的接待和翻译工作。汉代在西域各属国还设置了"译长",主持翻译工作,履行使节任务。从魏晋至明朝,大鸿胪的职责屡有变化,但无论其职责如何变化,外事礼仪及翻译工作一直由大鸿胪掌管。

2　唐宋时期文化对世界文化的影响

唐宋时期孕育出丰富的制度文化、物态文化、心态文化与行为文化,为唐宋文化国际传播提供了丰富的思想资源(杨威 等,2022)[149]。随着商品经济日益发达,唐宋时期国内外的文化交流异常频繁和活跃。唐宋两朝分别以长安和泉州为陆上和海上丝绸之路起点,通过贸易活动,唐三彩、唐代陶塑、宋朝瓷制品、丝织品等远销海外。从唐宋开始,中原地区与阿拉伯和欧洲贸易频繁,通过广州等地的海路,开辟了通往东南亚、西亚、埃及和东非的贸易路线,当时的先进文化因此得以传播。唐宋两朝的文化传播主要以宗教、法律制度、文字、文学作品等形式出现。

唐朝时期,佛教从印度、中亚等地传入中国,逐渐形成了自己的本土化特色,成为中华文化的重要组成部分。中国的僧侣和学者通过海上和陆路的各类活动,将佛教传播到东南亚、日本和朝鲜半岛等地区,其中最为著名的是"鉴真东渡"。

> 大和上从天宝二载,始为传戒,五度装束,渡海艰辛。虽被漂回,本愿不退。至第六度过日本。三十六人总无常去,退心道容二百余人。唯有大和上、学问僧普照、天台僧思托,始终六度,经逾十二年,遂果本愿,来传圣戒。(《唐大和上东征传》)

这段文字描述的是鉴真和尚自唐天宝二年(公元743年)开始,踏上了六次海上东行之旅,经过十二年中五次失败的艰辛历程,最终成功到达日本,达成了他传播佛法的使命。据《唐大和上东征传》记载,鉴真东渡日本时共携带48部佛经,他将这些经书交给日本奈良东大寺,这些经典包括《大集经》《四分律》《四分疏》《菩萨戒疏》等。鉴真及其弟子在唐招提寺详细讲解这些经典,为日本佛教天台宗建立奠定了理论基础,鉴真还对日本原有的佛经进行整理和校订。此外,鉴真在医药、建筑、书法、雕塑、语言、饮食等方面都对日本文化产生了积极影响。鉴真东渡成为中日文化交流的重要历史事件,对日本佛教和文化的发展影响深远。

中国早期的律法也曾传播到域外。中国现存最古老、最完整的封建刑法典为《唐律疏议》，该法典通过丝绸之路传播到中亚、东亚、东南亚许多国家，对这些国家的律学研究和法治建设产生了一定影响。其系统而严密的法律体系为其他国家提供了借鉴范本，促进了法治观念传播，该律令直到今天仍在许多国家发挥着作用。

唐朝政府在文化交流中积极推广汉字，主要是通过留学生制度将汉语传播到国外，其中，以新罗和日本留学生居多。公元7世纪末，新罗学者薛聪创造了"吏读"法，将汉字作为辅助学习工具，促进了汉字推广和汉文化普及。日本留学生将大量汉字传入了日本，对日本文字和文化产生了深远而持久的影响。日本人尝试用汉字标注日语发音，为真正的日文形成奠定了基础。

此外，唐宋诗词对韩国古代诗歌也产生了一定的影响，在形式、结构、主题、修辞、意境和艺术技巧等方面，为韩国诗歌的发展提供了启示。新罗时期，朝鲜半岛汉文学开山鼻祖崔致远被誉为"东国儒宗""东国文学之祖"，他12岁来到长安，先后在中国求学为官共十六年，在中韩文化交流中扮演着重要的角色。他通过文学、外交和思想传播等多方面的活动，促进了中韩之间的交流与互通，为两国的文化交流与友谊奠定了坚实基础。

3 元明清时期的"东学西渐"

早在元朝就出现了多部由欧洲人撰写的中国见闻录，向欧洲介绍中国，如马可·波罗的《马可·波罗游记》、柏朗嘉宾的《蒙古史》、鲁布鲁克的《东行记》等。其中，马可·波罗的游记在欧洲反响最大。马可·波罗是意大利商人和探险家，他于1271年与父亲和叔叔一同离开威尼斯，沿丝绸之路穿越中亚，最终抵达元朝首都大都（今北京），在大都度过了十七年。回国后，他口授《马可·波罗游记》，对中华文化进行了丰富而详细的介绍，首次向欧洲人展示了元朝时期中国的繁荣与文化。马可·波罗对大都的宏伟城市、宫廷生活、政治制度等都有生动描绘，并描述了中国繁忙的市场和先进的工艺技术，如丝绸贸易和瓷器工艺。此外，他还记录了元代皇帝忽必烈的治国方式和对贸易的支持，其对中国社会文化的独特见解使《马可·波罗游记》成为当时欧洲人了解东方国度——中国的第一手资料。

明清两代是历史上第三次"东学西渐"的高峰。永乐元年（1403年），明王朝为宣示国威，派使节出使西番与漠北，后又出使西域各国，这些主动的政治军事交流效果显著，一些偏远小国纷纷前来朝拜臣服。明朝时期，中国科技处于世界领先地位，数学、物理、天文、地理、医学、植物学等学科蓬勃发展，《本草纲目》《天工开物》《农政全书》等药学、工艺学、农业方面的杰作层出不穷。人文艺术和工艺美术造诣也达到巅峰，雕刻、家具、刺绣、陶瓷、建筑等领域成就卓越。这些都成为当时对外交流的重要方面，也在一定程度上塑造了当时中国在域外的形象。明朝对外交流活动中影响最大的是郑和下西洋。郑和七下西洋直接促进了中华文明的对外传播。明朝除了与周边国家的直接交往外，许多欧洲传教士当时也来到中国，通过著书立说或翻译编译等方式，向欧洲介绍中国文化。

晚清时期的"东学西渐"主要体现在一些汉学家对中国儒学著作的翻译领域。例如，英国汉学家理雅各于1861至1886年在友人王韬、助译黄胜的协助下翻译出版的《中国经典》（"Chinese Classics"）系列，包括《四书》《五经》《诗经》《道德经》《春秋》《左传》等典籍28卷，他也因此在1876年获首届国际汉学最高奖——儒莲奖。这些翻译作品也为之后的欧洲汉学研究奠定了一定基础，促进了欧洲对中国文学、文化、历史、思想和哲学的认识。再如，美国汉学家卫三畏的代表作《中国总论》（*The Middle Kingdom*）是美国最早的汉学研究著作，其中对中国古代文化成就进行了大量真实叙述，并且给予了积极评价。他对孔子的思想如是评价："就是与希腊和罗马圣人的学说相比，他的作品也毫不逊色，并在两个方面大大超出：一是其哲学被广泛应用于他所生活的社会，二是其哲学突出的实用性质。"

东西方之间文化交流在16世纪至19世纪达到高潮。中华文化的译介在欧洲引发了"中国学"热潮，包括伏尔泰、笛卡尔、歌德等学者和思想家都受到中国传统思想文化的影响。中国的科举制度也在西方产生了一定的影响。当科举制度在中国走向衰退时，西方国家却积极引进并审视、分析此制度。伏尔泰、狄德罗等西方学者对中国的科举制度大加赞赏，孟德斯鸠则对中国科举制度进行了客观评价与反思。在西方学界的关注下，欧美开始借鉴中国科举，改革本国文官制度。与此同时，西方的文化和科技也被大量传入中国，从而形成了"东学西渐"与"西学东渐"并行的现象。

4 现当代的中华文化"走出去"

4.1 中国文学作品的翻译与传播

这一时期的中华文化"走出去"主要体现在文学作品的外译等方面。晚清至"五四"期间，中国文学作品对外译介相对较少，直到20世纪20年代，中国现当代文学才逐渐有更多作品被译介。1926年法国文学期刊《欧罗巴》发表敬隐渔翻译的鲁迅的《阿Q正传》，开启了中国现代文学"走出去"之路；萧乾协助美国人安澜创办英文刊物《中国简报》（China in Brief），并着手翻译介绍鲁迅、郭沫若等作家作品。1935年8月，《天下月刊》（T'ien Hisa Monthly）在上海创刊，刊载了沈从文、曹禺、冰心等作家的一些作品的翻译。

抗战期间，外国各类以反抗压迫为主题的作品涌入中国文坛，战争题材作品被广泛翻译，文学外译与输出受到忽视。除了译介中国文学作品外，这个时期大量的留学生赴国外深造，其中一些人成为中华文化的传播者。他们在国际学术界发表文章，参与文化交流，将中国传统文化和近代思潮通过译介和创作引入国际学术圈。如林语堂在海外留学和旅居期间，通过他的著作向西方介绍了中国文学和文化。在美留学期间，他的处女作《紫藤架下》深受读者喜爱，成为他的代表作之一；旅居法国时，林语堂创作了包括被誉为现代版《红楼梦》的《京华烟云》等一系列作品。林语堂在翻译与创作的同时，还提出了著名的翻译美学思想，认为翻译作为一门艺术所依赖的标准有三条。首先是忠实的标准，他认为翻译的忠实程度可分为直译、死译、意译和胡译四个等级。这一思想既体现了对原文内涵的尊重，同时也承认在翻译过程中译者应当有一定的灵活性。其次是通顺的标准，他主张以句义为先、字义为后。在这个标准下，他提出了句译理论，强调翻译应以句为主体，而非以字为主体，注重翻译整体语境的流畅和通顺。最后是美的标准，他提出翻译文本应具备"五美"：音美、意美、神美、气美、形美。他的理念为翻译的审美追求提供了全面而系统的框架，将翻译提升为一种全面美感的艺术创作。总体而言，林语堂的翻译美学思想是对传统翻译思想的丰富与发展，强调译者在翻译过程中不仅要注重准确传达信息，更应追求艺术的美感。

1951年10月1日创刊的英文版《中国文学》（Chinese Literature），是这一时期国家主导中译外事业的标志性事件。《中国文学》是对外翻译和介绍中国文学的专门刊物，法文版也于1964年创办。英文版在"创刊号"刊载了著名翻译家杨宪益、戴乃迭和沙博理等人翻译的现当代作家作品。1953年，《中国文学》正式以季刊的形式出版发行，成为中国作家协会的对外刊物。随后,《中国文学》译介了《阿Q正传》《结婚》等现当代作品。1981年,时任《中国文学》主编杨宪益倡议出版"熊猫丛书",这一时期鲁迅、老舍、王蒙等中国现当代作家作品被大量翻译。由于对外翻译与出版事业日益重要,1986年中国文学出版社成立,承担出版《中国文学》杂志、"熊猫丛书"和其他中国文学书籍的工作。2000年底,《中国文学》杂志停刊,"熊猫丛书"也几乎停止出版。至2009年底,"熊猫丛书"共出版英文版图书149种,法文版66种,日文版2种,德文版1种及中英法日四文对照版1种,共计219种。

21世纪以来,国内进行了一系列中国文学"走出去"的探索与尝试。2004年3月以"中国文学"为主题的第二十四届法国图书沙龙成功举办;2009年,国家汉办批准"中国文学海外传播"工程立项;2010年,中国作家协会启动"中国当代文学百部精品译介工程";2010年,全国哲学社会科学规划办公室批准设立"国家社会科学基金中华学术外译"项目;2011年,党的十七届六中全会明确提出"组织对外翻译优秀学术成果和文化精品";2011年,《人民文学》推出英文版《路灯》(*Pathlight*)季刊;2011年"上海国际文学周"创立;2013年,江苏文学翻译与研究中心成立,并于2014年推出英文期刊《中华人文》(*Chinese Arts and Letters*);2014年,"中国当代作品翻译工程"正式启动;2016年,"CCTSS中国当代文学海外译介推广平台"在北京启动;2016年,"中国图书对外推广计划"外国专家座谈会在京举行;2017年,首届"中欧国际文学节"拉开序幕;2018年中国外文局(中国国际出版集团)首次组团参加上海书展;2021年,中国作家协会发起了"一带一路"文学联盟;2022年,开始实施"新时代文学攀登计划"。

在中国文学海外传播的过程中,出现了许多优秀的翻译家及翻译作品。葛浩文、白睿文、罗鹏、韩斌、庞夔夫、米欧敏等越来越多的汉学家致力于翻译中国文学作品。尤其是莫言获得诺贝尔文学奖后,中国文学在世界上受到了更多关注,莫言作品被翻译成多种文字在多国传播。此外,贾平凹的作品很早就被翻译成英文,其长篇小说《浮躁》《秦腔》《废都》等在国外引起了很大关注。近年来,除了翻译传统小说,类型文学也进入了西方视野。2014年,美国托尔书局出版了刘慈欣的科幻小说《三体》,受到不少国外读者的青睐。以麦家作品为代表的中国谍战文学同样在海外受到广泛关注。武侠小说也成为海外关注的文学类型,2018年,英国麦克莱霍斯出版社面向全球发行的由安娜·霍姆伍德翻译的《射雕英雄传》,引起了不小的轰动,美国《时代》周刊这样评价:《射雕英雄传》是有史以来100部最佳虚构小说之一。

在诸多汉学家翻译家中,葛浩文被誉为中国现当代文学的"首席翻译家",是有史以来翻译中文小说最多的翻译家,到目前他已翻译了60多位中国作家的作品,为中国文学的海外传播作出了重大贡献。

4.2 中国影视节目的"走出去"

中国影视节目的"走出去",首先体现在电影市场的国际化上。中国的一些大制作电影,如《卧虎藏龙》《英雄》等在国际票房取得了很大成功。这些影片在全球范围内的院线上映,取得了不俗的票房业绩,为中国电影在国际市场上赢得了认可,传播了中华文化。中国电影走向世界市场的另一个方向是合拍片,中国与法国、俄罗斯、新西兰等20多个国家签署了电影合作摄制协议,2000年至2019年,中国与其他国家完成合拍并公映影片244部(刘军国 等,2020),极大地促进了合作双方的文化融合。

中国影视节目的"走出去",其次是体现在电视剧的对外输出上。20世纪八九十年代,《西游记》《三国演义》等名著改编的电视剧在亚洲地区广泛传播,收获了一大批中华文化的忠实粉丝;2015年,古装剧《甄嬛传》在海外平台广泛传播,带领国产剧全球化传播进入新时代;近年来,《人世间》《山海情》《三十而已》等反映中国生活的现实题材作品,也受到海外观众广泛欢迎,说明中国电视剧"出海"所覆盖地区在不断扩大,海外用户对国产剧和中华文化有了更大的兴趣与关注。

国际影展与奖项方面,中国电影逐渐成为国际影展上的亮点,一些中国导演和演员在威尼斯、戛纳、柏林三大国际电影节和其他国际电影节上不断获得重要奖项,为中国电影产业增添了荣誉,也向海外传播了中华文化。

在线平台的国际化方面,中国的在线视频平台,如腾讯视频、爱奇艺、芒果TV、优酷等,逐渐向国际市场拓展,一些优秀的中国影视作品通过这些平台传播给全球观众,使得更多海外观众接触到中华文化。

需要指出的是,中国影视节目的"走出去",离不开影视翻译,翻译在这一过程中扮演着关键角色。通过准确而得体的字幕翻译或配音,影视作品能够跨越语言障碍,使观众更好地理解和感受到中国文化,促进跨文化的交流。翻译不仅仅是语言的转换,更是对文化差异的巧妙处理,需要在保持原作品文化独特性的同时,使其更适应目标观众的文化认知。通过影视翻译,中国影视作品得以在国际市场上更广泛地传播,为中华文化在全球范围的传播和认可打开了一扇门。

5 中华文化"走出去"的战略意义与推进路径

习近平总书记在党的二十大报告中指出:"坚守中华文化立场,提炼展示中华文明的精神标识和文化精髓,加快构建中国话语和中国叙事体系,讲好中国故事、传播好中国声音,展现可信、可爱、可敬的中国形象"。中华文化"走出去"的宗旨在于促进国际文化交流与理解,提高国家软实力,推动文化产业发展,传承文化传统,实现文化自信等。这不仅有助于提升中国的国际影响力,还为全球合作与和谐发展提供了有益保障条件,同时也保护了中国丰富的文化遗产。

5.1 丰富中华文化"走出去"的内容

中华文化要"走出去",翻译与传播是必经之路。典籍翻译是中华文化"走出去"的必选项之一,负载了中华优秀传统文化的典籍在不断地经历着语内翻译与语际翻译、持续地被传承与现代阐释(周新凯 等,2015)[71]。典籍翻译的译介原则在于:在尊重历史文化脉络的同时适度地将其融入目标语言和文化,以促进文化交流与理解。这需要在翻译时既要忠实传达典籍内涵,也要体现对读者的准确及友好的解释。在此过程中,要做到文化传承,语境适应及专业翻译缺一不可,这样才能确保典籍的价值在新的文化环境中得以传承和共享。需要注意的是,在典籍翻译中,中国专家更了解中国思想与文化,海外译者更具有语言优势,因此为实现"中国故事"的全面传达,中外译者全力合作是更优选择。同时,应该注重中国现当代文学的译介,要特别支持优秀的现当代文学作品的"走出去",让海外读者加深对当前中国的认识和当代中国文化的理解。

除了译介文学作品外,中华文化"走出去"的译介还应包括以下几个方面的文化内容。①影视剧与电视节目:中国的影视剧和电视节目在国际舞台上的影响力逐渐增加,因此译介中国影视剧和电视节目可以帮助外界更好地了解中国的社会、历史和文化。②传统艺术与表演：中国的传统艺术，如京剧、杂技、书法、绘画等，都代表了中国独特的文化传统，将这些艺术形式译介到国外，有助于外国人对中国传统艺术的了解。③美食与烹饪：中国美食在世界范围内广受欢迎，传播中国的烹饪文化和饮食习惯，可以吸引外国人对中国饮食文化的兴趣。④文化习俗与节日庆典：译介中国传统文化习俗、节日庆典等，有助于外国人更深入地了解中国人的生活方式和传统价值理念。⑤科技与创新成就：中国在科技和创新领域取得了显著进展，译介中国的科技成就可以增进国际社会对中国的认知，从而增加中国在世界上的影响力。⑥旅游与地理：通过介绍中国的地理风貌、名胜古迹、自然风光等，可以扩大中国的国际旅游市场，增加外国人对中国风土人情文化的了解。

5.2 拓展中华文化"走出去"的国际传播渠道

拓展国际传播渠道是实现中华文化"走出去"的重要途径。首先，我们要借助数字化媒体平台，如建设多语种的官方网站、社交媒体账号和数字化图书馆，将丰富多彩的中华文化内容呈现在全球观众面前。通过在不同平台上发布文学、音乐、电影、美术等领域的作品，以更直观的方式传达中华文化。其次，加强与国际出版机构的合作，推动更多优质文学作品的翻译出版，有助于将中国文学的独特风格和思想内涵传递给全球读者。通过翻译小说、诗歌、散文等中国文学作品，有助于在国际文坛上打造独特的中华文化形象。此外，还可以探索将中国作家的作品有选择性地引入国际教材中，推动全球范围内的中国文学教育，吸引更多对中华文化感兴趣的国外受众。

文化交流活动也是促进中华文化"走出去"的有效途径。通过举办文化展览、艺术节、演出等，为国际观众提供近距离感受中华文化的机会。通过与国外文化机构、艺术家和学者合作举办讲座、工作坊等项目，促进不同文化之间的对话与交流，创造出更多受外国观众喜欢的文化作品。通过开展中文夏令营等方式，吸引更多国际学生学习汉语并深入了解中华文化，在全球范围内传播中国的语言、文化和传统价值理念。积极参与国际文化合作项目，加强与其他国家的文化交流，不仅能够传播中华文化，还能够在全球范围内搭建起共同的文化平台，推动文化的多样化发展。

5.3 培养中华文化"走出去"的国际传播人才

培养中华文化"走出去"的国际传播人才是实现中华文化走出国门的重要途径。首先，全面强化语言能力是培养国际传播人才的基础。人才培养中应注重培养英语等国际通用语种的听、说、读、写能力，使其达到能够自如地用外语进行交流的水平。其次，文化素养教育不可或缺。人才的培养也要从历史、哲学、文学，到美术、音乐等多方面进行，使其深刻理解中国文化内涵，从而为其在跨文化交流中更准确地传递信息打下基础。再次，传播技能的培养同样至关重要。国际传播人才需掌握写作、编辑、社交媒体运用等技能，以便将中华文化以更加吸引人的方式传递给国际受众，引发兴趣与共鸣。实地参与国际传播项目是培养人才的关键，通过参与翻译出版、影视制作、文化节展等活动，能够践行所学，将理论知识运用到实际中，提高其在国际传播中的实践力和洞察力。

国际合作与交流也是培养国际传播人才的有力途径。通过国际交流与合作，可以深入体验不同文化的思维方式、习惯与理念，提升在多元文化环境下的交往和应变能力，有助于减少文化误解，促进文化交融；还可以了解其他国家的文化传播经验，学习不同的文化传播模式和策略，为中华文化的传播提供新思路。

培养国际传播人才还需要关注个体的创新与创意。鼓励在传播中创新，寻找新的表达方式和传播途径，以适应快速变化的国际传播环境；同时，引导国际传播人才对中华文化进行深入思考，培养其批判性思维，使其能够在跨文化交流中更加自信地传播中华文化。

导师指导也是培养国际传播人才不可或缺的环节。有经验的导师可以传授实际经验，指导国际传播人才在实践中学习，帮助他们更好地应对挑战；同时，导师可以定期组织交流与讨论活动，有助于其自我反思与成长。

6　小结

从历时视角，中华文化"走出去"整体上呈现出以下特征。①文化双向互动。中华文化的传播不仅仅是输出，也是输入。历史上的中国不仅接纳了外来文化，同时也将本土文化输出到世界各地，形成了文化的双向传播。②以文化软实力为主导。"走出去"多侧重文化软实力的传播，通过语言、文学、哲学、艺术等方面的传播，塑造中华文化的影响力。③注重价值观和哲学的传播。中华文化"走出去"强调价值理念和哲学思想的传达，例如儒家思想就对世界产生了深远影响。④文化自信与开放包容并重。在"走出去"过程中，中华文化展现了一种自信与包容并重的态度，既强调本土文化的优秀之处，也愿意接纳和融合其他文化的精华。⑤多元文化并存。中华文化"走出去"过程中，多元文化并存、相互融合的特点十分明显。中华文化在与其他文化接触中发展出多样性和包容性，促进了世界文化的多样性和世界各地人民之间的相互理解和合作。可以说，中华文化"走出去"既促进了世界文明交流互鉴，也为中国在国际舞台上树立了良好的形象。

调查、思考与讨论

1. 请简要叙述秦汉文化对日本和东南亚国家的影响。
2. 阿倍仲麻吕是怎样将唐朝文化传入日本的？对日本文化有哪些影响？
3. 鉴真东渡在传播唐朝文化方面起到了怎样的作用？
4. 宋元文化带给西方哪些启发与影响？
5. 请简要讨论明清时期"东学西渐"带给欧洲的影响。
6. 请简要叙述清末"西学东渐"的特点。
7. 文化"走出去"与国家软实力存在何种关系？
8. 当代中华文化"走出去"体现出哪些特点？
9. 请客观评价中国现当代小说翻译在西方接受、影响与传播。
10. 当代中华文化"走出去"应遵循怎样的立场与原则？

翻译习作

请在小组分工调查、讨论基础上，借助翻译工具完成以下汉－英、英－汉翻译习作，总结翻译中遇到的问题并进行讨论。

(1) 汉译英

与西方语言相比较，汉语的人文性尤为突出。汉民族从不把语言仅仅看作一个客观、静止、孤立、在形式上自足的对象，而把语言看作一个人参与其中、与人文环境互为观照、动态的、内容上自给自足的表达与阐释过程。正因为如此，在汉语的分析和理解中，人的主体意识有更多的积极参与。如果说西方语言是思维客体化的产物，那么汉语是思维主体化的产物。汉语的理解和分析，必须着眼于它的主体意识、语言环境、事理逻辑、表达功能、语义内涵，这与形式上自足的西方语言有很大的不同。前者是以神统形，后者是以形摄神。中西语言的这种区别，就好像中西哲学同样是智慧的学问，而中国哲学在提高境界上特别突出一样。王力先生曾说汉语是一种"人治"的语言，西方语言是一种"法制"的语言；黎锦熙先生曾说汉语"偏重心理，略于形式"；郭绍虞先生曾说汉语的语法要和修辞结合；我的导师张世禄先生曾说汉语句子的成立要素不是结构形式，而是语气；张志公先生说汉语在世界语言中具有较大的特殊性……这些前辈的意见可以说都是在中西语言的比较中看到了汉语独特的人文性。

汉语人文性思想的前提是语言结构和文化结构（主要指思维方式）之间存在着同构关系。因而对语言结构的认识有必要"文化认同"。而对文化结构的认识也有必要"语言认同"。中西文化之间存在着巨大的差异，而中西语言在"现代语言学"看来却是结构基本一致的，这是一种非常奇怪的现象。这也是我们至今说不清楚什么是汉语的"词""词类""句子""主语"等基本范畴的一个根本原因。而要做到中西语言的这种基本"一致"，就必须把汉语从中国文化母体上剥离开来，使它成为一种没有文化生命的纯粹的工具或符号，然后放在西方语言理论中认识。20世纪的汉语研究和语文教学的主流正是这样做的，而汉语人文性理论的产生正是出于对20世纪中国学术发展的一种文化反思。

(申小龙，《汉语与中国文化》)

(2) 英译汉

In recent years, after the theoretical debate on the question of postmodernism and postmodernity in the Chinese context, discussing the issue of modernity of both the West and China has become another theoretical topic for us Chinese literary scholars and intellectuals, especially with regard to the issue of postmodernism or postmodernity of Chinese characteristics. We are now in a new century, as well as a new millennium. What is characteristic of our age? Obviously, different scholars, from their own perspectives, have described it in different ways. In my view, it is certainly appropriate to call the present time an age of globalization which has already manifested itself in many fields, even in our field of literary and cultural studies in the Chinese context. In such an age, intellectuals, writers, critics and literary and cultural studies scholars cannot but take pains to conceive or picture the future orientation of culture and its elite form of literature since elite literature is confronted with severe challenges from popular literature and culture, and literary studies is confronted with the challenge of Cultural Studies. As a Chinese scholar dealing both with comparative literature and culture studies, what I am concerned about most is the new orientation of Chinese literature studies, or more specifically, of contemporary Chinese literature studies as this sub-branch of Chinese studies is more closely related to the age of globalization, in which we can first observe modern Chinese literature in a broad context of world literature and reach a rewriting of contemporary Chinese literary culture from an international and comparative point of view. Of course, when I mention literature or literary studies in general, I simply refer to elite or canonical literature and its studies.

(Wang Ning, "Globalizing Chinese literature: Toward a rewriting of contemporary Chinese literary culture")

推荐阅读

胡安江,2019.《多元文化语境下的中国文学走出去研究》. 北京:清华大学出版社.
胡钰,薛静,2020.《文创理念与当代中国文化传播》. 北京:光明日报出版社.
林克勤,2018.《中国文化走出去的策略与路径创新研究》. 成都:四川大学出版社.
马祖毅,2006. 中国翻译通史(全五卷),武汉:湖北教育出版社.
申小龙,2008.《汉语与中国文化》,上海:复旦大学出版社.
司马云杰,2007.《文化社会学》. 北京:中国社会科学出版社.

第7章 世界经典著作在中国的翻译与传播

> 如果我们说 20 世纪上半叶中国出现的大规模的文学和文化翻译使得中国文学和文化越来越接近世界文化和文学主流的话,那么近一二十年来中国文学和文化翻译的实践则使得中国文学和文化具备了与世界进行平等对话之能力了。
>
> (王宁,《比较文学、世界文学与翻译研究》)

如果说,优秀的世界经典著作是人类共同的文化遗产,那么,经典作品的译介则是各国各族人民沟通交流的重要途径。从马克思主义文献的译介唤醒国人对真理的追求,到世界文学的传播促进东西文明互鉴,再到翻译西方科学技术书籍推动我国科技思想的启蒙变革,我们可以说,翻译开启了西学东渐的大门,并对推动政治、经济、社会、思想等方面的近现代化产生了巨大影响。

本章将介绍对中国产生影响最大的两部马克思主义经典著作《共产党宣言》和《资本论》的翻译过程,以及翻译家的翻译轶事。此外,本章还将从文学和科技著作两方面出发,选取不同国家不同领域的代表性作品,介绍其于 20 世纪初期在中国的翻译与传播情况,并反思西方语言文化对社会群体与个人的思想观念的形成与表达带来了怎样的影响。

1 马克思主义经典著作在中国的翻译与传播

19 世纪末 20 世纪初,面对中国封建社会的衰亡和外国势力的入侵,中华民族奋起抗争,掀起了生生不息的救亡图存运动,马克思主义在西学东渐的浪潮中逐步传入中国。马克思主义经典著作从最初的片段译介到单篇的译著出版,再到文集翻译的问世,为马克思主义中国化提供了重要前提。其中,《共产党宣言》和《资本论》的译本受众最广,产生了深远影响。

1.1 《共产党宣言》的翻译

《共产党宣言》(以下简称《宣言》)是马克思和恩格斯为共产主义者同盟起草的纲领,是对马克思主义思想完整而系统的阐述,也是全球发行量最大、影响范围最广的马克思主义经典文献之一。《宣言》在中国的翻译与传播经历了一个差序性和渐进性过程,促使中国早期马克思主义者逐步确立共产主义信仰,其过程主要可分为三个阶段(王刚,2018)[61]。

第一阶段是 1899 年至 1919 年的译介阶段,《宣言》翻译在这一时期大体经历了从只言片语到纲领提要再到篇章译述的演变。由于此时的《宣言》被夹杂在社会进化论、改良主义等社会思潮中进行翻译与传播,不同译者站在各自的立场上对《宣言》进行阐释,翻译的内容及方式具有选择性,多以节译、摘译和编译为主。

1920年至1949年为第二阶段,《宣言》全译本大量发行出版。这一时期,中国共产党非常注重马克思主义经典著作的翻译,成立了人民出版社、马列学院编译部、翻译校对委员会等专门从事翻译、出版和发行马列主义著作的机构。

第一个中文全译本的译者是陈望道。当时,马克思主义思想在中国已逐步成为一股强大的社会思潮,而流行的《宣言》版本大部分为德文、英文和日文版,尚未有中文译本。陈望道受到上海进步刊物《星期评论》的邀请和委托,将日文版《宣言》译成中文。由于担心日文版《宣言》表达不够准确,他又通过陈独秀找到李大钊,专门借了一本英文版《宣言》。之后便带着两个文本回到了他浙江义乌的家乡,开始了专心致志的翻译工作。

然而,要将马克思主义的深刻思想有效表达出来,并非一件容易的事情。《宣言》的第一句话就难住了他,陈望道煞费苦心,经反复推敲琢磨后将其译为"一个幽灵,共产主义的幽灵在欧洲徘徊"。这句话成为经典名句,至今被广为引用。就在这个僻静的小山村里,陈望道完成了国际共产主义运动第一个纲领性文献《共产党宣言》的首个中文全译本,为中国革命引进了马克思主义的火种。

图7-1　陈望道与《共产党宣言》中译本

在《宣言》的翻译与经典化过程中,我国杰出的无产阶级革命家,中国新文化运动代表,著名教育家、文学家、翻译家成仿吾先生也作出了巨大贡献。他曾先后五次对《宣言》进行翻译,时间跨越了近半个世纪。其中,成仿吾先生在延安与徐冰合作翻译的译本影响最大。

徐冰时任《解放日报》编辑,成仿吾为陕北公学校长。中央宣传部安排他们将《宣言》德文版译成中文,成仿吾译前半部,徐冰译后半部,同年这个译本在延安作为"马恩丛书"第4辑出版。该译本是我国首次出版的根据德语原文翻译的《宣言》。

1949年以后,《宣言》的翻译工作进入第三阶段,各学术研究机构和出版单位纷纷推出修订版本。中央编译局曾五次修订并出版《共产党宣言》中译本,吸收了国内外最新研究成果,增强了译文可读性。

1959年8月,人民出版社根据《马克思恩格斯全集》第4卷《共产党宣言》正文,以及1949年苏联外国文书籍出版局出版的《共产党宣言》百周年纪念版中所包含的马克思、恩格斯为《共产党宣言》所写的7篇序言,重新进行排版,出版了包括7篇序言在内的单行本。这一版本对译词、语句、结构体例等方面进行了修订：如用横排代替了竖排，此前在竖排版中使用的汉语数字转化为阿拉伯数字；统一用汉译名代替专有名词，如用"红色共和党人"代替"Red Republican"，用"社会主义者"代替"Le Socialiste"；对正文中原来的译词和语句进行了较大修订，同时增加了尾注解释说明。这些修订适应了时代语境的变化，更准确地体现了《宣言》中的重要思想内容。

《宣言》的翻译史也是马克思主义在中国传播的历史，不同时期的《宣言》译本见证了马克思主义在中国的创新发展，反映了共产党人不断自我革命、追求真理的卓越思想进程。《宣言》中译本修订的历史，也浓缩了一群精益求精、追求卓越的翻译家群体，不辱使命、创建功业，用心血铸就经典著作编译事业的历程，为马克思主义中国化的发展提供了不竭的思想源泉。

1.2 《资本论》的翻译

《资本论》是无产阶级革命导师马克思穷尽毕生精力创作的科学巨著，被赞誉为"工人阶级的圣经"。在我国，陈启修是翻译《资本论》的第一人，其译本在马克思主义经典著作翻译史上具有里程碑意义，开启了中国翻译《资本论》的序幕。陈启修在翻译这本书时，正值国内革命陷入低潮，很多革命者都处于低迷与徘徊中。《资本论》的翻译为迷茫中的革命者们指明了道路，极大地推动了马克思主义在中国的传播。

郭大力、王亚南合作翻译的《资本论》（三卷）是第一个完整的中译本。二人合作翻译《资本论》的历程，是中国马克思主义经典著作传播史上一段富有传奇色彩的佳话，被称作"大佛寺计划"。1928年1月，王亚南和郭大力于杭州大佛寺相遇相识，追求真理的共同愿望将他们紧密联结起来，二人决定一起研究马克思主义政治经济学，合作完成《资本论》的翻译。

翻译的过程充满了艰辛，郭大力和王亚南几经辗转，分头按计划翻译《资本论》。两人首先翻译了作为《资本论》理论来源的多部古典经济学著作，如亚当·斯密的《国富论》、马尔萨斯的《人口论》、约翰·穆勒的《经济学原理》等。在各项准备工作完成后，他们便开始合力翻译《资本论》。翻译过程中，他们面临反动势力的压迫，忍受着贫困与疾病的折磨，还遭遇了整卷译稿在日寇炮火中被焚毁的灾祸。他们突破了翻译工作中成千上万的难关，经过十年的努力与磨难，终于在1938年完成了《资本论》（三卷）的翻译工作，并交付由地下党和民主人士主持的进步出版社——上海读书生活出版社出版。该全译本的出版为马克思主义在我国的传播开辟了广阔道路，在中国共产党领导的革命与建设实践中起到了巨大的指导作用。延安时期条件异常艰苦，但党中央依然非常重视马克思主义理论学习，《资本论》一至三卷均被列为干部学习的重要读物。以毛泽东同志为代表的中国共产党人，将对《资本论》的理解成功运用于对中国革命的考察和新民主主义社会经济的探索中，通过变革落后的生产关系来解放和发展生产力，探索出了一条属于中国自己的革命道路。

2 世界文学翻译

不同的区域国别、不同的民族、不同的风土人情造就了不同的文化底蕴与文明传承。不同的国家在地域差异的影响下形成了不同的文学特点。20世纪80年代，随着中国的开放与现代化进程不断加速，西方文学作品开始传入中国，推动了中外文学的交流，促进了东西方文化的碰撞与融合。其中，英国文学的沉静平和、美国文学的自由创新、俄国文学的深沉宏大、法国文学的激情热烈、德国文学的厚重深邃，均对我国现当代文学创作的不同风格产生了影响。

2.1 英美文学在中国：以狄更斯和爱伦·坡作品为例

在世界文学发展史中，英美文学受众最广、影响最大、传播历史最悠久，为世界文坛增添了绚烂光彩。在英国文学中，狄更斯是公认的继莎士比亚之后最多产、最伟大的作家，其小说也是最早译介到中国的英国文学作品之一。而爱伦·坡是美国著名的小说家和诗人，尤其擅长创作侦探悬疑小说。以下我们具体来看英美文学史上两位代表作家作品在中国的译介情况及其所产生的影响。

(1) 狄更斯作品——英国批判现实主义著作在中国的译介

狄更斯是19世纪英国伟大的批判现实主义小说家，也是最早被译介到中国的外国作家之一。狄更斯小说最早进入中国，是在清末维新运动思想解放时期。该时期提倡文学是大众启蒙的重要手段，国内不断涌现出的外国小说中译本多达四千余种。

林纾是最早将狄更斯作品译至中国的翻译家。1907年至1909年，林纾与口述者魏易合作将狄更斯的五部小说译成中文，最早翻译的两部作品分别是《滑稽外史》(*Nicholas Nickleby*)和《孝女耐儿传》(*The Old Curiosity Shop*)。其中流传最久、最负盛名的则是狄更斯的《块肉余生述》(*David Copperfield*)。正是通过林纾的推介，中国读者第一次认识到这位当时在欧美已家喻户晓的英国作家。在翻译《滑稽外史》时，林纾写道："迭更司，古之伤心人也。按其本传，盖出身贫贱，故能于下流社会之人品，刻画无复遗漏。笔舌所及，情罪皆真。爱书既成，声形莫遁，而亦不无伤于刻毒者，以天下既有此等人，则亦不能不揭此等事示之于世，令人人有所警惕，有所犹豫。"林纾之意在于，他与狄更斯均出身卑微，感情丰富，容易伤感，因此能与狄更斯感同身受，一见如故。

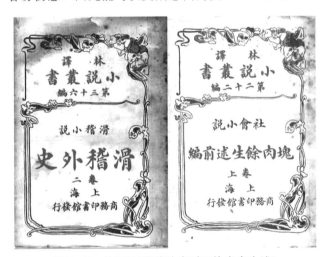

图 7-2　林纾译《滑稽外史》与《块肉余生述》

狄更斯作品在这一时期之所以大受欢迎，与译者林纾自身的影响力和吸引力有很大关系。此时林纾已拥有了数量庞大的读者群，得到了读者的普遍认可，知名度很高。因此，只要有新译作出现，林纾的读者都会在第一时间关注，一睹为快。至此，狄更斯作品译本便开启了在中国二百余年的传播之旅。

1949年以后，在短短二十年间，狄更斯的作品几乎全部被译为中文，且很多小说有多种译本，译本最多的有《双城记》(*A Tale of Two Cities*)、《大卫·科波菲尔》(*David Copperfield*)和《雾都孤儿》(*Oliver Twist*)等。20世纪末，各大出版社更是将狄更斯的作品进行汇编，推出《狄更斯文集》或《狄更斯全集》。狄更斯作品思想内容富于人道主义，其中生动有趣的场景描写和幽默风趣的语言给中国读者留下了深刻的印象，也对中国现当代作家产生了深远的影响。中国著名作家老舍先生，由于同样偏爱描写底层社会生活，关注社会问题并揭露不公平现象，被誉为"中国的狄更斯"。

(2) 爱伦·坡作品——光怪陆离的美国推理侦探小说在中国的译介

爱伦·坡是19世纪美国著名诗人、小说家和文学评论家。他是美国短篇故事先驱者之一，以神秘故事和恐怖小说闻名于世，是举世公认的"侦探小说鼻祖"。自20世纪初爱伦·坡的小说《金甲虫》首次被译为中文，其译介主要经历了零散译介、系统译介和重译本层出不穷三个阶段。

1904年，鲁迅将爱伦·坡的小说《玉虫缘》(*The Gold Bug*)从日本寄回中国并将其翻译为中文，当时爱伦·坡在中国还没有什么知名度。其后，他又翻译了爱伦·坡的《寂寞》(*Silence: A Fable*，今译《静：寓言一则》)，并收录于1909年东京出版的《域外小说集》中。从20世纪20年代中期开始，爱伦·坡作品的译介热度逐年增加，几乎每一年都有相关译作及评论文章出现在各类期刊上。1918年，中华书局出版《杜宾侦探案》，其中包括爱伦·坡的四篇侦探小说《母女惨毙》《黑少年》《法官情简》和《骷髅虫》。据统计，1905年至1949年，大约有18种爱伦·坡的小说被翻译，主要涉及心理小说、恐怖小说、侦探小说等类型。尽管数量不算多，但均为爱伦·坡的代表作，在国内外广受推崇。其中被翻译、重译及评论次数最多的小说作品包括《泄密的心》《红死魔的面具》《金甲虫》和《莫格街谋杀案》等。

 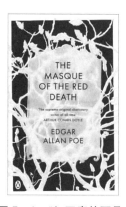  

图7-3 《泄密的心》　　图7-4 《红死魔的面具》　　图7-5 《金甲虫》　　图7-6 《莫格街谋杀案》

1937年至1949年属于爱伦·坡译介的"式微期"，十三年中出现了长达九年的空白。虽然有3种译作专集出版，钱歌川的《黑猫集》、焦菊隐的《爱伦·坡故事集》和《海上历险记》，但是三部专集所收均属重译，新的翻译寥寥无几。直至80年代的当代文学发展阶段，爱伦·坡作品在中国的译介与传播才再次获得了长足发展。1986年前后，中国开始涌现出了丰富的有关爱伦·坡的材料，包括对其作品的翻译和研究。除数量上的增加，对爱伦·坡的研究范围也更加全面，研究角度也更加新颖。

1980年到1989年间出版了大约130种涉及爱伦·坡的书籍。其中，传记类型的书籍大约有11种；1990年到1999年间出版的爱伦·坡相关书籍数量激增至240余种，其中以爱伦·坡为专集的有22种，包括传记1种、作品赏析1种和作品集20种。爱伦·坡的创作理论和技巧、审美观等均得到一定程度的认可，对爱伦·坡的认识也不再拘泥于作家和作品，而开始了深入到文学和文化意义层面的探讨。21世纪关于爱伦·坡的出版物开始极大丰富，仅在21世纪的前十年，关于爱伦·坡的出版物就接近500种，其中以爱伦·坡为专门对象的书籍大约76种，并且这些书籍中首次出现了有深度的研究型著作。这个时期对爱伦·坡的研究和介绍广泛地进入了历史、文学史、翻译史、文学批评史、小说研究、文化研究、文论史和文论研究、作家研究、小说和诗歌赏析、美学史等学术性书籍中。

爱伦·坡作品不同阶段的译介反映出的不仅仅是中国文人的文学和人生诉求，也客观地再现了中国文学内容与形式的发展进程，以及中国现当代文坛对爱伦·坡这一类作品的文学态度。

2.2 俄国现实主义文学的译介：以《钢铁是怎样炼成的》及其首译者梅益为例

《钢铁是怎样炼成的》是尼古拉·奥斯特洛夫斯基所著的长篇小说，小说以俄国十月革命前后的社会为背景，描绘了当时的社会变革、阶级斗争和各阶层人物的心态。作者塑造了保尔·柯察金这一光辉形象，歌颂了他在革命战争时期自强不息、意志顽强、勇斗病魔的精神。

该书的首译者是文学翻译家梅益。1938年春天，八路军驻上海办事处负责人刘少文把纽约国际出版社阿历斯·布朗的英译本《钢铁是怎样炼成的》交给梅益，希望他可以将此书译为中文。刘少文说："这是一本很好的书，描写了一个苏联青年为实现共产主义理想进行了艰苦卓绝的奋斗，对我国青年有很大的教育意义。请你认真完成这项党交给你的翻译任务。"梅益愉快地接受了此项任务，开始着手翻译《钢铁是怎样炼成的》。当时梅益仍有公职在身，只能在工作之余翻译《钢铁是怎样炼成的》，时译时辍，终于历时五年，在1941年译完全书，并交由上海新知书店出版。

梅益在翻译过程中碰到了不少困难。一是他对小说所描写的事物，特别是对苏联内战时期红军的战斗生活不熟悉。当时他只有二十几岁，完全缺乏对作者所经历的生活环境及战斗生活的经验。二是他所依据的底本是从英译本转译而来，这使译文的"信"和"达"均受到了限制。面对这两大困难，梅益并没有被吓倒，还是毅然下定决心将其译出来，并尽可能使译文通顺流畅，既要让读者能够读下去，又要传达出原著的思想内涵和艺术表达。

图 7-7 《钢铁是怎样炼成的》

图 7-8 译者梅益

《钢铁是怎样炼成的》书中的名言,即保尔病后在烈士公墓前的内心独白,在翻译时几经修改,才形成了最终的经典版本:

> 人最宝贵的是生命。生命每个人只有一次。人的一生应当这样度过:当回首往事的时候,他不会因为虚度年华而悔恨,也不会因为碌碌无为而羞愧。在临终的时候,他能够说:"我把整个生命和全部精力,都献给了世界上最壮丽的事业——为人类的解放而斗争。"
>
> (梅益 译,《钢铁是怎样炼成的》)

这段内涵极为丰富深刻的内心独白,充分揭示了保尔伟大的毅力来自其崇高的信仰。梅益的《钢铁是怎样炼成的》译本为中国青年提供了丰盛的精神食粮,哺育了一代又一代的年轻人,成为中国翻译文学史上读者群最大、影响最深远的译作之一。

2.3 法国象征主义诗歌传入中国:以《恶之花》的翻译为例

波德莱尔是法国 19 世纪著名的现代派诗人,也是象征派诗歌的先驱和奠基人。波德莱尔主张"罪恶是天生的",罪恶存在于人的心中,就像丑存在于世界的中心。因此他主张写丑,挖掘"恶中之美",这也是他的代表性诗集《恶之花》名称的由来。

从 20 世纪 20 年代初开始,中国文学界对《恶之花》的介绍和翻译一直持续至今。20 年代至 30 年代是《恶之花》零星译介的萌芽期。1921 年,田汉在《少年中国》第 3 卷第 4、5 期连载的《恶魔诗人波陀雷尔的百年祭》一文中翻译了《应和》全诗,这是《恶之花》中的作品首次译入国内(卢丽萍,2017)。1924 年,徐志摩在《语丝》周刊第 3 期上发了译作《死尸》,同年,金满成在《文学旬刊》第 57 期上发表了同一首诗的另一译文,译名为《尸体》。1925 年,《文学旬刊》刊登的张人权译文,将诗名译为《腐尸》(卢丽萍,2017)。

图 7-9 《恶之花》译本中波德莱尔自画像及封面

1946 年至 1947 年间,戴望舒先生翻译出版的《〈恶之花〉掇英》产生了较大影响。"掇英",即挑选其中的重要篇目或译者喜欢的诗章进行翻译。在这部译著中,戴望舒翻译了 24 首诗歌,集印成薄薄的一册,其中使用的翻译策略大体保持了原诗的形式。译者在《〈恶之花〉掇英》"译后记"中写道:

对于我，翻译波德莱尔的意义有这两点：

第一，这是一种试验，来看看波德莱尔的质地和精巧纯粹的形式，在转变成中文的时候，可以保存到怎样的程度。第二点是系附的，那就是顺便让我国的读者们能够看到一点他们听说了长久而见到的很少的，这位特殊的近代诗人的作品。

……

波德莱尔在中国是闻名已久的，但是作品译成中文的却少得很。……诗译出的极少，可读的更不多。可以令人满意的有梁宗岱、卞之琳、沈宝基三位先生的翻译（最近陈敬容女士也致力于此），可是一共也不过十余首。

《恶之花》的汉译从零星几首开始，至40年代逐渐窥见其全貌。70年代末开始，译介越来越多。1977年第一个全译本出现之后，随着翻译的人逐渐增多，全译本也越来越多。诗人在受压迫的资本主义世界里苦苦挣扎，试图通过自我麻醉、放浪形骸、追求死亡等方式来反抗这个世界。波德莱尔作为法国现代主义诗歌先驱，他提出的诗歌美学原则和他创立的诗歌理论，深刻影响了中国的新诗创作。

3 西方科技著作翻译

19世纪下半叶，晚清政府为了富国强兵，掀起了学习西方科学技术的热潮，其中一个重要途径便是翻译西方科技著作。在李善兰、徐寿、华蘅芳等翻译家和西方传教士利玛窦、伟烈亚力、傅兰雅等人的共同努力下，在这一时期完成了一大批不同领域科技书籍的翻译出版工作，推动了我国科学的进步。

3.1 《代数学》：西方代数学的第一个中译本

在清末数学家与西方传教士的交流互动与翻译实践中，西方符号代数学首次被引入我国。1859年，李善兰和英国传教士伟烈亚力合译了英国数学家德·摩根的著作 *Element of Algebra*，将其命名为《代数学》，在上海墨海书馆出版，为我国传统代数学引入了半符号化的思想，在数学界产生了巨大反响，推动了我国代数学的创新发展。

序号	英文名词（1837, 1851）	伟李术语（1859）	中科院（1956）	现常用术语
1	algebra	代数学	代数（学）	代数学
2	sign	号	符号	符号
3	positive	正	正	负
4	negative	负	负	负
5	modulus	对数根	对数的模	模
6	logarithm	对数	对数	对数
7	monomial	单数	单项式	单项式
8	binomial	二项式	二项式	二项式
9	trinomial	三项式	三项式	三项式
10	quadrinomial	四项式		
11	polynomial	多项式	多项式	多项式
12	term	项	项	项
13	degree	次	次	次
14	coefficient	系数	系数	系数
15	constant	常数	常数	常数
16	Algebraic expression	代数常式	代式	代数式
17	Fractional expression	分式	分式	分式
18	Rational expression	有比例式	有理式	有理式

图7-10 《代数学》内页中的数学术语及其译名

李善兰与伟烈亚力在翻译《代数学》的过程中制订了大批数学译名，其中如“方程式”“极大”“极小”“无穷”“根”“方”等，至今仍在使用。《代数学》的两条主要翻译法则为，“立名有而例。一、题其事，若事非数学中所有，则可立新名。若除去数学中之旧名，而用新名则不便宜未至得数不能知误与否，故不必尽去旧名而用新名也。二、用数学已立之名，而变意以广其用，亦即本旧意推广之，此在寻常事恒有之，欲为新物立名借旧物之略似者名之，是也。”意思是说，不能完全弃用数学中已有的旧名，全部使用新名，因为这样不知道我们是否用得对，但是可以对旧名的意义稍加变化或扩展，使其含义得以扩大。李善兰与伟烈亚力在翻译《代数学》的过程中始终遵循着这两条翻译规则。从下面摘录的部分数学术语及其翻译中可以看出，其中很多名词术语今天仍在使用。

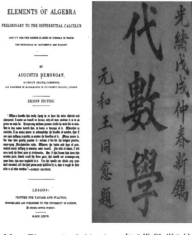

图7-11 *Element of Algebra* 与《代数学》的封面

《代数学》目录	The contents of Algebra
卷首 纲领	Preface
卷一 论一次方程	Equations of the first degree
卷二 论代数与数学之记号不同	On the symbols of Algebra, As distinguished from those of arithmetic
卷三 论多元一次方程	Equations of the first degree with more than one unknown quantity
卷四 论指数及代数式渐变之理	On exponents, And on the continuity of Algebraic expressions
卷五 论一次二次之义及二次方程之数学解	General theory of expressions of the first and second degrees; Including the numerical solution of equations of the second degree.
卷六 论极限及变数	On limits and variable quantities
卷七 论代数式之诸类并约法	Classification of Algebraical expressions and consequences. Rule of division.
卷八 论级数及未定之系数	On series and indeterminate coefficients.
卷九 论代数与数学之相等不同	On the meaning of equality in Algebra, As distinguished form its meaning in arithmetic.
卷十 论纪函数法	On the notation of functions.
卷十一 论合名法	On the binomial theorem.
卷十二 论指数对数之级数	Exponential and logarithmic series.
卷十三 论用对数为算法之捷法	On the use of logarithms in facilitating computations

图7-12 《代数学》目录

《代数学》中译本除卷首外，共分十三卷内容。卷首为纲领，介绍了代数学史方面的知识，论述了中西方代数学发展史及其数学表示法。卷一至卷五讲述的是初等数学中的基本数学内容，卷六论述了极限理论，后面几卷的内容涉及级数、函数表示法和二项式定理等。书中的内容介于初等数学与高等数学之间，其中引进的代数式表达，即用字母表示数的代数符号化，为当时国内之首创。此外，李善兰有选择性地引入了部分西方数学符号系统，例如将阿拉伯数字“1、2、3”用汉字“一、二、三”来表示，还有一些符号则使用汉字进行代替，这样一本“汉字化”的翻译著作，对当时数学水平相对落后的中国应该是很合理的。书中引进的创新性数学内容和思想在我国数学史上起到了里程碑式的关键作用。

3.2 《化学鉴原》《化学鉴原续编》和《化学鉴原补编》及其译者徐寿

在清末的科学书籍翻译方面，化学通常被认为是成就最大的领域，选本精而系统，译笔流畅而隽雅。《化学鉴原》是我国第一本近代化学理论教科书，对近代化学教育、化学名词术语、化学著作编写等方面均有重要影响。该书由美国传教士傅兰雅口译，清末著名化学家徐寿笔述完成，1871年江南制造总局出版发行，共分六卷四百一十节。《化学鉴原》的原著是《韦尔斯化学原理及应用》(*Well's Principles and Applications of Chemistry*)，由学者韦尔斯于1864年出版，是当时美国流行的化学教科书。徐寿与傅兰雅在翻译《化学鉴原》的过程中首创了以西文首音或次音翻译元素名、以偏旁区别元素大致类别的单形声字元素命名法，这一原则为之后的化学元素定名工作奠定了基础，也成为现代化学命名原则的重要参考。

徐寿在翻译《化学鉴原》的基础之上，于1875年翻译了《化学鉴原续编》，共二十四卷，主要补充了《化学鉴原》中所缺的有机化学部分。而《化学鉴原补编》则译于1882年，篇幅为《化学鉴原》的两倍以上，较多地补充叙述了无机化学的知识。三部译著合计共约54万字，是一套图文并茂的鸿篇巨制。当时的知识分子给予《化学鉴原》《化学鉴原续编》和《化学鉴原补编》很高的评价。近代著名思想家梁启超，在《读西学书法》中言："《化学鉴原》与《续编》《补编》合为一书，译出之化学书最有条理者也"，高度评价了书的成就。

徐寿是中国近代化学的启蒙者，科举考试失利后，转而研究经世致用的科学，立志学习并传播西方先进科技知识。江南制造总局翻译馆是在徐寿、华蘅芳等科技翻译人士的提倡下设立的翻译机构，专门进行西方图书的翻译与出版。徐寿、傅兰雅等人在江南制造总局翻译馆期间，翻译出版了包括《化学鉴原》《化学考质》《西艺知新》《化学求数》《法律医学》等在内的一系列化学书籍。1876年，为了培养更多的科技人才，徐寿和傅兰雅在上海创办了格致书院（今格致中学），这是中国近代第一所教授科学技术的学校。后又创办了中国第一份科技期刊《格致汇编》，系统而全面地翻译传播了西方的近代化学知识。

图7-13 《化学鉴原》封面

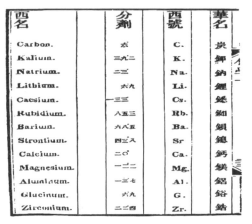

图7-14 部分化学元素及其译名

图7-15 《格致汇编》封面

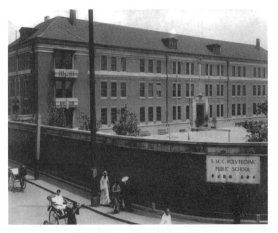

图7-16 格致公学旧照

《化学鉴原》为化学名词术语体系的建立提供借鉴，为晚清化学工业的发展奠定基础，也为化学学科建构和教学方式创新作出贡献。书中发表的我国第一张《中西名元素对照表》囊括了全书涉及的全部64种元素，其中百分之九十的元素名称被采纳且沿用至今。徐寿和傅兰雅在《化学鉴原》翻译过程中确定的化学元素和化合物命名的具体方法，后又用于编译其他化学译著，1884年江南制造总局出版了由徐寿和傅兰雅二人合译的《化学材料中西名目表》一书，这是我国第一部英汉化学词典。同时，书中介绍的实验方法为我国化学药品的研制提供了理论与实践相结合的可能。该书的内容编排为我国化学教材的编写提供了结构雏形，它吸取了西方教科书由浅入深、循序渐进、生动有趣的特点，开启了我国化学教育教学的新形式。

3.3 《泰西水法》：第一部传入中国的西洋农田水利技术专著

《泰西水法》是第一部传入我国的西洋农田水利技术著作，由意大利传教士熊三拔口述、徐光启记录编撰。该书于1612年在北京刊印发行，主要介绍了西方的水利原理与技术、农业灌溉、蓄水取水之法及相关工程学知识等。全书行文条理分明、图文并茂，共分为六卷。第一卷"龙尾车记"，主要谈及汲取江河之水的龙尾车。第二卷"玉衡车记"和"恒升车记"，分别介绍了汲取井泉之水的玉衡车与恒升车。卷三讲解了储水、蓄水的水库，译者强调了水库建设对中国水利发展的重要性，以及水库的结构、功用和具体建造步骤等。卷四"水法附余"阐释了高地作井、审泉源所在之法，介绍了气试、盘试、火试、缸试等四种方法，以解决民众饮水和灌溉问题，对造井、建水库等工程也具有指导意义。第五卷"水法或问"系统描述了各类水现象，如江河水、海水等。第六卷"诸器之图式"为农田水利机械图形之集合，包含水利器械的构造、图式和原理。

这部伟大著作的译者徐光启，作为明代杰出的科学家、农学家、政治家和翻译家，在历法、农田水利、练兵制器和翻译西方科技著作等领域均有卓越成就。尤其是他翻译编著的《泰西水法》《农政全书》《几何原本》等著作为我国科技领域的西书汉译奠定了坚实基础。徐光启认为，翻译内容的选择应与国家翻译实践的目的息息相关，为国家某一时期的战略发展服务。徐光启自进士之后，觉察到科学救世、经世致用之实学思想，尤其关注国计民生，专攻天文、兵法、农事、数学、水利等学问。

此外，徐光启在翻译西方科技典籍的过程中提出了"翻译、会通、超胜"的翻译准则。他在《历书总目表》中言道："臣等愚心，以为欲求超胜，必须会通；会通之前，先须翻译"。意思就是，翻译过程中无须逐字逐句地全译，而是采取合译或创译的方式汲取西学知识。"会通"不是将中西学进行简单的拼凑和组合，而是在研究西方科学的基础上将两者进行有机结合，切忌生搬硬套、机械化翻译，实现翻译在语言、文化和社会层面上的融会贯通，以此寻求"超胜"。这里的"会通"是手段，"超胜"是目的，两者是辩证统一的存在。"超胜"是对"不安旧学"的终极探索，以期在借鉴西方科技知识的前提下增强我国科技发展的实力而超越西方。

《泰西水法》全文收录于《农政全书》的水利部分，同时也被编入《四库全书·子部农家类》当中。《四库全书总目》的作者曾给予此书相当高的评价：

> 西洋之学，以测量步算为第一，而奇器次之，奇器之中，水法尤切于民用。视他器之徒矜工巧，为耳目之玩者又殊，固讲水利者所必资也。四卷之末，有附

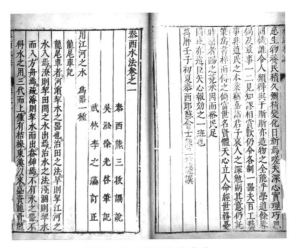

图 7-17 泰西水法卷端

记云，此外测量水地，度形势高下，以决排江测蓄泄湖湿，别为一法；或于江湖河海之中，欲作桥梁城垣宫室，永不圮坏，别为一法；或于百里之远，疏引源泉，附流灌注，入于国城，分枝折派，任意取用，别为一法，皆别有备论。兹者专言取水，未暇多及云云。则其法尚有全书，今未之见也。（永瑢等，1965）

民以食为天，自古以来中国人重视农业及水利技术修建。这段话中提出的"水法尤切于民用"，阐明了先进的水利工程技术对国民生活发展的重要推动作用及翻译《泰西水法》的重要性和必要性。"兹者专言取水，未暇多及云云。则其法尚有全书，今未之见也"，即是说，《泰西水法》作为中国第一本全面介绍西方取水、蓄水和高效水利建设方法的书，促进了西方先进水利技术的广泛传播与我国水利工程的发展，意义重大，影响深远。

4　小结

世界经典著作在中国的翻译与传播是我国翻译发展的重要组成部分。通过对世界经典著作的译介，中国读者得以深入了解和吸收其他国家的先进思想、文学艺术和科技发展。早期以科学翻译为代表的"西学东渐"为中国早期的现代化发展奠定了基础，以严复为代表的对西方社会思想著作的翻译对当时的中国社会起到了一定的启蒙作用，之后的文学翻译更是在一定程度上发挥了其"开启民智"的普及作用。最为重要的是，马克思主义借助翻译在中国落地生根，为中国开辟了崭新的社会主义道路，使中国能够屹立于东方，迅速发展，向着中华民族伟大复兴而迈进。所有这些，在一定程度上说明了翻译是向他人学习让自己进步的重要途径之一，与社会的发展与进步密不可分。

调查、思考与讨论

1. 马克思主义经典著作的翻译与传播对我国社会的发展产生了哪些影响？
2. 除《共产党宣言》和《资本论》外，在中国翻译与传播的马克思主义著作还有哪些？
3. 请谈谈世界经典译著在中国的传播情况呈现何种历时规律性？其影响因素有哪些？

4. 西方经典译作的翻译与传播对我国社会文化发展起到了何种作用?
5. 世界经典著作在翻译的过程中有哪些"译人轶事",请查阅相关资料并讲给你的同学。
6. 学完本章后,你认为,翻译文学与非文学著作在读者接受度方面有哪些差异?
7. 请调研并思考,体裁对译著的传播与接受有什么影响。
8. 本章中讲到的几部文学译著目前在我国的传播与接受情况如何?
9. 请谈谈中国近现代翻译史上还有哪些"之最"?
10. 请选择一本你最感兴趣的译作,查阅相关资料并与你的同学分享。

翻译习作

请在小组分工调查、讨论基础上,借助翻译工具完成以下汉-英、英-汉翻译习作,总结翻译中遇到的问题并进行讨论。

(1) 汉译英

实际上,我们的生活几乎每天都离不开翻译,尽管这种翻译并非传统意义上的文字层面的翻译,而更是深层次的文化翻译。各民族文学的深层次交流固然更是离不开翻译。因此以关注文学翻译现象为主的文化翻译就必然提到全球化时代的翻译工作者和研究者的议事日程上。

应该承认,中国是一个翻译大国,而且在外译中方面也堪称翻译强国。自19世纪后半叶中国向世界真正开放以来,我们的翻译工作者几乎把西方的所有主要学术思想和文学名著都已译成了中文,一部中国现代文学史在某种程度上就是一部文学翻译史。甚至中国现代汉语也是在翻译的影响下逐渐形成的。翻译及翻译研究的文化转向早已成为一个国际性的现象,生活在当今时代的人可以同时接触到不同的文化,因此确实离不开翻译。就像我们也同样离不开语言和文化一样,我们每天至少要通过不同的方式接触到翻译过来的文化,因而它已经侵入了我们的日常生活中,并且渗透到当代文化的各个方面。另一方面,在一个广阔的跨文化语境下从事人文社会科学研究也不得不涉及翻译问题。这也许正是为什么当今的人文社会科学各分支学科的学者都对翻译颇感兴趣的一个原因所在。

(王宁,《比较文学、世界文学与翻译研究》)

(2) 英译汉

Translations are indeed substitutes for original texts, they are the means through which we can access works which would otherwise be beyond our reach.

In *How to Read World Literature*, David Damrosch states the seemingly obvious: that most literature circulates around the world in translation. He points to the power of global English in ensuring the diffusion of popular writers such as Stephen King and J. K. Rowling, and notes the importance of translation into English for writers of less widely spoken languages. But he then goes on to add that 'translation has long had a bad reputation', and qualifies this by referring to myths of the inadequacy of translation, which hold that translations are inevitably inferior to their originals. Damrosch is right to cite this mythology of course, for it is deeply rooted in Western literary tradition, where translation has long been seen as a second-class activity, with translators often poorly paid and unrecognised. Acknowledging this also helps with understanding the marginalisation of translations in the production of literary histories.

(Susan Bassnett, *Translation and World Literature*)

推荐阅读

方梦之，2004.《译学辞典》. 上海：上海外语教育出版社.

贾植芳，1990.《中国现代文学的主潮》. 上海：复旦大学出版社.

刘禾，2008.《跨语际实践：文学，民族文化与被译介的现代性》. 北京：生活·读书·新知三联书店.

孟昭毅，李载道，2005.《中国翻译文学史》. 北京：北京大学出版社.

邹振环，1994.《影响中国近代社会的一百种译作》. 北京：中国对外翻译出版公司.

第8章 用于讨论翻译的基本概念术语

> 子曰:"工欲善其事,必先利其器"。
>
> (《论语·卫灵公》)

在讨论翻译时,我们常常会使用一些专业领域的基本概念,即术语(technical terms),对特定的翻译现象进行描述。术语的作用在于可以为特定领域从业者提供一个共同的标准化表达方式与话语体系,以便达到有效沟通与交流的目的。术语不仅能够为我们提供精确和清晰的定义,帮助我们理解和描述复杂的问题和思想,还可以帮助我们准确描述、分类和组织信息,从而促进知识的有效传播和学习。在翻译领域,统一、规范的术语可以确保翻译工作的质量和有效性。也就是说,熟悉并熟练使用术语可以使我们的讨论更准确、更专业。

本章选取用于讨论翻译的几个基本概念进行详细解析,具体包括源文本与目标文本、翻译方向、翻译单位、翻译转换、翻译策略、可译性与不可译性、翻译腔、翻译质量、翻译能力与翻译运用、翻译规范等。以下分别予以简要介绍。

1　源文本与目标文本

源文本(source text,ST)和目标文本(target text,TT)是用于讨论翻译的最基本的一组概念。源文本也称作"原文",是指待翻译或被翻译的文本;目标文本也称作"译文",是指由翻译行为生成的译后文本。一般情况下,源文本是翻译工作的起点,且源文本所用语言(源语)与目标文本所用语言(目标语)不同。我们也会使用"原作"(original text)和"译作"(translated text)这一对术语分别指源文本和目标文本。此外,同一源文本可以对应多个不同目标文本。以源文本和目标文本为基础,还产生了源语(source language,SL)和目标语(target language,TL)、源语文化(SL culture)和目标语文化(TL culture)、源语读者(SL reader)和目标语读者(TL reader)等一系列二分法的术语对。

2　翻译方向

翻译方向(direction of translation/directionality)通常可区分为译者从外语翻译成母语(正向翻译/译入)和从母语翻译成外语(逆向翻译/译出)两种方向。由于同一译者对母语和外语的掌握情况不同,国际上主流看法是:为在最大程度上保证译文的准确性、流利性和有效性，译者应将外语译成母语，或将一门非惯用语言译成惯用语言。例如，《内罗毕宣言》(*Nairobi Declaration*)规定，"译者应尽可能以其母语为译入语，或以如同其母语一样精通的语言为译入语"(Osers, 1989)[182]。但是，在实际翻译活动中，往往会出现逆向翻译现象。例如，在翻译教学中，逆向翻译可以作为翻译练习，检查学生的语言运用情况。此外，当某一特定市场没有足够的母语译员时，就会出现译者将母语译成外语的情况。以《红楼梦》英译为例，霍克斯译本 *The Story of the Stone* 属于正向翻译，而杨宪益、戴乃迭译本 *A Dream of Red Mansions* 则属于逆向翻译。

3 翻译单位

翻译单位(unit of translation，或 translation unit)是源语在目标语中被重新编码的语言层次。翻译单位是"在目标语中有对等项的最小源语单位"，可以具有"复杂的结构"(Barkhudarov, 1969)。例如，无论"generally"(大体上)这个单词，还是"by and large"(大体上)这个词组，均可视作一个翻译单位。也就是说，翻译单位是放在一起翻译的语言片段，具体可以是单词、词组、小句、句子、段落，甚至整个语篇。最恰当的翻译单位是由源文本的具体措辞决定的，并可能根据特定文本甚至特定单句产生变化。同时，源语的一个单位可能在目标语中译作不同大小的单位：一个词可以译成一个词组(如，"总之"可译作"to sum up")，反之亦然。

翻译单位的选择受到许多因素的影响。一方面，翻译单位与特定的翻译方法密切相关。例如，翻译单位以词为主时，翻译方法则主要是词对词的直译；翻译单位以段落或语篇为主时，翻译方法则多为意译。另一方面，翻译单位的选择还与文体有关。例如，特定领域的专业读物大多用词正式，句法严谨，表意明确，句子之间衔接连贯，翻译过程中主要以句子为翻译单位；相比之下，文学作品在词汇、句法、语篇等不同层面均具有较深的文化内涵和较高的审美要求，翻译过程中有时会以段落为翻译单位。

4 翻译转换

翻译转换(translation shift)是原文和译文之间发生的微小语言变化，是"源语到目标语过程中对形式对应的偏离"(Catford, 1965)[73]。可以说，一方面，由于不同语言在结构层面存在差异，另一方面，不同受众具有特定的文化背景，翻译转换是译文的必然特征。

一些学者从不同视角或基于不同目标提出了关于翻译转换的描述和分类，其中比较具有代表性的是卡特福特。卡特福特(Catford, 1965)将翻译转换分为范畴转换(category shift，指翻译过程中偏离形式对应)和层次转换(level shift，指处于一种语言层次的源语单位转换成处于另一语言层次的目标语单位，多为语法层次和词汇层次之间的转换)两类。其中，范畴转换又可分为词类转换(class shift，指使用不同语法类别的目标语词项来翻译源语词项)、系统内转换(intra-system shift，指源语和目标语具有结构形式基本对应的系统，但在翻译中仍然需要在目标语系统中选择不对应词语)、结构转换(structure shift，指原文与译文之间语法结构上的变化)、单位转换(unit shift，指译文不会严格采用级阶对级阶的对应，即源语和目标语在句子、从句、词组、单词和词素上存在不对应关系)四种。可以发现，上述翻译转换是纯语言层面的转换，性质上属于语法和词汇的范畴，在翻译过程中往往不可避免。

5　翻译策略

翻译策略(translation strategy)是文本转换的一种整体模式或对原文某个结构、项目或观点进行的文本转换操作。这一概念与翻译技巧(translation technique)、翻译方法(translation method)、翻译步骤(translation procedure)等概念存在一定重叠,因而常常存在混用现象。学术界关于翻译策略的探讨主要集中在两个方面:对翻译策略进行界定,以及以理论或实证研究为基础对翻译策略进行分类。

较早对翻译策略提出确切定义的是洛尔施,他将翻译策略定义为译者面对翻译问题时所采用的"潜在有意识的解决程序"(potentially conscious procedure),并将其与方法(methods,即超个人的、经过尝试和检验的程序)、规划(plans,即一系列翻译行为的整体心理表征)、规则(rules,与社会规范相关,旨在确定正确性和恰当性)、手段(tactics,即对整个翻译过程中的特定翻译行为产生影响的具体操作)等概念区分开来(Lörscher,1991)。雅斯科莱宁(Jääskeläinen,1993)对翻译策略提出了一个较为宽泛的定义,认为翻译策略是"译者在特定翻译情境中,为实现特定目标而使用的一套最为有效的规则或原则"。与之相似,扎巴尔贝斯科亚(Zabalbeascoa,2000)[120]提出,翻译策略"是一种旨在解决问题或实现目标的特定行为模式,一种意图在特定任务中提高译者表现(尤其是在效率和有效性方面)的有意识行为"。切斯特曼和瓦格纳(Chesterman, et al.,2002)从具体的翻译问题入手,提出了三种不同的翻译策略,具体包括检索策略(对应于检索问题)、创造性策略(对应于原文的特定元素)和文本策略(对应于篇章问题),其中文本策略是目前学术界关注最多的一种策略。

在文本层面,翻译策略可以包括整体策略和局部策略两种。其中,整体策略实施于文本的多个部分,它是译者在持续解决源文本特定问题时所使用的策略,例如改写(adaptation)、显性翻译(overt translation)、隐性翻译(covert translation)等(House,1977&1997);局部策略则涉及较短的文本片段,主要是一些较为具体的文本转换方法,亦即翻译技巧(translation technique)(具体分类参见 Vinay et al.,1995;Nida,1964;Catford,1965;Leuven-Zwart,1989&1990;Chesterman,1997)。也就是说,在一些情况下,翻译策略也可视作为解决特定翻译问题的某种翻译程序或翻译方法。正如切斯特曼(Chesterman,1997)所言,翻译策略为讨论翻译、关注译者的具体操作,以及提升翻译技巧而提供了较为有用的概念工具。

6　可译性与不可译性

可译性(translatability)是在两种不同的语言文字之间,通过翻译过程将原文转换成译文,从而实现不同语言使用者对同一事物的理解。与之相对,不可译性(untranslatability)则是译文不可能完整并准确地再现原文。可译性与不可译性是翻译研究领域长期以来热烈争论的重要议题。

关于可译性的争论主要涉及从一种语言翻译成另一种语言是否可能、在什么意义上可能、在多大程度上可能等问题。这些问题可以延伸到社会层面、意识形态层面和伦理层面,涉及什么应该或不应该翻译、何时翻译、何处翻译等。由于人类的思想具有同一性,认识方式和思维方式具有普遍性,而且任何一种语言的意义都带有人类认识客观世界的印记,因此,语言之间的交际是可以实现的。即便是难以进行语言转换的特定要素,在复合的整体中都可以进行翻译。

反对可译性的论点通常并不认为有绝对的不可译,而是质疑是否可以实现完全且充分的翻译。因此,不可译性大多以相对形式出现。不可译性较高的文本是那些有意识地利用特定语言资源或以多种方式进行编码的文本。以诗歌为例,它往往在语义、韵律、互文等方面具有复杂模式,因而具有较高的不可译性。雅各布森(Jakobson,1959)甚至声称,诗歌是不可翻译的,只有"创造性的换位"(creative transposition)才是可能的。不可译性主要由两种因素造成,一是特殊的语言形式(如头韵、回文、文字游戏等),二是文化差异(如不同语言、民族之间的文化空缺或不可替代性)。由此,不可译性具体可以分为语言不可译性(linguistic untranslatability)和文化不可译性(cultural untranslatability)两种。其中,当源语中的两个或两个以上的词汇或语法单位共用一种语言形式时,或者当源语中的一词多义在目标语中没有相对应的表达形式时,就会导致语言上的不可译性;当与原文特定功能相关的语境特征在目标语文化中不存在时,就会出现文化层面的不可译性(Jakobson,1959),具体表现在习语、成语、典故等方面。

7 翻译腔

翻译腔(translationese)通常是一个贬义词,用来指因明显依赖源语的语言特色而产生的不自然、费解,甚至可笑的目标语用法。造成翻译腔的主要原因是译者的目标语知识储备不足或者过度使用字面翻译,具体表现在不恰当地使用源语的比喻和句法、不自然的词序、大量生硬的术语等方面。

不同学者对翻译腔持有不同态度。达夫(Duff,1981)将翻译腔称作"第三语言"(third language),他认为,只有在译文不再是两种风格和语言的混合体,不再是源语和目标语成分构成的拼凑物时,某一文本才能作为一个连贯的整体得以保留。此外,达夫(1981)还认为,源语干扰的潜在影响非常大,甚至可对目标语文本实施"暴力"。在此意义上,翻译腔不仅仅是"劣质翻译的趣谈轶事"(anecdotal instances of bad translations),还能揭露源语对目标语的"系统性影响"(systematic influence)(Gellerstam,1986)[88]。然而,一些学者(Robinson,1991;Venuti,1995)对此提出不同观点,认为翻译腔与劣质翻译之间并不存在必然联系,对翻译腔的排斥也许仅仅属于一种文化禁忌而已。

值得一提的是,翻译腔还可能具有潜在的喜剧效果。例如,布雷德伯里(Bradbury,1987)模拟翻译腔写就的讽刺浏览手册《为什么到斯拉卡来?》(*Why Come to Slaka?*)中包含这样一条建议:"我们城市的水通常可以饮用,但在乡下,喝水之前一定要煎一下"(the waters of our cities are potable usually, but in the country always fry your waters before tippling)。

8 翻译质量

从本质上讲,翻译质量(translation quality)等同于译文的好坏。由于这一概念所隐含的评判可以适用于翻译的不同方面,因此翻译质量是一个相对概念。换句话说,它取决于译文评估主体的具体需求、动机和预设。正如赛杰(Sager,1983)所说,"翻译质量没有绝对的标准",只有在多大程度上符合翻译目的的译文。

具体地说,对翻译质量的看法取决于对翻译的定位(翻译产品、翻译过程或者翻译服务)。在翻译研究中,传统上将重点放在作为产品的翻译上,即翻译文本,因此翻译质量评估主要与翻译文本和翻译标准之间的对等程度有关。随后,评估标准得到扩展,将翻译过程中制约译者选择的各种因素纳入考虑范围,如文本功能(Reiss,2014;House,1977&1997)、译文读者的期望和规范译者活动的准则(Chesterman,1997)等。与之相比,在翻译行业中,翻译质量的评估标准大多与翻译过程有关:这些标准规定了程序准则,并试图确保客户满意。因此,一般来说,翻译行业现有的各种标准并不制定衡量翻译质量的标准,而是考察翻译过程的正确性和可靠性。可以发现,无论在学术研究领域还是在翻译实践领域,对于翻译质量的评估都不存在一成不变的铁律。

9　翻译能力与翻译运用

以乔姆斯基(Chomsky,1965)对语言能力(competence)和语言运用(performance)的二分法为基础,图里(Toury,1980)提出翻译能力(translation competence)和翻译运用(translation performance)两个概念,用以探讨翻译实践方面的问题。

翻译能力是译者把源语语篇转换成目标语语篇的能力,它是对译者双语能力、翻译思维能力、双语文化素质,以及技巧运用能力的综合体现。图里(Toury,1980)认为,翻译能力是原文与译文关系的总和,理论上它可在译文中体现出来,但实际上却是难以实现的。换句话说,翻译能力是译者在寻找翻译解决方案时所利用的语言、文体、文学等方面的资源,而非那些常见的解决方案(如,翻译规范)或在特定翻译中可能发现的解决方案(如,业已产生的翻译实例)。与翻译能力相对,翻译运用是指"翻译"这种语际交际类型中的实例,即业已产生的译文。通过研究具体的翻译实例,可以探讨特定翻译实例所体现出的原文与译文、译文与目标语之间的关系,从而达到关于翻译文本的一般性认识。图里(Toury,1980)认为,翻译能力和翻译运用的划分过于简单,无法解释所有类型的翻译现象,因此又提出了翻译规范(translation norms)这一概念进行补充。

10　翻译规范

翻译规范是以目标语文化为导向的翻译研究中的核心概念,也是用于探讨翻译现象的常用术语。它是一种关于正确性(correctness)或适当性(appropriateness)的社会概念,能够在一定程度上说明可接受的翻译(acceptable translations)应该是什么样子,从而影响译者的翻译决策。在特定时期或特定群体中盛行的翻译规范能够影响翻译过程的方方面面,具体涉及翻译选材、翻译策略、翻译风格等。

翻译规范具有"分级和相对性"(graded and relative nature)的特征(Toury,1999),通常介于规则(rules)和个人特质(idiosyncrasies)之间,可被视作内化的行为约束,能够体现特定群体在正确与错误、充分性与不充分性等方面的共同价值观。翻译规范能够发挥行为模式的作用,影响人们对译文适当性的认识,甚至影响人们对翻译文本的界定。此外,翻译规范可以随着时间的推移而发生改变,并可在不同群体之间进行协商。

不同学者对翻译规范提出了不同分类。例如,图里(Toury,1995)[54-65]将翻译规范分为三类:初始规范(initial norms)涉及译者在遵从源语言文化或遵从目标语文化方面所作出的选择;预备规范(preliminary norms)影响译者的特定翻译选材;操作规范(operational norms)则影响译者在具体翻译过程中做出的一般性翻译选择。此外,切斯特曼(Chesterman,1993&1997)将其分为期望规范(expectancy norms)和专业规范(professional norms):前者在翻译受众方面发挥作用,与受众对译文的期望相关,后者则在专业层面对翻译过程中所采用的方法和策略进行制约。

11　小结

术语是科学研究中共同遵循的专门话语系统,在科学研究中扮演着至关重要的角色,它们可以准确、简洁地传达科学概念,避免歧义和误解。研究者使用共同的术语体系,能够更加清晰、准确地阐明研究成果,促进交流。翻译学术语作为翻译学领域的标准化表达,可以帮助我们建立起讨论翻译的规范化表达,掌握本领域的基本术语概念,可以促进翻译讨论与研究的专业化与标准化。翻译学既有自己创立的术语,也有借鉴自其他相关学科的术语,随着翻译学交叉性的进一步增强,翻译学的术语体系还将进一步丰富,进一步促进翻译学向前发展。

调查、思考与讨论

1. 请举例说明原文与译文之间存在何种关系。
2. 翻译方向对翻译质量具有怎样的影响?
3. 翻译单位的选择可能受到哪些因素的影响?具体会产生何种影响?
4. 请举例说明翻译转换在译文中的体现。
5. 如何在文本层面识别出不同翻译策略并对其进行分类?
6. 是否存在完全的可译性或完全的不可译性?为什么?
7. 请举例说明一些译文中存在的翻译腔,并思考如何改进。
8. 请举例说明可以从哪些方面对译文的质量进行评估。
9. 翻译能力与翻译运用之间存在何种关系?
10. 请举例说明某种翻译规范对特定时期译者的影响。

翻译习作

请在小组分工调查、讨论基础上,借助翻译工具完成以下汉-英、英-汉翻译习作,总结翻译中遇到的问题并进行讨论。

(1)汉译英

术语是学术交流、传播的基础,是学术发展不可或缺的重要工具。中国近代科学是通过引进而逐步发展起来的,翻译成为其间最重要的环节,对翻译名词术语的确定也自然是最基本的工作。但除极少数科学名词术语可以找到对应的中文外,大多名词术语必须另创新词。近代西方科学引入中国以来,译者或意译或音译,随着译者日众、译书译文日多,彼此所用名词自然难以一致,同一术语在不同的文章或不同译书中以不同的中文出现,甚或同一书中前后译名也不一样,读者"不独读之难、记之艰,实使学者不能顾名思义"。这极不利于科学交流传播与学术发展,因此,科学名词术语的审定统一成为关乎中国近代科学发展的大事。有人说:"苟欲图存,非急起直追,谋理化学之发展不为功。发展之道,首在统一名词。否则纷歧舛错,有志者多耗脑力,畏难者或且望望然去之。如是而欲冀其进步,殆无异南辕而北辙焉。"也有人说:"译名的不统一,甚至没有译名,实在是中国文化进步的最大障碍。"正是认识到科学名词术语审定统一的重要性,晚清以来就不断有学者或民间组织长期致力于这一工作。

近代科学名词术语审定统一中的困苦艰难、分分合合与利益冲突体现了学术发展与社会变迁的关系。合作是名词术语审定统一的应有之义,矛盾是事物发展的动力,名词术语审定统一自然也不例外,合作与矛盾冲突自始至终贯穿于整个近代科学名词术语审定统一过程中,只不过在不同的阶段以不同的形式呈现出不同的特征。

(张剑,《近代科学名词术语审定统一中的合作、冲突与科学发展》)

(2)英译汉

A widely accepted description of terminology is that it refers to "the study of and field of activity concerned with the collection, description, processing and presentation of terms, i. e. lexical items belonging to specialised areas of usage of one or more languages" (Sager 1990:2). Key notions associated with terminology include concept, definition and term. A concept is a unit of thought that is used to organize people's knowledge and perception of the world around them. Concepts tend to be understood not in isolation but rather in relation to other concepts, in a sort of structured system. A definition provides a bridge between a concept and the term that is used to designate it, and it differentiates the concept and its associated term from other concept-term units. Finally, a term is the linguistic designation assigned to a concept. Because terminology deals with specialized domains of knowledge, terms refer to the discrete conceptual entities, properties, activities or relations that constitute the knowledge of a particular domain. Ideally, for terminologists, behind each term there should be a clearly defined concept which is systematically related to the other concepts that make up the knowledge structure of the domain. Moreover, the choice of the term should reflect this concept effectively and the form of the term should be generally acceptable within the linguistic system in question.

(L. Bowker, "Terminology", In M. Baker & G. Saldanha, eds., *Routledge Encyclopedia of Translation Studies*)

推荐阅读

方梦之,2011.《中国译学大辞典》.上海:上海外语教育出版社.

Mona Baker, 2017. *In Other Words: A Coursebook on Translation*. London: Routledge.

Mona Baker, & Gabriela Saldanha, (eds.), 2019. *Routledge Encyclopedia of Translation Studies*. London: Routledge.

Giuseppe Palumbo, 2009. *Key Terms in Translation Studies*. New York: Continuum.

Mark Shuttleworth, & Moira Cowie, 1997. *Dictionary of Translation Studies*. Manchester: St. Jerome Publishing.

第 9 章　翻译中的文化问题

> 翻译当然是对原文的重写。所有的重写，无论其意图如何，都反映了某种意识形态和诗学，并因此操纵文学以特定方式在特定社会中发挥作用。重写是一种操纵，是为权力服务的，从积极方面来说，可以帮助文学和社会的演变。重写可以引入新的概念、新的体裁、新的手法，翻译的历史也是文学创新的历史，也是一种文化塑造另一种文化展示其力量的历史。
>
> （巴斯奈特和勒菲弗尔，《翻译、历史与文化》）

翻译离不开语言，语言又是文化的载体，因此翻译与文化同样密不可分。尽管翻译从表层上看，是一种语言或文本转换的活动，但从深层看，它更是一种文化交流和传播的方式。翻译不仅可以促成源语言中的语言、文化、文学、思想等向目标语传播，也会对目标语语言、文化、文学、思想产生影响。也就是说，翻译不仅仅是语言或文本的转换，更是不同文化之间交流、传播、接受与影响的过程，是一种互惠行为。因此，可以说翻译是一种跨文化的语言行为，是两种文化之间的冲突、对话、妥协与融合的过程。

翻译中对文化问题（cultural issues）的关注可以说是一个古老的话题。这里的文化问题，不仅包括语言层面所蕴含的文化内涵或色彩，也包括翻译活动所处语境中影响翻译的各类社会文化因素，还包括翻译产品或翻译活动在目标语文化中所产生的社会文化影响。这里，我们需要思考的是，翻译之于文化的意义何在？不同文化之间借助翻译交流的互惠性体现在哪些方面？文化翻译的本旨何在？

1　语言/文本转换中的文化问题

"文化"是一个十分宽泛的概念，指"人类在社会历史发展过程中所创造的物质财富和精神财富的总和，特指精神财富，如文学、艺术、教育、科学等"（中国社会科学院语言研究所词典编辑室，2016）[1371-1372]。根据《中国大百科全书》中的定义，社会整体文化包括：①社会风俗、行为习惯、实践风格；②规则规范体系；③社会（共同体）的组织制度和运行机制；④核心价值或基本理念等四个层面。此外，人类学（Anthropology）将一系列不能归因于基因遗传的人类现象统统都归入"文化"这一范畴。由此可见，一方面，文化几乎涵盖了人类生活的方方面面；另一方面，生活在不同区域的人们各自的文化不仅表现出一定的共性特征，也呈现出一定的独特性。这种文化共性与个性之间的关系，正是翻译中所需要关注的部分。

1.1 语言内的翻译文化问题

很长一段时期，人们普遍认为翻译就是不同语言之间的转换，这一点在许多关于"翻译"的定义中就可以看出来。翻译似乎就是把一种语言所表达的意义，用另一种语言表达出来。这种认识使我们忽略了语言所蕴含的文化信息，及其所发挥的传递文化意义与内涵的功能。科勒（Koller，1992）认为，每一种语言都包含其所属文化的因素，每一个文本都植根于特定文化之中，产生与接受文本的准则会因文化不同而不同。在具体翻译实践中，语言层面所蕴含的文化信息是译者在翻译转换时首先要关注的问题。例如，鲁迅小说《阿Q正传》第7章开头的英译就涉及诸多文化问题。

宣统三年九月十四日——即阿Q将搭连卖给赵白眼的这一天——三更四点，有一只大乌篷船到了赵府上的河埠头。这船从黑魆魆中荡来，乡下人睡得熟，都没有知道；出去时将近黎明，却很有几个看见的了。据探头探脑的调查来的结果，知道那竟是举人老爷的船！

上文中的文化问题包括以下四项。①"宣统三年九月十四日"是中国古代传统纪年的表述方式，根据文后注释，即公元1911年11月4日，这一天为武昌起义后的第二十五天。因此，小说中的这个时间是有用意的。在英译时还需要考虑皇帝年号、阴历与公历的差异，以及是否能够将故事的文化背景加以显化。②"搭连"，即"褡裢"，是指一种布制的长方形口袋，中间开口，两头各有一袋，可以挂在肩上或扣在腰间。因此，"搭连"是一个文化局限词（culture-bound term），即仅局限于某种文化中、在其他文化中不存在的词汇，也称为文化特有项（culture-specific item）。③"三更四点"是中国古代传统计时方法，古代将一个晚上分为五更，每更两个小时，即一个时辰，分别用戌（一更，19—21点）、亥（二更，21—23点）、子（三更，23—次日凌晨1点）、丑（四更，1—3点）、寅（五更，3—5点）指代，按更击鼓报时。同时又将每更分为五点，每点为24分钟。因此，"三更四点"即凌晨12时36分。④"举人"显然也是一个文化局限词。

又如，在林肯1861年2月11日的告别演说中，也存在文化问题。

Farewell Address

My friends, no one, not in my situation, can appreciate my feeling of sadness at this parting. To this place, and the kindness of these people, I owe everything. Here I have lived a quarter of a century, and have passed from a young to an old man. Here my children have been born, and one is buried. I now leave, not knowing when, or whether ever, I may return, with a task before me greater than that which rested upon Washington. Without the assistance of that Divine Being, who ever attended him, I cannot succeed. With that assistance I cannot fail. Trusting in Him, who can go with me, and remain with you and be everywhere for good, let us confidently hope that all will yet be well. To His care commending you, as I hope in your prayers you will commend me, I bid you an affectionate farewell.

这里的文化问题有三类。第一，这里的告别演说(Farewell Address)并非我们通常认为的美国总统在离任时的告别演说。因为文化背景知识告诉我们，1861年2月是林肯准备离开自己的故乡——伊利诺伊州的斯普林菲尔德(Springfield)，前往华盛顿就任总统，这里的演说是临行前向家乡朋友们告别的演说。第二，"I now leave, not knowing when, or whether ever, I may return, with a task before me greater than that which rested upon Washington."（如今，我要离你们而去，不知何时能重返故里，也不知道是否能再次归来。因为摆在我面前的重任，远远大于当年华盛顿总统所肩负的重任。），这一句中的"Washington"一词既可指总统，也可指城市。根据上下文可判断出，这里指的是华盛顿总统。第三，由文中的首字母大写"Divine Being"与下文首字母大写的"Him"和"His"对应可知，这里的"Divine Being"是指基督教文化中的"上帝"。因此演说的最后两句就可以翻译为："上帝曾一直庇护着华盛顿总统。没有上帝的护佑，我无法成功。有了那份护佑，我就绝不会失败。相信上帝会与我同在，相信上帝也会与你们同在，相信他无所不在。我祈祷上帝保佑你们，也希望你们能祈祷上帝也来保佑我。在此，我向你们深情告别。"

上述文本中的文化问题隐含于语言本身，译者在将上述文本翻译成其他语言时，需要考虑语言中涉及的文化转换问题：是要站在源语言文化的立场，在目标语中保留源语言文化的异质(the otherness)，抑或是考虑目标语读者的期待(TL readers' expectation)或译文的可接受性(acceptability)，以目标语语言更为常用的方式来替换原文中的文化元素。

1.2 归化与异化

针对翻译中的文化问题，译者可以采取不同的翻译策略，通常宏观的策略可包括直译(literal translation)或意译(free translation)。直译即词对词的翻译(word-for-word translation)，也就是说译文既要传达原文的意思，还要关注保留原文形式，尤其是译文还要符合译入语的语法规则、语言规范和用法习惯；意译即意思对意思的翻译(sense-for-sense translation)，译者会优先保留原文的意思，必要时可放弃原文的形式。

就具体的文化问题翻译而言，归化(domestication)或异化(foreignization)则是译者常常采用的文化翻译策略。所谓归化，即译者在译文中采用目标语读者更容易接受的话语方式，将原文中的文化信息传达给读者，有时候会以牺牲原文的文化意象或形式元素为代价。异化则相反，是指译者在译文中保留原文中的文化意象或形式元素，使译文在目标语文化中以一副新鲜的"陌生"面孔呈现，让读者更多领略"异域"的文化。例如，上文林肯演说词中的"Without the assistance of that Divine Being, who ever attended him, I cannot succeed. With that assistance I cannot fail."一句，就其中包含的文化问题至少可以有两种译法：

①上帝曾一直庇护着华盛顿总统。没有上帝的护佑，我无法成功。有了那份护佑，我就绝不会失败。

②神明曾一直庇护着华盛顿总统。没有神明的护佑，我无法成功。有了那份护佑，我就绝不会失败。

如果我们将"Divine Being"译为"上帝",即为异化的策略;若将其处理为"神明",则属于归化的策略。前者可以让汉语读者了解异域的基督教文化,而后者则以汉语的宗教文化来对译,更易于被汉语读者接受。两种方法各有千秋,无孰优孰劣之分。

美国作家玛格丽特·米契尔发表于1936年的小说 Gone with the Wind(中文译名《飘》),早在1940年就由翻译家傅东华翻译成中文,由龙门书局出版。该译本最突出的一个特点,就是译者所采用的"归化"策略,尤其体现在对人名地名的翻译上,均采取"中国化"的翻译。

表 9-1 傅东华译本《飘》中的人名地名汉译对照

人名			地名		
原名	傅译	音译	原名	傅译	音译
Scarlett O'Hara	郝思嘉	斯佳丽·奥哈拉	Tara	陶乐垦植场	塔拉
Rhett Butler	白瑞德	瑞德·巴特勒	Atlanta	饿狼陀	亚特兰大
Ashley Wilkes	卫希礼	阿什利·威尔克斯	Georgia	肇嘉州	佐治亚州
Melanie Hamilton	韩媚兰	梅兰妮·汉密尔顿	Virginia	佛金泥	弗吉尼亚
Gerald O'Hara	郝嘉乐	杰拉尔德·奥哈拉	New Orleans	新奥伦	新奥尔良
Ellen O'Hara	郝爱兰	艾伦·奥哈拉	Jonesboro	钟氏坡	琼斯伯罗
Charles Hamilton	韩查理	查尔斯·汉密尔顿	Charleston	曹氏屯	查尔斯顿
Pitty Hamilton	韩白蝶	贝蒂·汉密尔顿	Wilmington	卫民屯	威尔明顿
Stuart Tarleton	汤司徒	斯图亚特·塔尔顿	Rock Island	岩石岛	罗克艾兰
Brent Tarleton	汤伯伦	布伦特·塔尔顿	Carolina	嘉罗陵	卡罗来纳

由表 9-1 可以看出,傅东华的汉译小说《飘》中的人物姓名尽管还属于音译,但都有了百家姓中的姓氏,名字的选字也符合中国人起名的习惯,几乎被完全中国化了。地名中除了译音外,还加上了中国地名中的一些常用字,如"陀""坡""屯""岛"等。这些都属于典型的归化式翻译。傅东华在译者序中也就自己所采用的翻译策略作了说明:

> 关于这书的译法,我得向读者诸君请求一点自由权。因为译这样的书,与译 Classics 究竟两样,如果一定要字直句确地译,恐怕读起来反要沉闷。即如人名地名,我现在都把它们中国化了,无非要替读者省一点气力。对话方面也力求译得像中国话,有许多幽默的、尖刻的、下流的成语,都用我们自己的成语代替进去,以期阅读时可获如闻其声的效果。还有一些冗长的描写和心理的分析,觉得它跟情节的发展没有多大关系,并且要使读者厌倦的,那我就老实不客气地将它整段删节了。但是这样的地方并不多。总之,我的目的是在求忠实于全书的趣味精神,不在求忠实于一枝一节。

傅东华之所以采用"中国化"的归化译法,其目的主要在于提高小说译文的可读性和可接受性,减轻读者的认知负荷,"替读者省一点力气"。这种归化式、流畅、透明的翻译,会让目标语读者产生一种文化认同感,因而在很长一段时期内都为不同文化所青睐。20世纪末,保留原作"异域"风味的异化式翻译越来越受到推崇,其主要依据在于尊重文化的差异性，并在译文中予以保留。实际上，20世纪30年代，鲁迅先生所倡导的"硬译"，即是异化翻译的一种形式，其主要功能在于丰富汉语的语言表达方式、文学创作手法和民众的思维模式。又如，上文《阿Q正传》第7章开头的英译文如下：

译文一

On the fourteenth day of the ninth month of the third year in the reign of Emperor Xuan Tong*—the day on which Ah-Q sold his purse to Zhao Baiyan—at midnight, after the fourth stroke of the third watch, a large boat with a big black awning arrived at the Zhao family's landing-place. This boat floated up in the darkness while the villagers were sound asleep, so that they knew nothing about it; but it left again about dawn, when quite a number of people saw it. Investigation revealed that this boat actually belonged to the successful provincial candidate!

* November 4, 1911, the day on which Shaoxing was freed in the 1911 Revolution.

（杨宪益、戴乃迭 译）

译文二

On the Fourteenth Day of the Ninth Month of the Third Year of the Xuantong Reign—in other words, on the day Ah Q sold his money pouch to Zhao Baiyan—on the Fourth Stroke of the Third Watch*, a large black-canopied boat tied up at the Zhao family wharf. Since it had been poled in during the middle of the night, the villagers were sound asleep and unaware of its arrival. When they left their homes before dawn next morning, however, quite a few of them caught sight of it. After some quick nosing around, they discovered it belonged to none other than Old Master *Selectman*.

* Xuantong was the reign title of the last Qing emperor. The lunar date given here corresponds to November 4, 1911, the day Lu Xun's own hometown was "liberated." The time given is about midnight.

（威廉·莱尔 译）

译文三

On the fourth stroke of the third watch of the night of the fourteenth day of the ninth month of the third year of Emperor Xuantong's reign*—the day on which Ah-Q sold his purse to Zhao Baiyan—a large boat with a black awning docked at the Zhaos'. It arrived under cover of darkness, unnoticed by the sleeping villagers, though its departure around dawn was widely noted. Persistent inquiry eventually traced its ownership back to none other than Mr. Provincial Examination.

* On the fourth stroke of... Emperor Xuantong's reign: Midnight on 4 November 1911; the day on which Shaoxing—Lu Xun's home town, and the loose model for the "town" in this story—was "liberated" by revolutionary forces.

（蓝诗玲 译）

以上三种译文译者分别为翻译家杨宪益、戴乃迭夫妇，美国汉学家威廉·莱尔和英国汉学家、翻译家蓝诗玲。三位译者对原文中的"宣统三年九月十四日"和"三更四点"的处理基本相似，均为直译加注，大体保留了原文的形式。对于"搭连"，杨宪益戴乃迭夫妇和蓝诗玲均将其意译为"purse"，莱尔则将其处理为"money pouch"，同样也是意译。而对于文化局限词"举人"的处理，三种译文差异较大，杨宪益、戴乃迭夫妇和蓝诗玲在一定程度上保留了原文的形式，分别处理为"the successful provincial candidate"和"Mr. Provincial Examination"，可视为异化译法。而莱尔则将其处理为"Old Master *Selectman*"，并且将*Selectman*（官员委员会委员）首字母大写并斜体，带有归化的色彩。

2 "文化转向"后的文化问题

相对于20世纪初期哲学和其他人文学科开始关注语言、语言使用者与世界之间关系的语言学转向（linguistic turn），20世纪七八十年代，人文和社会科学领域出现了将文化概念，以及相关意义、认知、情感和符号概念置于方法论和理论焦点中心的"文化转向"（cultural turn），文化研究成为人文社科研究的热门话题，尤其在历史学、社会学等领域，文化视角的研究备受关注。受这一风潮的影响，八九十年代的翻译研究也出现了文化转向的发展趋势。

2.1 翻译领域的"文化转向"

1990年，英国学者苏珊·巴斯奈特和安德烈·勒菲弗尔合作编辑了一本题为《翻译、历史与文化》（*Translation, History and Culture*）的论文集，成为翻译研究中文化转向的标志。这本论文集展示翻译讨论的一个重大转变，即从关注语言转换的形式主义讨论，开始转向关注更广泛的语境、历史和传统。也就是说，翻译所要关注的不仅仅是语言，而是必须将翻译视为一种社会文化活动，将其置于更广阔的历史文化语境中来审视。苏珊·巴斯奈特和安德烈·勒菲弗尔在该论文集的序言中指出：

> Translation is, of course, a rewriting of an original text. All rewritings, whatever their intention, reflect a certain ideology and a poetics and as such manipulate literature to function in a given society in a given way. Rewriting is manipulation, undertaken in the service of power, and in its positive aspect can help in the evolution of a literature and a society. Rewritings can introduce new concepts, new genres, new devices, and the history of translation is the history also of literary innovation, of the shaping power of one culture upon another. But rewriting can also repress innovation, distort and contain, and in an age of ever increasing manipulation of all kinds, the study of the manipulative processes of literature as exemplified by translation can help us towards a greater awareness of the world in which we live. （翻译当然是对原文的重写。所有的重写，无论其意图如何，都反映了某种意识形态和诗学，并因此操纵文学以特定方式在特定社会中发挥作用。重写是一种操纵，是为权力服务的，从积极的方面来说，可以帮助文学和社会的演变。重写可以引入新的概念、新的体裁、新的手法，翻译的历史

也是文学创新的历史,也是一种文化塑造另一种文化展示其力量的历史。但重写也可能压制创新,对其加以扭曲和遏制,在一个各种操纵不断增加的时代,对以翻译为代表的文学操纵过程进行研究可以帮助我们更好地认识自己所生活的世界。)

也就是说,我们关注翻译现象,不能仅将其视为一种语言转换活动,更应将其视为一种发生于特定社会文化语境中的事件;不应仅关注译文是否忠实于原作,或在语言或文本等各个层面是否与原作对等,而应更关注哪些社会文化因素影响了翻译活动,促使译者采取一定的决策,而使译文以特定的方式呈现。纵观翻译的历史,不忠实或不对等的译文往往在目标语中可以发挥重大的作用,此种不忠实或不对等的程度也往往是由目标语文化的需求所决定的。勒菲弗尔(Lefevere,1998)[13]指出,"简而言之,翻译实践是一种文化为应对所谓的'他者'(the Other)而设计的一种策略。因此,翻译策略的发展变化也能够很好地说明我们所应对的社会类型"。在这个意义上,我们更应当关注那些语言或文本外的因素。比如,在特定文化的特定时期,哪些人做了翻译?他们做了哪些翻译?他们是如何进行翻译的?其目的何在?谁选择了所要翻译的文本?哪些人还介入了这一翻译活动?对其产生了什么样的影响?

根据这一思想,对翻译作为文化事件的关注可以从如下一些方面入手。第一,意识形态(ideology)因素对翻译的塑造。也就是说,翻译并非发生在真空里,它总是处于一定的文化时空内,因此译者对其自身及其文化的认识在一定程度上会影响他们的翻译方式。译者的文化背景和价值观会影响其对原文的理解和诠释,他可能会根据自己的文化背景选择特定的语言来表达原文中的概念或意义,从而使译文呈现出特定的意识形态偏向。译者也可能受其政治立场的影响,选择特定的译文来表达特定的观点,译者个人的社会背景也会影响其对原文的理解和翻译。第二,翻译活动赞助人(patron)、委托翻译或出版翻译的个人或机构。翻译活动的发起者或赞助人可以在一定程度上推进其所认可的翻译,也可以阻止出版其不认可的翻译。同样,出版商也可以根据本行业对翻译作品呈现方式和读者需求的认识,对译作进行一定的介入,造成出版译作与译者译本的差异。第三,诗学(poetics)因素,即某一文化对特定艺术形式的认识。译者往往会根据自己对特定文学艺术形式的认识来重新诠释原作,目的在于满足目标语读者,以确保译文能够真正被阅读。例如,同样是讲故事,不同文化讲故事的方式存在一定差异,也就是说,叙事方式会因对叙事的认识不同而不同。

2.2 语言外的翻译文化问题

如上所述,"文化转向"之后对文化问题的关注转向了文本外的社会文化因素对翻译活动的影响,从而可能导致译文会以不同于原文的方式被呈现。这种有差异的呈现也充分说明,翻译作为一种跨语言、跨文化的转换,并不一定会绝对忠实于原作或与原作对等。例如,科幻小说《三体》的英译本 *The Three-Body Problem* 与原作在结构上就不完全一致(如表 9-2 所示):

表 9－2 《三体》原作与其英译本的结构对应关系

原作结构	译作结构	
1. 科学边界 2. 台球 3. 射手和农场主 4. 三体、周文王、长夜 5. 叶文洁 6. 宇宙闪烁之一 7. 疯狂年代 8. 寂静的春天 9. 红岸之一 10. 宇宙闪烁之二 11. 大史 12. 三体、墨子、烈焰 13. 红岸之二 14. 红岸之三 15. 红岸之四 16. 三体、哥白尼、宇宙橄榄球、三日凌空 17. 三体问题 18. 三体、牛顿、冯·诺伊曼、秦始皇、三日连珠 19. 聚会 20. 三体、爱因斯坦、单摆、大撕裂 21. 三体、远征 22. 地球叛军 23. 红岸之五 24. 红岸之六 25. 叛乱 26. 雷志成、杨卫宁之死 27. 无人忏悔 28. 伊文斯 29. 第二红岸基地 30. 地球三体运动 31. 两个质子 32. 古筝行动 33. 监听员 34. 智子 35. 虫子 36. 尾声·遗址	Part Ⅰ Silent Spring	1. The Madness Year 2. Silent Spring 3. Red Coast Ⅰ
	Part Ⅱ Three Body	4. The Frontier of Science 5. A Game of Pool 6. The Shooter and the Farmer 7. Three Body：King Wen of Zhou and the Long Night 8. Ye Wenjie 9. The Universe Flickers 10. Da Shi 11. Three Body：Mozi and Fiery Flames 12. Red Coast Ⅱ 13. Red Coast Ⅲ 14. Red Coast Ⅳ 15. Three Body：Copernicus, Universal Football and Tri-Solar Day 16. The Three-Body Problem 17. Three Body：Newton, Von Neumann, the First Emperor and Tri-Solar Syzygy 18. Meet-Up 19. Three-Body：Einstein, the Pendulum Monument, and the Great Rip 20. Three Body：Expedition
	Part Ⅲ Sunset for Humanity	21. Rebels of Earth 22. Red Coast Ⅴ 23. Red Coast Ⅵ 24. Rebellion 25. The Death of Lei Zhicheng and Yang Weining 26. No One Repents 27. Evans 28. The Second Red Coast Base 29. The Earth-Trisolaris Movement 30. Two Protons 31. Operation Guzheng 32. Trisolaris：The Listener 33. Trisolaris：Sophon 34. Bugs 35. The Ruins

《三体》英译本中，原作中的第 7、8、9 章被调整到第 1、2、3 章。原作第 6、10 章被合并为译作第 9 章，并且译者在原作两章之间做了较大的结构调整和内容梳理，补充了一些目标语读者所缺少的文化背景，以确保故事的逻辑性和连贯性。从传统的视角看，译作中对原文结构的调整并不符合忠实于原作的原则，但译者根据汉英两种文化叙述模式的差异，对结构进行适应性调整，更符合目标语读者的期待和阅读习惯。

此外，译者还将译文整体划分为三个部分，并给每个部分加上了小标题。这里不难发现，译文与原文并非在语言层面的不对应，而是在叙事层面的不对应。之所以做出调整至少有两方面原因：第一，目标语小说创作规范的要求，包括叙事规范、语言规范等；第二，目标语读者的期待，即以目标语读者感性的方式来讲故事。译者刘宇昆在该书的译者后记中指出，语言结构与文化指称方面的困难相对要容易解决得多，更微妙之处在于文学手法和叙事技巧方面的差异，一些情况下他做了调整以适合美国读者的口味，也有一些情况下他保留了原作的风味。在刘宇昆看来，好的英译作品应该读起来不完全像英文才对，因为这样才能让读者透过译文看到原作的特色。

3 翻译文化史视域下的文化问题

翻译文化史更多关注翻译产品在目标语文化中的传播、接受与影响，关注这一过程中涉及的种种文化因素，关注翻译产品的社会文化作用。也就是说，在这一视角下我们需要跳出"翻译"来看"翻译"，关注翻译的"译后之力"，如特定时期的翻译活动对目标语语言、文学、文化、学科、思想等方面产生的影响，特定作品在目标语文化中的历时译介与接受，翻译对文学传统和文学发展的作用，以及翻译是如何塑造或影响特定文化群体的文化认同与认知，等等。

3.1 翻译文化史

翻译文化史研究主要是从历时发展的视角研究翻译与文化的关系，"重在研究翻译对于文化（尤其是译入文化）的意义和影响，它在文化史上的作用，以及翻译对于文化的制约"，"实质上是翻译史与思想史、文化史的结合"（王克非，1994）[58]。也就是说，作为翻译研究的一个分支，翻译文化史是从翻译过程和翻译产品（主要是文本）入手，以历时发展的视角，通过描写、分析和解释，探究翻译在目标语语言文化系统中的作用、影响和功能。翻译文化史既是翻译史，又是文化史，是从翻译视角来观察文化发展与演进的历史。

对翻译的传统讨论方式主要是以原作作为衡量标准，来看译作是否忠实于原作。讨论翻译似乎就是讨论翻译质量的好坏，总是以"孰优孰劣"的价值判断为落脚点。实际上，翻译的价值远远不限于此，其更大的价值体现在其在目标语文化中所扮演的角色或所发挥的作用。王克非（1997）[6]指出，"从翻译文化史角度看，译本的忠实程度与该译本在文化沟通上的作用之大小并无绝对的正比例关系。译者（其后有文化背景）的摄取是重要因素。翻译过程中，文化信息的微妙变化，如信息的增损、变样，可以说正是翻译文化研究者感兴趣的"。也就是说，就翻译的文化功能而言，其对于原作的忠实程度并不起决定性作用。译者对原作内容的选择与增删，以及译文的呈现方式都与目标语社会文化的需求密切相关。

翻译文化史研究超越了单纯的语言或文本层面，关注译作在目标语文化中的传播与接受。王克非（1997）[10]认为，从翻译文化史视角关注翻译的课题可以包括：

①对重要的文、史、哲著作的中外不同译本（或不同的中文译本）的翻译处理进行研究，对其不同的传播和不同影响加以考察；

②对译者的翻译过程（如译前的动机、准备，译稿的修改，译作的原始材料等）加以考察；

③对翻译的语言（包括词汇，尤其是译词、句法、语体）加以研究，并考察它对于本族语的影响；

④以上三个方面是从微观立场看。若从宏观的立场，我们更可以考察文学对于某国、某个时期的文学的激发或推动作用，评价翻译家的文化使者角色，估量通过翻译介绍的新思想新文化对于一个国家整体发展的意义。

由此可见，从翻译文化史视角关注翻译，具体还是从翻译产品或翻译过程入手，考察翻译的社会文化功能，包括翻译活动对目标语语言、文学、社会、文化、思想，以及整体发展的影响。这与学界之前所关注的翻译文化问题已经有了很大的差异，即超越了语言的文化问题。

3.2 超语言的翻译文化问题

如前所述，文化问题是一个宽泛的范畴。翻译与文化密不可分，在很大程度上可以说（目标语）文化决定翻译，翻译反过来又会促进（目标语）文化的发展，二者相互依赖，相辅相成。在翻译研究中，对文化问题的关注除了与翻译行为或翻译过程本身相关的语言内和语言外因素外，还包括翻译过程或翻译行为完成后翻译产品在目标语文化中所发挥的作用。这便是本节所讨论的超语言的翻译文化问题。

超语言的翻译文化问题更多关注译作在目标语文化中的传播与接受，现有的讨论包括译本销售、在图书馆的收录与借阅、主流媒体对译作的评价、评论家的翻译批评、读者批评或在线反馈、译作的多模态传播等，采用的方法包括文献计量、统计分析、文本数据挖掘、数字人文分析等。

例如，麦家的小说《解密》经汉学家译者米欧敏和庞夔夫译成英文，题名为 *Decoded*，一经出版即广受英语国家读者的欢迎。美国《纽约客》（*The New Yorker*）杂志对小说的评论是"Mai plays adroitly with literary genre and crafts a story of Borgesian subtlety and complexity"（麦家巧妙地运用了文学体裁，创作了一个博尔赫斯式微妙而复杂的故事）。英国《金融时报》（*Financial Times*）对小说的评价是"Entirely original... A mix of spy thriller, historical saga, and mathematical puzzle that somehow coheres into a powerful whole"（完全原创……以某种方式将间谍惊悚故事、历史传奇和数学谜题相结合，凝聚成一个极具影响力的整体）。在亚马逊网站，有众多英语读者的阅读反馈，从不同读者的反馈中，我们除了可以看到读者们对麦家及其作品的评价，还可以看到译作在目标语读者群体中的影响。例如：

> *Decoded* is an excellent spy and espionage novel, but more in the George Smiley mode than James Bond. There's no gun battles in crowded foreign ports, but a lot of grinding out the method of the cypher. The author doesn't give a lot of examples of secret codes, for which I am grateful, as they tend to slow down the narrative. *Decoded* makes me want to find more books by this writer, which

is one of the highest compliments I can pay. (《解密》是一部优秀的间谍小说，但更像是乔治•斯迈利而不是詹姆斯•邦德类型的间谍小说。故事中没有发生在拥挤的外国港口的枪战，而是包含大量创制密码的方法。作者没有给出过多关于密码的例子，对此我深表感激，因为它们往往会减慢叙事进度。《解密》让我想找到更多这位作家的书来读，这是我能给予这位作家的最高赞美之一。)

Mai Jia is a Chinese Borges. Using documents presented as factual he constructs a fiction that is the truth of a culture. For Borges, it was European culture and its influence in South America that was a primary topic. In Mai's case the culture is that of China: driven, obsessive, clever, and secretive. The relationship between Europe and China is more complex than what Borges had to deal with, and Mai has come up with a brilliant metaphor in cryptography to investigate that complexity. Some of the most interesting parts of *Decoded* are about what is presumed to need no explanation: the significance of family-relations, the necessity to sacrifice oneself for the national good, an acceptance of the fateful chance involved in life, the spiritualisation of chance as divinely sourced luck, and the reluctance to challenge authority as unjust, balanced by a profound sense of fairness. This is the sort of existential backdrop of things that just "are" in China. These "gaps" make the metaphor both more pointed and more compelling. (麦家是中国的博尔赫斯。他利用作为事实呈现的文件构建了一个虚构的文化真相。对博尔赫斯来说，欧洲文化及其对南美洲的影响是一个主要话题。在麦家的作品中，文化是中国文化：充满动力、执着、聪明和神秘。欧洲和中国之间的关系要比博尔赫斯作品中要处理的关系更为复杂，而麦家在密码学中提出了一个绝妙的隐喻来研究这种复杂性。《解密》中一些最有趣的部分，是关于那些通常人们认为不需要解释的事情：家庭关系的重要性、为了国家利益而牺牲自己的必要性、接受生命中命运攸关的机会、将机会精神化为神圣的运气，以及不愿挑战不公正权威的处事方式与深刻的公平意识所达成的平衡。这就是"存在"于中国的事物所处的存在主义背景。这些"差距"使这个隐喻更加突出，也更加引人注目。)

英国《卫报》(*The Guardian*)对麦家及其《解密》也有关注，称作者麦家为在英国作品最畅销的小说家之一。

As his publishers put it, deftly combining mangled prose with a patronising attitude to their readers, "Mai Jia may be the most popular writer in the world you've never heard of." To decode the battered meaning of that sentence, it is useful to know that Mai Jia's novels sell well in China and have inspired both television and film adaptations, and that *Decoded* is the first of his works to be translated into English. Credit is due to the translator, Olivia Milburn, whose elegant prose serves the author and the reader well. (正如其出版商所言，巧妙地将残破的散文与对读者居高临下的态度相结合，"麦家可能是世界上你鲜有所闻最受欢迎的作家。"要解读这句话的含义，有必要了解一下麦家小说在中国的畅销程度，

他的作品被改编并拍摄成电视和电影,而《解密》是他第一部被翻译成英文的作品。这要归功于译者米欧敏,她以优雅的散文为作者和读者提供了良好的译作。)

以上这些并非翻译,但却与翻译相关的文本,我们可以称之为准翻译文本,即与翻译事件相关的文本,包括副文本(paratext)、超文本(extratext)或元文本(metatext)等。此类文本包括译者前言、后记、注释、翻译批评、译者访谈、读者反馈与评论等多样化的翻译话语。此类文本可以为我们提供关于翻译文本及翻译事件的相关信息,这些信息对翻译文本的接受会产生一定影响,不仅有利于理解原作者意图、文本意义,也有助于从中发掘与翻译事件相关的语言文化、社会历史、认知过程等方面的信息,作为解释翻译现象的理据来源(Batchelor, 2018)[31-39]。这些文本体现了目标语文化对特定翻译作品的认知程度,也是了解和探究翻译作品在目标语文化中传播与接受的一条有效途径。对上述准翻译文本的考察,打破了仅仅关注翻译文本本身的思维定式,拓展了翻译研究的范围及课题,也将语料库翻译学与语言学、批评话语分析、社会学、传播学、认知心理等领域的研究方法结合了起来。

4 小结

根据以上内容可以发现,翻译不仅仅是简单的语言转换,更是一种文化的传递和交流方式。在翻译过程中,文化因素起着至关重要的作用,它们影响着翻译的准确性和有效性。从语言的符号和意义到背后的文化内涵,翻译者需要细致入微地理解和处理文化差异,以确保信息的准确传达。同时,文化问题在翻译中是一个必须认真对待的挑战,因为不同文化背景下的观念、习俗等可能会在翻译过程中引发理解上的偏差。翻译者应该具备跨文化沟通能力,了解不同文化之间的差异,尊重和审视目标文化的独特性。只有这样,翻译才能真正实现其"桥梁"的作用,促进世界各地人民之间的交流与理解。通过研究和关注翻译中的文化问题,我们能够更好地认识到文化差异对于翻译的影响,提高翻译质量,拓展跨文化交流的范围,促进文化之间的相互理解与尊重。在全球化的今天,文化意识和跨文化能力的培养变得愈发迫切。

调查、思考与讨论

1. "文化"是一个非常宽泛的范畴,请讨论并整理在不同领域对"文化"的界定。
2. 文化在翻译中扮演何种角色?如何理解翻译中所涉及的"文化问题"?
3. 归化与异化同直译与意译之间存在何种关系?
4. 归化与异化有无优劣之分?如何在翻译实践中对两种翻译策略加以应用?
5. 什么是翻译学中所讨论的"文化转向"?
6. 影响翻译活动的文本外因素有哪些?
7. 讨论翻译文化史的关注对象与研究方法。
8. 东西方文化的差异可以体现在哪些方面?
9. 如何探究特定翻译作品在目标语文化中所发挥的"社会—文化"作用?
10. 对于准翻译文本的研究意义何在?

翻译习作

请在小组分工调查、讨论基础上，借助翻译工具完成以下汉-英、英-汉翻译习作，总结翻译中遇到的问题并进行讨论。

(1) 汉译英

鸦片战争以后的中国历史，从某种意义上说，已是一部全球互动史。要想深入研究好这段历史，不可缺少全球性眼光。即便从史料利用的角度来说，也无法仅限于中文。关于近代中国人的民族主义情感、思想与运动的认知，亦是如此。假如你较多阅读近代国人面向西方世界所书写的各种著作，特别是英文著述，就会发现，这肯定是把握近代中国民族主义动力机制、情感来源和思想内涵无法替代的重要途径与绝佳视角，因为这些书写本身，正是当时国人表达民族主义诉求、传扬民族主义情感和思想不可或缺的直接载体，而它们所通向的，又是中国民族主义所针对的主要对象——西方列强及其背后的整个西方世界。

三十多年前，当我开始研究辜鸿铭和陈季同的时候，就强烈地感受到这一点。我同时也意识到这些以西文书写，为国家利益和民族尊严而呼号、抗议、争辩和诉说的文字的历史价值与文化意蕴所在。在那个时代，真正有能力掌握西文，又有热心和胆识面对西方世界进行此类书写的中国人，实在是太凤毛麟角、难能可贵了，他们无论如何都不该被中西关系史研究所忽略，更不该被中国近代史的研究者所遗忘！这就是我二十多年前在主编"西方视野的中国形象"译丛的同时，热心把辜鸿铭的《中国人的精神》和陈季同的《中国人自画像》这类西文著作，也一并翻译出版的原因之一。不过，随着相关知识的不断丰富，我越来越发现，仅仅是关注几个人、几本书，研究几个具体问题实在远远不够，这个领域所涉范围是如此的广阔，其历史文化内涵又是如此的丰厚，显然需要更多的学界同仁去进行整体性的考察和系统性的研究。于是在自己的课堂上，我便时常鼓励那些有兴趣、有条件的青年学子们，自觉投身到这一课题中来。

（黄兴涛，《面向西方的书写：近代中国人的英文著述与民族主义》）

(2) 英译汉

Translation then, is not just a process that happens in the translator's head. Readers decide to accept or reject translations. Different types of reader will require different types of translation. In Goethe's words: "if you want to influence the masses, a simple translation is always best. Critical translations vying with the original really are of use only for conversations the learned conduct among themselves." Goethe was probably thinking of the type of translation described in the previous paragraph when he used the phrase "critical translations," but that phrase might just as well be used for the type of translation of a work of literature that is not produced with the intention of representing its original as literature in the receiving culture. The literal, the interlinear, and other such types of translation of literature are obviously not aimed at influencing the masses, but rather at making the text of a foreign work of literature accessible to scholarly analysis without having it enter the body of literature in the receiving culture, even though all scholarly translations do, to some extent, reflect the poetics of the time in which they are written.

（André Lefevere, *Translation/History/Culture: A Sourcebook*）

推荐阅读

孔慧怡, 2021. 《亚洲翻译文化传统》. 马会娟, 顾泽清, 译. 北京：中国对外翻译出版公司.

王克非, 1997. 《翻译文化史论》. 上海：上海外语教育出版社.

Susan Bassnett, André Lefevere, 1990. *Translation, History and Culture*. London: Printer Publishers.

Rebekah Clements, 2015. *A Cultural History of Translation in Early Modern Japan*. Cambridge: Cambridge University Press.

André Lefevere, 1992. *Translation/History/Culture: A Sourcebook*. London: Routledge.

第 10 章 文本类型与翻译

> When playing the role of senders in communication, people have communicative purposes that they try to put into practice by means of texts. Communicative purposes are aimed at other people who are playing the role of receivers. Communication takes place through a medium and in situations that are limited in time and place. Each specific situation determines what and how people communicate, and it is changed by people communicating.
>
> (Nord, *Translating as a Purposeful Activity: Functionalist Approaches Explained*)

20 世纪 70 年代，翻译研究领域出现了功能主义(functionalism)的思想。这一学派根据语言的基本功能将文本划分为不同的类型，提出对于不同类型的文本，译者应当采用不同的翻译策略。并且，他们将翻译视为一种有目的的交际行为(communicative act)，交际行为的成败不再以原文作为唯一的衡量标准，而是看所生成的译文，能否在目标语文化中达到翻译活动发起人所预期的目的，并以此作为评价翻译质量的主要标准。简言之，并非忠实于原文或与原文对等的翻译才是成功的交际行为。

本章着眼于此种与翻译实践密切相关的"实用翻译理论"，简要介绍文本类型理论及其在翻译实践中的具体应用。

1 赖斯的文本类型理论

赖斯是德国功能学派的代表人物之一，其专著《翻译批评：潜力与制约》(*Möglichkeiten und Grenzen der Übersetzungskritik*) 和《文本类型与翻译方法》(*Texttyp und Übersetzungsmethode*)均为翻译学经典理论著作。本节主要介绍赖斯在《文本类型、翻译类型和翻译评估》一文中提出的系列观点。

赖斯将翻译视为一种交际行为。她结合心理学家布勒对语言功能的划分，即信息功能(darstellung)、表达功能(ausdruck)和呼唤功能(appell)，归纳出事实传达、创造性写作和行为诱导三种交际场景，并提出与各场景对应的文本类型：信息型文本(informative text)、表达型文本(expressive text)和感染型文本(operative text)。信息型文本的格式通常是标准的，如教科书、专业报告、报纸或期刊上的文章、科学论文、论文、会议记录或会议议程(Newmark,1988)。表达型文本类型包括严肃类想象文学,如抒情诗、短篇小说、小说、戏剧等;权威性声明,如政治演讲、政治文件、法律法规和文件、由权威人士撰写的科学、哲学等"学术"作品;自传、散文、个人信件等。感染型文本包括通知、指南、推广、宣传、劝说性写作(请求、案例、论文),以及部分以娱乐读者为目的通俗小说。上述三种文本类型及其代表性文本如图10-1所示。

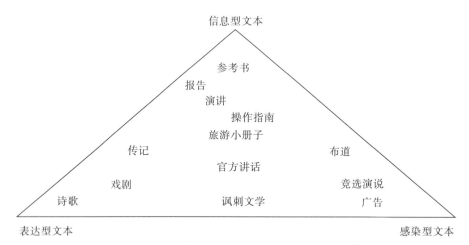

图10-1 赖斯的文本类型(Chesterman,1989)[105]

由图10-1可见,参考书、诗歌和广告分别属于典型的信息型文本、表达型文本和感染型文本。在此基础上,赖斯指出,译文质量的好坏在于其是否实现了各类源语文本的交际功能。具体来说,对于在源语交际语境中发挥信息传递、事实呈现和知识阐释等功能的信息型文本,译者应尽量保留源语信息;在翻译表达型文本时,需要将源语文本的文本形式纳入考量;若源语文本是旨在激发读者相关行为的感染型文本,目的语文本也应当能引起目的语读者的相应反馈。实际情况中,很少有纯粹表情型、信息型或感染型的文本,因为大多数文本会包含这三种功能,并突出呈现其中之一。

除上述三种基本文本类型外,赖斯还提出了视听媒体型文本(audio-medial text)这一特殊类别。她认为,在交际行为中,书面文本常与以音乐和图片等"语言"写成的"文本"共同出现,如歌曲、连环漫画及广告等。在翻译时,需考虑这类文本内部不同要素间的相互作用。以歌曲翻译为例,由于歌曲的节奏和韵律保持不变,译者应据此调整文本语言。赖斯进一步指出,与歌曲翻译类似,并非所有翻译后的书面文本都用于阅读,部分译文服务于戏剧表演、演说、广播和电视节目等口头交际行为,因此应当根据口语及口头交际的特性,确立视听媒体型文本的翻译原则。

2 文本类型理论在翻译中的应用

赖斯的文本类型理论与翻译实践密切相关。下文将举例介绍其在信息型文本、表达型文本、感染型文本和视听媒体型文本的翻译中的具体应用。

2.1 信息型文本的翻译

产品说明书是对产品各方面性能的简要概括,是最为典型的信息类文本。近年来,国产新能源汽车受到国外用户的青睐。图10-2是某品牌新能源汽车的部分中英对照的产品说明。

第10章 文本类型与翻译

家庭五座旗舰 SUV		Flagship 5-seat Family SUV	
旗舰级尺寸空间		**Flagship Cabin Space**	
车长	5050 毫米	Length	5050 mm
车宽	1995 毫米	Width	1995 mm
车高	1750 毫米	Height	1750 mm
轴距	3005 毫米	Wheelbase	3005 mm
全方位舒适,皇后级的体验		**Second-Row Queen Seat**	
软质脚托	电动调节	Soft footrest	Electric adjustment
靠背调节角度	25°–40°	Backrest Adjustment Range	25°–40°
最大腿部空间	1160 毫米	Max Leg Room	1160 mm
中央豪华扶手	66 厘米	Central luxury Armrest	66 cm
城市用电,长途发电,露营供电		**Extended Range Electric**	
CLTC 综合续航里程	1421 公里	CLTC Combined Range	1421km
CLTC 纯电续航	286 公里	CLTC Pure Electric Range	286 km
百公里加速	5.3 秒	0 to 100 km/h	5.3s
对外放电	3.5 千瓦	Power Source	3.5 kW
智能空间 SS Max		**Smart Space Li SS Max**	
空间交互系统	五屏三维	Spatial Interaction System	Five-Screen 3D
全景声音响布局	7.3.4	Panoramic Audio Layout	7.3.4
功放功率	1920 瓦	Amplifier Power	1920W
扬声器	x21	Speakers	x21
高通骁龙	8295P 高性能版	Qualcomm Snapdragon	8295P High Performance Edition
智能驾驶 AD Max		**Li Pilot Assistance AD Max**	
NVIDIA DRIVE Orin-X 芯片	x2	NVIDIA DRIVE Orin-X Chips	x2
算力	508TOPS	Computing Power	508TOPS
感知能力	视觉感知+激光雷达	Perception Ability	Visual Perception+LiDAR
智能驾驶	全场景智能驾驶(NOA)	Smart Driving	All-Scenario NOA

图 10-2 某品牌汽车产品说明(中英对照)

可以看到,译者将汉语中的"综合续航里程""空间交互系统""全景声"等分别翻译为英文中与其对应的专业术语"Combined Range""Spatial Interaction System""Panoramic Audio"等,忠实传达了产品的全部信息,保证了英语国家消费者对汽车参数的准确了解。

博物馆藏品简介旨在向大众普及关于藏品的知识,包括材质、制作工艺及用途等,因而这类文本也属于典型的信息型文本。以下是故宫博物院官方网站对藏品"金錾花如意"中英对照的介绍。

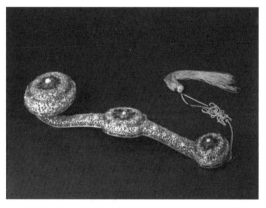

图 10-3 故宫博物院藏品"金錾花如意"图

原文

金錾花如意

(故 00011687)

金錾花如意,清中期,长 58 厘米,首宽 16.5 厘米。

器身上部弧凸,背部扁平,首、中、尾三部分外膨呈椭圆式,其形制仿照清中期宫廷流行的三镶如意的式样而制。通体錾刻镂雕缠枝花,花纹繁复,玲珑剔透。其内中空,首、中、尾三部分分别设随形椭圆盖,以合页与器身相连,可以放置香料,设计极为巧妙。

译文

Gold Ruyi Sceptor Engraved with Floral Designs

Category: Gold and Silver

Period: Qing Dynasty

This decorative object is a ritual implement known as a ruyi scepter (ruyi means "according to one's wishes" and is the actual name of the object in Chinese). When laid on its flat back, the long handle or body of the scepter creates a convex arc. The three main parts are known simply as the head, middle, and end (or tail); each of these parts features a prominent round or oval design that seems to expand from the core frame. The design of the three inlaid embellishments is modeled after the prevalent style of ruyi scepters seen throughout the Qing palace. Covered with an exquisitely carved pattern of interlocking flowers, the entire object is hollow. Each oval embellishment is also hollow inside and complete with an ornate, hinged lid; incense was placed in these cleverly designed compartments.

对比两种语言的简介,可以发现,英译文本删除了"中期""长 58 厘米,首宽 16.5 厘米""花纹繁复,玲珑剔透"和藏品馆藏编号等少数冗余信息,因为这些内容对于普通英文读者而言,并无实际意义。同时,为了更好地向读者介绍这一器物,译者还专门添加了关于"如意"用途的描述(a ritual implement)并以注释形式解释其名称的字面含义("according to one's wishes")。译者还将该器物的制造时期(Period: Qing Dynasty)单独列出,以符合英文读者的阅读习惯。

此外,作为研究成果的载体,学术论文和专著也具有较为突出的信息型文本的特征。《卢旺达转型:重建之路的挑战》是一部关于卢旺达种族灭绝后的重建进程的学术著作,下例分别截取自其英语原作和汉语译作中的绪论部分。

原文(Kimonyo, 2019)[1]

Twenty-five years after the publication of the first United Nations (UN) Human Development Report in 1990, Rwandans in 2015 were among the people in the world who had seen their living standards improve the most rapidly.[1] Rwanda is sometimes referred to as an "economic miracle."[2] Nonetheless, also beginning in 1990, Rwanda suffered a civil war and a particularly radical genocide. Approximately 10 percent of its population, including three-quarters of the Tutsi community, was exterminated, owing largely to broad participation of the Hutu population in the genocide.³

Notes：

1. United Nations Development Programme (UNDP), *2015 Human Development Report*: *Rethinking Work for Human Development* (New York：UNDP, 2015).

2. Katrina Manson, "Kagame Seeks Lasting Economic Miracle for Rwanda,"*Financial Times* (London), 24 April 2015.

3. Human Rights Watch estimated the number of Tutsis killed at 507,000, which, according to its data, was 77 percent of the Tutsi population that lived in Rwanda. Alison Des Forges, *Leave None to Tell the Story*：*Genocide in Rwanda* (New York/Paris：Human Rights Watch/International Federation of Human Rights, 1999), p. 15.

译文(基莫尼奥，2023)[1]

自1990年首个《联合国人类发展报告》发布以来，卢旺达始终位居全世界居民生活水平提高最快的国家之列①。卢旺达时有"经济奇迹"之称②。尽管如此，同样自1990年起，这个国家开始饱受内战和种族大屠杀的摧残。在这场由胡图族广泛参与的种族大屠杀中，近十分之一的卢旺达人口惨遭屠戮，其中，图西族四分之三的人口被灭绝③。

注释：

1. United Nations Development Programme (UNDP), *2015 Human Development Report*: *Rethinking Work for Human Development* (New York：UNDP, 2015).

2. Katrina Manson, "Kagame Seeks Lasting Economic Miracle for Rwanda,"*Financial Times* (London), 24 April 2015.

3. 据人权观察组织估计，被杀害的图西族人数达507,000人，占生活在卢旺达的图西族人口总数的77％。数据来源为 Alison Des Forges, *Leave None to Tell the Story*：*Genocide in Rwanda* (New York/Paris：Human Rights Watch/International Federation of Human Rights, 1999), p. 15.

可以看到，译者忠实翻译了原作正文中的全部内容。原作的重要特征之一在于注释，作者在注释中详尽列出了其写作过程中所引用的参考文献，体现出学术著作较为严谨的写作风格，同时对一些背景知识作补充阐述。译者保留了全部注释，并逐字翻译了其中涉及的作者的阐释部分，比如，将"Human Rights Watch estimated the number of Tutsis killed at 507,000, which, according to its data, was 77 percent of the Tutsi population that lived in Rwanda."一句翻译为"据人权观察组织估计，被杀害的图西族人数达507,000人，按照此数据，占生活在卢旺达图西族人口总数的77％。"

2.2　表达型文本的翻译

文学作品大多属于较为典型的表达型文本。意识流小说是其中最具特色的代表。爱尔兰作家詹姆斯·乔伊斯的小说《尤利西斯》(*Ulysses*)中存在大量"不完全、不规范的只言片语"(刘象愚，2021)[2]并穿插着各种俚语、双关语和文字游戏，这些都为该书的翻译带来较大挑战。译者刘象愚在《译"不可译"之天书》一书中以萧乾、文洁若译本和金隄译本两个全译本为参照，逐个分析了其在翻译该书过程中遇到的问题。下文为其中一例：

原文

—Immense, Martin Cunningham said pompously. His singing of that simple ballad, Martin, is the most trenchant rendering I ever heard in the whole course of my experience.

—Trenchant, Mr. Power said laughing. He's dead nuts on that. And the retrospective arrangement.

萧乾、文洁若译文

"了不起,"马丁·卡宁汉用夸张的口气说,"马丁啊,他把那支纯朴的民歌唱绝了,是我这辈子所听到的气势最为磅礴的演唱。"

"气势磅礴,"鲍尔先生笑着说,"他最喜欢用这个字眼,还爱说'回顾性的编排'。"

金隄译文

——妙极了,马丁·坎宁安神气活现地说。马丁哪,这一支简单的民歌,在他嘴里一唱,实在是到家了,尽我一生阅历,从来没有听到这么犀利的唱法。

——犀利的,帕尔先生哈哈笑着说。他谈音乐真是没得比。还有什么回顾性的编排。

刘象愚译文

——棒极了,马丁·卡宁汉夸大其词地说。一支纯朴的民歌,哦,马丁啊,叫他那么一唱,简直绝了。我这辈子还是头一回听这么锐利的演唱呢。

——锐利,鲍威尔先生冷笑着说。他就好用这种词儿。还好用回顾性编排。

原文是马丁向大家讲述派迪·伦纳德学汤姆·克尔南评价本·多拉德的演唱时的几句话。"trenchant"一词可用于修饰风格,具有"尖锐的""锐利的""边缘清晰"等多重含义。因此刘象愚认为,金隄的选词较为合适("犀利的"),而萧乾、文洁若译本中的"气势磅礴"则略嫌远了些。从形式上来看,原作中的画线部分在三个全译本中均有所体现。由以上分析可见,在表达型文本中,译者需要尽量产出与原作形式和内容相符的文本,即使是单个字词的选用,也体现着译者的审慎考量。

又如,武侠、职场、科幻、悬疑、谍战等类型的文学作品近年来受到海内外读者的欢迎。虽然这类作品属于文学作品,其中多数内容为表达型文本,但相较于对严肃文学作品的翻译,这类作品的处理方式更为灵活。下例是金庸武侠小说《射雕英雄传》中的片段及其英译文:

原文

就在这时,只听得堂上一个苍老的声音唱起曲来,曲调是到处流唱的《山坡羊》,听他唱道:"清风相待,白云相爱,梦不到紫罗袍共黄金带。一茅斋,野花开,管甚谁家兴废谁成败,陋巷箪瓢亦乐哉。朝,对青山!晚,对青山!"

黄蓉喝彩道:"好曲子!靖哥哥,《山坡羊》曲子我听得多了,少有这一首这么好的。不知是谁作的,我记下来唱给爹爹听。"默默记诵,手指轻弯,打着拍子。

张菁、白雪丽译文

A voice ravaged by age began to sing softly outside, interrupting Guo Jing.

"Welcomed by clean breeze,

Loved by white clouds,

Dream not of silk robes and gold belts.

One thatched hut,

Wild flowers bloom,

Care not who rises or falls, who thrives or fails,

Alone on a humble path, merry am I.

Dawn, to the verdant hills!

Dusk, to the verdant hills!"

"Wonderful," Lotus said weakly. "I've heard many songs set to this 'Goats on the Hill' tune, but never one so well-written. I wonder who came up with the lyrics—I'll learn it for Papa." Tapping out the rhythm, she hummed under her breath.

此例出自原作第二十九回"黑沼隐女"。在这一回中，黄蓉身负重伤，受到瑛姑的指点后，郭靖与黄蓉启程寻找段皇爷疗伤，在路上碰到了一位唱曲的老者。这首曲子改编自元朝宋方壶的《山坡羊·道情》，金庸将最后一句"贫，气不改；达，志不改。"改为"朝，对青山！晚，对青山！"。该曲属于典型的表达型文本，译者张菁和白雪丽在翻译过程中，保留了曲子中的全部内容，并通过对"breeze""clouds""belts""fails""hills"等词语的使用，尽量复现了原作中的韵律。其余部分中，译者则删除了对英文读者而言无实际意义（"曲调是到处流唱的《山坡羊》"）、冗余（"听他唱道"）和可根据语境推测出（作为黄蓉交谈对象的"靖哥哥"和打拍子时"手指轻弯"这一动作）的内容，添加了与老者年龄和黄蓉身体状况相符的"softly"和"weakly"等副词修饰语。

再如，科幻作品《三体》经由华裔作家刘宇昆英译后，得到了欧美读者的普遍认可，原作作者刘慈欣于2015年获雨果奖"最佳长篇小说"奖。下例所述是该小说中科学家汪淼收到地球三体组织通过游戏字幕发出的线下聚会邀请。

原文

……汪淼与他们一起默默地遥望着，直到一千颗星星的方阵缩成一颗星，直到这颗星消失在西方的夜空中。字幕出现：

三体文明对新世界的远征开始了，舰队正在航程中……

《三体》游戏结束了，当您回到现实时，如果忠于自己曾做出的承诺，请按随后发给您的电子邮件中的地址，参加地球三体组织的聚会。

刘宇昆译文

... Wang stood with them, silently gazing, until the phalanx of a thousand stars shrank into a single star, and until that star disappeared in the western night sky. Then the following text appeared:

The Trisolaran Expedition to the new world has begun. The fleet is still in flight...

Three Body is over. When you have returned to the real world, if you remain true to the promise you've made, please attend the meet-up of the Earth-Trisolaris Organization. The address will be in the follow-up e-mail you receive.

对比原文和译文，我们可以发现，二者在内容上几乎完全一致。形式上，译者仿照原作，使用两种不同的字体区分了正文和游戏字幕。这一方面体现出译者将原作视为表达型文本，力图向英语读者传递原作中的全部信息。另一方面，该例与赖斯提出的复合类别（compound types）相符，即在这类文本中，两种或两种以上交际功能同时或交替出现。虽然《三体》是具有表达功能的文学作品，但作者虚构的游戏字幕具有信息型文本的说明性特征，因此译者保留了字幕中的所有内容及形式。

2.3 感染型文本的翻译

感染型文本旨在"呼吁"读者采取行动，以文本所期望的方式做出"反应"。广告文本是最典型的感染型文本。以下是苹果公司和华为公司产品的双语广告词。

苹果公司产品英汉双语广告词

Easy	用着简单
Powerful	性能彪悍
Amazing	事事漂亮
Mac does that.	有 Mac 都好办

华为公司产品汉英双语广告词

领势设计，心动不已	Your Glamorous Mate
领势性能，解锁新能力	A New Era of Mobile Photography
领势影像，开启未来视界	Performs Like a Pro
领势体验，高效应万变	Personal, Productive, and Private

对比两家公司的双语广告，我们可以看出，苹果公司使用了三个单独成行的单词展示其产品特色，并借助代词"that"对前文加以概括，整体风格较为简洁，符合英文读者对广告文本的期待。在汉译过程中，译者考虑到中国消费者的接受习惯，将原文中的三个单词均拓展为工整对仗的四字词语，同时，将单词"that"译为具有汉语口语特色的"都好办"，拉近了与中文消费者间的距离。

作为中国本土企业，华为公司深谙大众的消费心理，广告语每行的前半句为"领势"二字开头的四字词语，后半句则是对前半句各项内容的具体解释。英文版与汉语版有较大差异。第一句中的形容词"Glamorous"与原文对应，强调产品的精致外观，代词"your"、第四句中的"Personal"和"Private"等词语均突出了产品的私人属性。第一句中的"Mate"和第三句中的"Pro"两个单词，既是产品名称的一部分，又分别有"伙伴"和"专家"的意思，给消费者留下亲切、可靠的印象。第二句与原文第三句对应，突出手机的影像性能。第三、四两句中的实词均以字母"P"开头，读起来朗朗上口，有利于该广告词的传播。整体来看，两家公司在广告制作和翻译过程中，均考虑到了不同消费群体的不同文化背景和消费心理，产出了颇具感染力的文本。

此外,电影片名尽管短小,但从语篇角度也可视为感染型文本。那些符合译入语观众期待的电影片名更能激发受众的好奇心,诱发其观影行为,从而促成影片在商业上的成功。以下是 2000 年至今,在我国公映的部分影片的英语及汉语片名。

2020 年至今

Oppenheimer(2023)	《奥本海默》
Spider-Man:Across the Spider-Verse(2023)	《蜘蛛侠:纵横宇宙》
Soul(2020)	《心灵奇旅》

2010 年至 2019 年

Coco(2017)	《寻梦环游记》
Zootopia(2016)	《疯狂动物城》
Interstellar(2014)	《星际穿越》
Life of Pi(2012)	《少年派的奇幻漂流》
Inception(2010)	《盗梦空间》

2000 年至 2009 年

Up(2009)	《飞屋环游记》
The Lord of the Rings:The Return of the King(2003)	《指环王3:王者无敌》
The Lord of the Rings:The Two Towers(2002)	《指环王2:双塔奇兵》
The Lord of the Rings:The Fellowship of the Ring(2001)	《指环王1:护戒使者》
Catch Me If You Can(2002)	《猫鼠游戏》

我们可以看到,英文电影片名大多呈现出较为简洁的特征,常以电影主角或影片中关键人物的名字作为电影名或电影名的一部分,例如 *Oppenheimer*、*Spider-Man*、*Coco* 和 *Life of Pi* 等。另外,可以体现电影主题的单个单词也得到了影片制作者的青睐,例如 *Soul*、*Zootopia*(由单词 zoo 和 utopia 构成)、*Interstellar*、*Inception* 和 *Up* 等。制片方还常将剧情主题加以简要概括,作为系列电影片名中的副标题,如 *Across the Spider-Verse*、*The Return of the King* 和 *The Fellowship of the Ring* 等。在汉译过程中,大部分译者参照现有中文电影片名,结合各影片的特色,将英文片名或其副标题翻译为《星际穿越》《盗梦空间》《猫鼠游戏》和《双塔奇兵》等四字结构。其中,*Catch Me If You Can* 的片名译者借鉴经典动画 *Tom and Jerry* 的汉译名《猫和老鼠》,将其翻译为《猫鼠游戏》,传达原片主题的同时,激发了观众的观影兴趣。部分译者还把"游记""奇旅""奇幻"等中文常见元素创造性地融入电影片名的翻译中。例如,根据剧情,*Up*、*Life of Pi* 和 *Soul* 分别被翻译为《飞屋环游记》《少年派的奇幻漂流》和《心灵奇旅》。

另外,旅游类文本较为特殊,通常既包含感染功能,也包含信息功能。例如,景区介绍类文本兼具向游客提供信息和吸引其前往参观的双重功能,因此这类文本既属于信息型文本,又具有感染型文本的特征。以下是上海迪士尼度假区官方网站的部分简介。

Welcome to a never-before-seen world of wonder where you can ignite the magical dream within your heart. This is Shanghai Disneyland, a fun experience filled with creativity, adventure and thrills for Guests of all ages!

Attractions：Soar like a bird over mythical realms, find yourself lost in Wonderland, take off into the world of TRON and relive stories from Disney animated classics.

Dining：Indulge in a royal banquet at Enchanted Storybook Castle, feast like a swashbuckling pirate in the land called Treasure Cove and much, much more.

欢迎来到一个前所未见的神奇世界，在此点亮您的心中奇梦。这就是上海迪士尼乐园，无论老幼，都可以在此感受充满创造力、冒险和刺激的乐趣！把目光投向奇幻童话城堡——世界上最大的迪士尼城堡，准备好开始探索这七大各具魅力而令人难忘的神奇园区：米奇大街、奇想花园、梦幻世界、探险岛、宝藏湾、明日世界和迪士尼·皮克斯玩具总动员主题园区。

游乐项目：您可以尽情探索古老文明，寻找神兽；加入海盗们来一场寻宝之旅；体验炫酷的"创极速光轮"，身临迪士尼经典电影场景！

美食体验：无论您想在奇幻童话城堡的"皇家宴会厅"中享受一番，还是像在宝藏湾有着传奇经历的海盗一样大快朵颐，这里都会满足您。多国菜系，多种菜式，多样服务，任君挑选！

我们可以看到，相较于简短的英文简介，中文简介中包含了对七大园区的总体介绍，便于游客获取更多信息。鉴于中外游客在文化背景方面的差异，景区提供了略微不同的"游乐项目"简介。英文版突出英语国家游客耳熟能详的"爱丽丝梦游仙境迷宫"，中文版强调中国游客更感兴趣的"神兽"和"海盗"等元素。在"美食体验"一栏中，中文版增加了一句颇具中文特色的广告语——"多国菜系，多种菜式，多样服务，任君挑选！"，使得中文读者倍感亲切，起到了吸引游客前来游览的目的。

2.4 视听媒体型文本的翻译

在流媒体时代，赖斯提出的视听媒体型文本的翻译在日常生活中扮演着越来越重要的作用。电影字幕的翻译即是其中一例。以下摘录了电影《心灵奇旅》中的部分英文台词及其汉语译文：

原文

Copernicus：The world doesn't revolve around you, 22.

Muhammad Ali：You are the greatest pain in the butt.

Marie Antoinette：Nobody can help you! Nobody!

译文

哥白尼：你要明白，地球不是围着你转的，22号。

拳王阿里：你是世界第一……欠揍的家伙。

断头王后玛丽：你就该上断头台！没人救你！

在该影片中，"22号"由于迟迟未能寻觅到自己的"火花"而滞留在"心灵学院"。哥白尼、阿里和玛丽等许多杰出人物都曾对其进行指导，但均以失败告终。上述几句台词是"22号"对各位心灵导师所说的话的转述。对比英文和中文台词，我们可以发现译文与原文有较大差异。在译文的第一行和第三行中，为配合英文原片中"哥白尼"和"玛丽"这两个角色说话时的口型，译文添加了符合其身份特征的"你要明白"和"你就该上断头台"等台词。与此类似，受到原片角色"22号"在介绍其余导师时口型的限制，同时考虑到动画电影的相当一部分受众是背景知识有限的儿童，在译文第二行和第三行中，译者分别在角色名前添加了"拳王"和"断头王后"两个修饰词。这与本章第一小节中赖斯关于视听媒体型文本的特征的看法相符，即在翻译这类文本时，需要将文本内部不同要素间的相互作用（如人物口型和画面效果等视觉要素及角色台词、旁白等听觉要素）纳入考量。

歌曲同样属于视听媒体型文本的一种。赖斯在介绍视听媒体型文本的翻译时即以歌曲为例。以下是中央广播电视总台2023年中秋晚会歌曲《光亮》的歌词片段及其英文字幕：

莫听穿林打叶声
一蓑烟雨任平生
畅音阁里终一叙
六百年一粟 沧海一梦
……
是奔跑中突然袭来的风雨
是黑暗中一根火柴燃烧的光明
也许你猜不透未知的宿命
像流星飞翔着它却不知目的
可是啊 我却 却愿意相信
最渺小最微弱最柔软最无畏的你
光亮你自己

The rain, it bothers me not
It is part of life, after all
On this stage of the Forbidden City
The centuries pass in a trice
...
Storms may come
A lit match may dispel the darkness
Destiny may be a mystery
Like a meteor that flies, not knowing why
But still I believe of you that
Though the smallest, weakest, softest, most fearless
You'll light up your life

作为系列纪录片《紫禁城》的主题曲之一，《光亮》融合了北宋文学家苏轼所作的《定风波·莫听穿林打叶声》与建筑"畅音阁"等故宫相关元素。从文本类型来看，该文本既属于视听媒体型文本，又具有表达型文本的特征，因此译者几乎还原了原作中的全部信息。值得注意的是，歌曲中的畅音阁是清朝时期紫禁城内的戏楼，译者并未直接音译这一建筑名，而是对其功能（this stage of the Forbidden City）进行了解释，以保证英文观众可以获取更为有效的信息。同时，译者分别将"trice""darkness""fearless"等以相同音素结尾的词语置于部分句子的句尾，以在一定程度上形成韵律。

企业视频简介旨在以视听媒体形式加深受众对该企业的了解，并促成其后续消费行为。以下是华为公司双语视频简介中的部分内容。

华为公司双语视频简介

诞生于 1987 年

从一个初创企业

成长为全球领先的信息与通信技术提供商

华为的业务遍及 170 多个国家和地区

服务 30 多亿人口

我们致力于构建万物互联的智能世界

20.7 万员工

来自 160 多个国家

我们相信科技让生活更美好

Founded in 1987

From an independent start-up

To one of the world's top information and telecom technology providers

Huawei connects and serves more than 3 billion people

across 170 countries and regions

Working with top minds

207,000 employees

Over 160 nationalities

we are building a fully connected and intelligent world

一般情况下，公司简介既属于信息型文本，又属于感染型文本。但赖斯认为，一旦某一文本具有视听媒体型文本的特征，对该文本进行翻译时，就应当首先考虑其中的视听要素。在以上示例中，我们可以看到，英文版视频的译者不仅翻译了与旁白对应的全部汉语字幕，还对"诞生于 1987 年""20.7 万员工"和"来自 160 多个国家"等过渡性字幕进行了翻译。此外，在翻译"我们致力于构建万物互联的智能世界"一句时，在主句前添加了"Working with top minds"这一伴随状语，以强调华为公司在人才储备方面的优势，激发消费者对该公司产品的兴趣。

3　小结

语言的功能、文本类型，以及翻译策略之间，存在着密切的关系，通过认识不同语言功能与文本类型之间的对应关系，译者可以选择适当的翻译策略，确保信息的翻译及交际质量。不同类型的文本涉及不同的语言风格、结构和表达方式。熟悉文本类型的特点有助于译者更好地选择合适的翻译策略，以保持原文的风格和特征。在翻译过程中，首先要理解原作的文本类型，针对不同的情况，译者应灵活运用各种翻译技巧，以确保译文有效传达原文的意图和风格。总的来说，语言的功能、文本类型和翻译策略之间密不可分，需要译者在翻译实践中综合考量。

调查、思考与讨论

1. 请搜集一些信息型、表达型、感染型和视听媒体型文本的典型案例。
2. 请搜集并翻译当地博物馆部分藏品的中文简介，与博物馆的官方译文进行对比。
3. 请选取部分景点官方网页中的中英双语内容，对比其特征并进行总结。
4. 请尝试翻译三首唐朝诗人李白的诗歌，列出对诗歌中意象和韵律等内容的处理方式。
5. 请将一首自己喜欢的歌曲翻译为英文，总结翻译过程中遇到的问题。
6. 请尝试对比几则化妆品广告中英文内容，分别归纳其中提到的产品特色，从文化、心理、民族等视角进行解读。
7. 请尝试整理十种常见的中国本土餐饮品牌的广告，将其翻译为英文。
8. 请尝试搜集不同时间段内的三十部英语电影片名，总结不同时代我国翻译电影片名的规律性特征。
9. 请尝试为一部自己喜欢的汉语短视频配英文字幕。
10. 请尝试选取一部自己喜欢的英语电影，截取其中时长为三分钟的片段，以小组形式将电影字幕翻译为汉语并配音。

翻译习作

请在小组分工调查、讨论基础上，借助翻译工具完成以下汉-英、英-汉翻译习作，总结翻译中遇到的问题并进行讨论。

(1) 汉译英

　　在那座北方省的省会城市，我们就叫它A城吧，20世纪50年代初向居民颁发了正式而统一的城市户口本以后，它出现了，不，确切地说是产生了一个新的行政管区——共乐区。

　　是的，是产生而非出现，因为它早在成为一个区之前便已存在着了。

　　20世纪二三十年代，一批又一批从苏联举家逃亡过来的人，先后在那处距市中心十几里远的地方建起了一幢幢异国家园。

　　他们大抵是"十月革命"的敌人，起码是不被革命信任、划入了另册的人。至于他们到底对革命有过什么危害，或可能有什么危害，则不是任何一个A城人说得清楚的。估计当年他们之间也讳莫如深。

　　他们却肯定不是富人。若是，他们的家就该在市中心了——A城当年最有特色也最漂亮的一处市中心，便是与他们同命运的逃亡者们建的，由十几条沿江街组成的那处市中心区，至今仍是A城的特色名片。同样是逃亡者，彼们住的却是独栋的或连体的俄式楼宅，美观得如同老俄国时期的贵族府邸。十几条街的道路皆由马蹄般大小的坚硬的岩石钉铺成。那叫"马蹄石"，实际上是由一尺长的条石一凿凿敲凿成钉状，再一排排按照图案砸入地里，那样的街道几乎没有凹陷一说。当年，高轮骏马之车载着俄国逃亡富人中的男男女女经过街道时，马蹄踏石发出的脆响声伴着悦耳的马铃声由远而近由近而远，宛如出行进行曲。他们还建了商店、饭店、旅馆、书店、电影院、医院、教堂。他们虽身为逃亡者，当年在 A 城过的还是一如既往的贵族生活，说明他们从本国带出的钱财是多么雄厚。

（梁晓声，《人世间》）

(2) 英译汉

A TOOTHPASTE FOR EVERY SMILE

The first ever toothpaste to be recognized by the ADA to be proven effective against cavities, now with specialized formulas to help personalize your oral care.

Teeth Whitening

Remove surface stains and maintain a bright smile.

Gum Health

Neutralize plaque and reverse early gum damage.

Sensitivity Relief

Treat sensitivity at the source for relief within days.

Cavity Protection

Fight cavities on teeth and exposed roots.

Enamel Protection

Repair weakened enamel for a stronger smile.

Braces Care

Whole-mouth protection from plaque bacteria.

Kids

Build strong habits with their favorite characters and fun flavors.

NOT SURE WHICH PRODUCT TO CHOOSE?

Tell us about your smile goals and we'll hand-select the perfect mix of Crest products to best fit your needs!

（佳洁士牙膏的广告词）

推荐阅读

诺德，2005.《译有所为：功能翻译理论阐释》. 张美芳，译. 北京：外语教学与研究出版社.
贾文波，2004.《应用翻译功能论》. 北京：中国对外翻译出版公司.
李长栓，2004.《非文学翻译理论与实践》. 北京：中国对外翻译出版公司.
李克兴，2010.《广告翻译理论与实践》. 北京：北京大学出版社.
张美芳，2015.《功能途径论翻译：以英汉翻译为例》. 北京：外文出版社.

第 11 章　翻译中的动态对等

> 翻译是一种信息传递的方式。把一个原来用甲语言表达的信息改用乙语言表达，使不懂甲语言的人也获得同样的信息，这就是翻译。因此，翻译对接受者（听众或读者）的效果，应该与原文对原文接受者的效果基本相同，这是由翻译的根本性质所决定的要求。
>
> （金隄，《等效翻译探索》）

动态对等（dynamic equivalence）理论是语言学派翻译理论的主要代表之一。这一理论强调将目标语读者对译文的感受作为评价译文质量的标准，从而突破了以往翻译讨论中仅仅关注传递原文信息的传统，强调译者在翻译过程中要尊重目标语言的文化和语境。动态对等的翻译思想认为，翻译并不是简单的语言转换，而是在传达原文意思的同时，还要考虑目标语言读者的理解和接受程度。

动态对等理论不仅对翻译研究具有重要指导意义，同时在翻译实践中也具有广泛的应用价值。本章将首先介绍奈达的动态对等理论，并通过具体例证分析其在不同翻译领域中的实际应用。

1　奈达的动态对等理论

尤金·奈达是美国语言学家和翻译理论家，主要从事圣经的翻译和研究工作。基于对圣经翻译的实践经验，奈达撰写了一系列重要专著，如《翻译科学探索》（*Toward a Science of Translating*）、《翻译理论与实践》（*The Theory and Practice of Translation*）等。

奈达认为，通常情况下，有三种因素会导致译文与原文的差异：①原文信息的性质；②作者和（作为作者代理人的）译者的目的；③受众类型。其中，原文信息的性质主要体现在内容和形式的优先等级上，即在某类信息的翻译中，其内容和形式二者哪一个才是译者需要考虑的首要因素。译者的特定目的也是决定翻译类型的重要因素。我们通常假设译者的目的与原作者的目的相似或至少兼容，但事实并非总是如此。因此，我们需要对译者的主要目的进行考察。除了原文信息的性质和译者的不同目的外，还必须考虑潜在受众（如儿童、刚开始识字的人、具有平均文化水平的成年人、专家等）在阅读能力和潜在兴趣等方面的差异。

在此基础上，奈达指出，译文不可能与原文完全对等，译者需要在翻译过程中寻找与原文最接近的对等表达（the closest possible equivalent）。从根本上来说，有两种不同类型的对等：形式对等（formal correspondence）和动态对等（dynamic equivalence）。形式对等的重点在于信息（message）本身。也就是说，信息的形式和内容都应得到重视。在这种情况下，译者需要不断将目标语文化中的信息与源语文化中的信息进行比较。

奈达认为，最完整地体现这种形式对等的翻译类型可以被称为"释词翻译"（gloss translation）。在这种翻译中，译者会尽可能字面地、有意义地再现原文的内容和形式。比如，要将中世纪的某些法文文本翻译成英文，供研究早期法国文学的学生使用。根据这些学生的需求，译文在形式（例如语法和习语）和内容（例如主题和概念）方面均应与原文接近。读者需要依赖大量注释，才可以完全理解原文。读者还需要尽可能让自己"成为"源语文化中的一员，试图理解源语文化中的习俗、思维方式和表达方式。

与此相反，当译者基于"等效原则"（the principle of equivalent effect）进行翻译时，其所产出的就是动态对等、而非形式对等（formal correspondence）的译文。在这样的翻译中，译者更关注动态关系。具体来说，就是目标语读者和目标语信息之间的关系，应该尽可能与源语读者和源语信息之间的关系相似。动态对等的翻译旨在产出完全自然的表达，并试图将目标语读者与其自身文化背景下的相关行为模式联系起来。目标语读者在处理信息时，无须了解源语语境中的文化模式。当然，在翻译的两个极端（即严格形式对等和完全动态对等）之间存在许多中间等级，代表了翻译的各种可接受的标准（Nida，1964）。奈达（Nida et al.，1969）[12]将上述思想总结如下：

> Translating consists in reproducing in the receptor language the closest natural equivalent of the source language message, first in terms of meaning and secondly in terms of style.

这句话的意思是，"翻译是指在接受语中，用最贴近、最自然的对等语，再现源语的信息的行为过程，首先是意义层面，其次是文体层面。"奈达进一步解释了这句话中的部分关键词。比如，翻译的主要目标在于再现原作信息（reproducing message）而非形式；译者需要追求对等、而非与原文完全一致的翻译（equivalence rather than identity）；译文应当自然、没有翻译腔（a natural equivalent）；译者需要为原文寻找最接近的对等（the closest equivalent）；意义优先于形式（the priority of meaning）；尽管风格相对于内容来说是次要的，但译者也需尊重原作的风格（the significance of style）。也就是说，译者在翻译过程中始终面临着一系列选择。在这些选择面前，译者需要选择内容而非形式，选择意义而非风格，选择对等而非同一，选择最接近的对等而非任何对等，选择自然的对等而不是形式上的对应。

2 奈达动态对等理论在翻译中的应用

本小节将分别介绍奈达动态对等理论在文学翻译和应用翻译中的应用。在文学翻译中，我们选取相关例证，考察译者对习语、核心概念和原作人名等文学作品中常见元素的动态处理，应用翻译部分则主要以广告翻译和影视翻译来展示动态对等策略在翻译实践中的应用。

2.1 文学翻译中的动态对等

（1）习语翻译

《红楼梦》是一部有关我国古代社会生活的百科全书式文学作品，其中包含了大量典故、诗词、习语等。在向西方读者介绍这部文化经典的过程中,译者需要特别关注原文中具有中国文化内涵的习语。以下内容节选自原作第四十六回。

原文

贾赦怒起来,因说道:"我这话告诉你,叫你女人向他说去,就说我的话:'自古嫦娥爱少年',他必定嫌我老了,大约他恋着少爷们,多半是看上了宝玉,只怕也有贾琏。果有此心,叫他早早歇了心,我要他不来,此后谁还敢收?"

译文一

Chia Sheh flew into a rage. "Tell your wife to tell her this from me," he fumed. "Tell her these are my own words. 'From of old, young nymphs have preferred youth to age.' She must think me too old for her. I dare say she has set her heart on one of the young masters, most likely Pao-yu or possibly my son. If that's her scheme, tell her to forget it. For if she refuses me, who else will dare take her later?"

(杨宪益、戴乃迭 译)

译文二

Jia she was greatly incensed.

"Now look here," he said, "you go back and get your wife to tell her this: Sir She says: *The moon ever loved a young man.*"

He knows all about that saying. No doubt she thinks him too old for her and has set her heart on one of the younger ones—Bao-yu, probably, or my son Lian. Tell her, if she has, the sooner she abandons hope in that direction the better, because if I can't have her, she may be very sure that no one else in this family will dare to.

(霍克思 译)

译文三

"Tell your wife to tell her that I know what she is thinking," Chia Shieh said sententiously. "Since the beginning of time, maidens have preferred youth to age. She must think that I am too old for her. She has her heart set on the next generation, I should think. Pao-Yu, for instance, or even Lien-erh. If that is what she is thinking, tell her to give it up, for who would dare to take her after they know that I wanted her. This is the first thing she must know."

(王际真 译)

原作中的"自古嫦娥爱少年"一句指的是"英俊少年更能得到美丽女子的青睐,比喻少女爱青年男子,也作'月里嫦娥爱少年'"(桂廷芳,2003)[675]。对比三个译本,可以发现:杨宪益、戴乃迭夫妇将原作中的"嫦娥"翻译为英语单词"nymph"(仙女)。根据剑桥英语在线词典的释义,"nymph"是指"古希腊罗马神话中居住在森林、山川之间的仙女"。虽然该词与中国神话中居住在"月宫"中的仙女嫦娥的形象并不完全一致,但英语读者阅读译文后,应该可以得到与原文读者阅读原文时类似的印象。英国汉学家霍克思在翻译过程中删除了"嫦娥"这一意象,但保留了与嫦娥住所相关的"月亮"一词。与上述两个译本不同。翻译家王际真则直接译出了"自古嫦娥爱少年"一句的内容，而舍弃了其形式。从译文接受者的角度看，上例中三种译文都未直接复现原作中的"嫦娥"这一意象，这样做是为了避免给译文接受者带来理解上的困难。值得一提的是，三个译本在一定程度上都传达了原作中的信息，属于动态对等的译文。

又如，鲁迅的《阿Q正传》中，阿Q与王胡之间的冲突与对话：

原文

"癞皮狗，你骂谁？"王胡轻蔑地抬起眼来说。

阿Q近来虽然比较地受人尊敬，自己也更高傲些，但和那些打惯的闲人们见面还胆怯，独有这回却非常武勇了。这样满脸胡子的东西，也敢出言无状么？

"谁认便骂谁！"他站起来，两手叉在腰间说。

译文一

"Mangy dog, who are you calling names?" Whiskers Wang looked up contemptuously.

Although the relative respect accorded him in recent years had increased Ah-Q's pride, he was still rather timid when confronted by those loafers accustomed to fighting. But today he was feeling exceptionally pugnacious. How dare a hairy-cheeked creature like this insult him? "If the cap fits wear it," he retorted, standing up and putting his hands on his hips.

（杨宪益、戴乃迭 译）

译文二

"Who are you cursin' out, you mangy dog?" Bearded Wang raised his eyes and gave Ah Q a contemptuous glance.

Although people had treated Ah Q a bit more respectfully of late, making him more full of himself than ever, still he was always cautious in the presence of the Wei Village idlers, all of whom would just as soon fight as have breakfast. In fact this was the first time he had dared to put on such a martial display before one of them.

Did this hairy-faced beast actually have the gall to use intemperate language within Ah Q's hearing?

"If the shoe fits!" Ah Q got up and put his hands on his waist.

（威廉·莱尔 译）

当王胡质问阿Q在骂谁时，阿Q心有忌惮地回应了一句"谁认便骂谁！"，这里，阿Q看似很强硬，但实际内心很胆怯。两种译文均未从正面将这一口语化的表达直接翻译为"I'm cursing anyone who admits it!"之类，而是采用了英语中的常见的习语"If the cap/shoe fits (wear it)"，字面意思为"如果帽子(鞋子)合适就戴(穿)上"。以英语习语替换原文中的口语表达，尽管改变了原文的内容与形式，但在读者的感受方面达到了与原文相似的效果，实现了译文与原文在功能上的动态对等。

(2) 人名翻译

2018年，《射雕英雄传》英译本第一卷 *A Hero Born* 由英国麦克莱霍斯出版社出版，出版当月即被重印六次。随后，该系列译本以每年一卷的形式连续出版。截至2021年，共计出版四卷，译作在欧美取得了较好反响。

译者对原作人名的处理受到了国内外读者的关注。黄药师六位弟子——曲灵风、陈玄风、梅超风、陆乘风、武罡风和冯默风——的名字分别被翻译为Tempest Qu、Hurricane Chen、Cyclone Mei、Zephyr Lu、Galeforce Wu和Doldrum Feng。这样的翻译方式将姓名中的"风"一词翻译为了英文中与风有关的形容词或名词，只是在语义上有些微差别。根据剑桥英语在线词典的释义，"Tempest"意为"a violent storm"（大风暴），"Hurricane"意为"a violent wind that has a circular movement, especially in the West Atlantic Ocean"（尤指在大西洋上空的飓风），"Cyclone"意为"a violent tropical storm or wind in which the air moves very fast in a circular direction"（旋风），"Zephyr"意为"a light wind"（微风、和风），"Galeforce"意为"(of winds) very strong"（强风），而"Doldrum"则意为"an area of sea where ships are unable to move because there is no wind"（赤道无风带）。译者在一定程度上在目标语中体现了原作人名的字面含义。同时，译者还结合"罡"和"默"两个汉字的含义，将"武罡风"和"冯默风"分别翻译为"Galeforce Wu"和"Doldrum Feng"，这样的翻译塑造出了与原作中类似的人物形象，体现了动态对等的翻译策略。

(3) 核心概念翻译

武侠小说中，"侠义"是一个经典主题。能够将这一核心精神很好地译介到英语中，是中国武侠小说走向世界，成为世界文学一部分的必要条件。以下是《射雕英雄传》的译者对"仁侠"一词的翻译：

原文

这时朱聪已揭开信封，抽出信笺，朗声读了出来："全真教下弟子丘处机沐手稽首，谨拜上江南六侠柯公、朱公、韩公、南公、全公、韩女侠尊前：江南一别，忽忽十有六载。七侠千金一诺，间关万里，云天高义，海内同钦，识与不识，皆相顾击掌而言曰：不意古人仁侠之风，复见之于今日也。"

译文

Zhu Cong opened the letter and began reading out loud：

"Qiu Chuji, disciple of the Quanzhen Sect, sends his sincerest greetings to the Heroes of the South, Master Ke, Master Zhu, Master Han, Master Nan, Master Quan, Mistress Han, and the late Master Zhang. Once Seven, always Seven. It has been sixteen years now since we left the south and the moons have come and gone so quickly. The Seven Heroes are honourable fighters and people of their word, your righteousness and integrity are awe-inspiring. Your benevolence and chivalry is matched only by the ancients of old."

上例出自原作第五章，译者郝玉青将"仁侠"阐释为"chivalry"，显然是将"侠义"理解为目标语受众更为熟悉的"骑士精神"，属于典型的动态对等翻译。译者之所以采取这种动态对等的翻译策略，可从目标读者群体和翻译理念两个方面加以解释。郝玉青和张菁两位译者最初就《射雕英雄传》英译本的目标受众进行定位时，就希望作品能吸引到尽可能多的读者。因此，目标受众包括多数对金庸和武侠，甚至对中文和中国文化并不熟悉的"新手"。

就其翻译理念而言,郝玉青在《射雕英雄传》英译本第一卷引言中就指出,许多人认为金庸的故事对英语读者来说过于中国化,过于陌生,因此无法翻译。但这是一个有关"爱、忠诚、荣誉和个人对抗"的故事,因而,译者选择以"骑士精神"动态翻译中文中的"侠义",以保证目标语读者对文本的顺利接受。

(4) 文字游戏翻译

文字游戏(play of words)是文学作品中常见的一种创作手法。文学作品中的文字游戏不仅可以增加作品的趣味性,吸引读者注意力,还可以在不直接表达的情况下,传达作者特定的思想,增加作品的深度和复杂性。有时,文字游戏也被用来制造迷惑或悬念,激发读者思考,增强作品的吸引力,或是增加作品中的情感或情绪因素,引发读者共鸣,让作品更具感染力。但在翻译实践中,对文字游戏的处理往往是一个让译者头疼的问题。在 *Alice's Adventures in Wonderland*(现多译为《爱丽丝梦游仙境》)中有这样一个例子:

原文

——"Of course not," said the Mock Turtle. "Why, if a fish came to me, and told me he was going a journey, I should say 'With what porpoise?'"

——"Don't you mean 'purpose'?" said Alice.

译文一

"当然啰,"假海龟说,"嗯,要是有一条鱼来找我,说它要出门去,我就会说'海豚在哪儿?'"

"你的意思是说'目的在哪儿'吧?"艾丽丝说。

(陈复庵 译,《艾丽丝漫游奇境记》)

译文二

"是啊,"假海龟说,"你想,假如有个黄蟹来找我,对我说它要上哪儿去旅行,我第一句话就要问它,'你有什么鲤鱼'?"

阿丽思道,"你要说的不是'理由'吗?"

(赵元任 译,《阿丽思漫游奇境记》)

原文中,假海龟将"purpose"(目的)说成了"porpoise"(海豚),这两个词语属于近音词,因此这里的文字游戏产生出一定的幽默效果。译文一按照字面意思直译,失去了这种幽默的效果。译文二以汉语的两个近音词"鲤鱼"和"理由",来对应"porpoise"和"purpose",尽管意思上不完全对应,但体现了原文中文字游戏的效果,达到了动态的功能对等。

2.2 应用翻译中的动态对等

(1) 广告翻译

从文本类型看,广告文本属于感染型文本,可以激发文本接受者的兴趣,购买广告中的产品。通常,广告文本言简意赅,以有效传达信息、突出产品或服务亮点为目的,喜欢使用鼓励性语气和带有呼吁性质、与目标用户群体相关的语言和表达方式,表现出一定的说服力和影响力。当一种语言文化中的广告文本被翻译到另一种语言文化中时,由于语境和受众的变化,忠实或对等的翻译有时并不奏效,因此广告翻译中译者多会采用改编

(adaptation)的翻译策略。以下是雅诗兰黛双效粉底液的广告文本：

英文广告文本
ESTÉE LAUDER DOUBLE WARE
BEHIND YOUR BEAUTY IS CONFIDENCE
24 - HOUR MAKEUP
LUXURIOUS
CASHMERE MATTE FINISH
GOES WAY BEYOND THE MATCH
SHADES THAT BRING SKIN TO LIFE
ENHANCING YOUR UNIQUE BEAUTY
SO BREATHABLE
SO COMFORTABLE
ESTÉE LAUDER DOUBLE WARE

中文直译	中文广告文本
雅诗兰黛双效套装	ESTÉE LAUDER 雅诗兰黛
美丽的背后是自信	持妆不假妆
24小时妆容	雅诗兰黛明星粉底
豪华	DW 持妆粉底液
开司米哑光面容	创新贴肤持妆网
远超搭配限度	一层三效
让肌肤焕发活力的色调	持妆、无暇、轻薄
增强您独特的美丽	整日持妆，无惧近看
非常透气	细腻无暇，宛若原生
非常舒适	零感贴肤，轻盈透气
雅诗兰黛双效套装	持妆不假妆
	DW 持妆粉底液

同一段视频广告在英汉两种语言中的广告文本并不对应。英文广告文本以"雅诗兰黛双效套装"开头并以其结尾，中间部分的突出信息包括"美丽背后的自信""雍容华贵""色调""活力""舒适"等特征。而中文广告文本中出现频率最高的词语是"持妆"，共出现7次，是中文广告文本中最突出的信息。此外，中文广告文本也更强调使用这一款产品的个人感受。严格意义上，这已经不能算作翻译，译文对原文的信息作了很大的改动，更像是一种重写（rewriting）。之所以如此，主要是因为不同语种的目标消费市场所处语境和文化有差异，受众对同一产品会表现出不同期待。但是不难看出，中文广告文本在汉语文化语境中达到了这一则广告预期的效果。

（2）影视翻译

电视剧《漫长的季节》主要讲述了出租车司机王响在"漫长的秋天"中的人生际遇。该剧分为四个章节："姐夫以前开火车的""响亮的响""那个人又回来了"和"往前看，别回头"。这四个章节分别作为故事背景铺垫、主角介绍、故事高潮和结局。

原文	译文
第壹章"姐夫以前开火车的"	Chapter 1 "A train lost in autumn"
第贰章"响亮的响"	Chapter 2 "Xiang"
第叁章"那个人又回来了"	Chapter 3 "Till death do us part"
第肆章"往前看，别回头"	Chapter 4 "Don't look back in anger"

通过对比可以发现，第一章标题英文版中，译者删除了原文中外国观众可能较难理解的称谓语"姐夫"，而将火车作为主语，并添加了故事核心要素"lost in autumn"。这样做是为了让外国观众更容易理解剧情。第二章的中文版标题是"响亮的响"，在中国文化中，这句话常用于自我介绍。然而，在翻译时，这种句式对英语读者来说并无实际意义。因此，译者选择放弃形式上的对应，直接将主角名字的汉语拼音"Xiang"作为本章的标题。第三章的英文标题与中文原文存在较大差别，译者采用了西方婚姻誓词中的"Till death do us part"，以一种观众更易接受的形式引出悬念，同时借助互文关系，引起目标语读者共鸣。第四章标题的翻译方面，译者不仅进行了原文的翻译，还加入了与情绪相关的单词"in anger"，进一步具象化了原句的内涵。总体来看，这种动态对等式的翻译有助于激发英文观众的观影兴趣，加深观众对剧情的理解。

3　小结

奈达的动态对等理论强调翻译的重点在于传达原文的意义而非字面表达，将翻译视为一种跨文化交际的工具，强调实现作者意图与读者理解之间的最佳对应关系。动态对等理论关注文化因素在翻译中的作用，要求译者考虑目标文化的背景和接受者的期待，促进了文本与目标受众之间更紧密的联系，有助于保持文本的文化适应性和传播效果。动态对等理论倡导在翻译过程中保持灵活性和创造性，以便更好地应对语言和文化之间的差异。这种灵活性鼓励译者在语言表达和文化传达之间寻求平衡，创造性地解决翻译难题，有助于确保译文更好地表达原文的精神和内容，提高翻译的准确性和传达效果。通过考虑目标文化的特点和读者的需求，动态对等理论能够帮助实现因翻译带来的文化之间的融通与沟通，也能够使译文更好地适应不同文化背景的读者，促进跨文化交流与理解。

调查、思考与讨论

1. 谈谈你对动态对等的理解，并举例说明，什么情况下应该更加注重动态对等，而非形式对等？
2. 搜集几则体现出动态对等策略的广告，在小组讨论的基础上，解释译者的翻译选择。
3. 在网络游戏中搜集一些能够体现动态对等策略的翻译案例，如游戏角色名、技能和皮肤等，讨论网络游戏中哪些要素的翻译可以使用动态对等策略。
4. 列举动态对等策略在影视翻译中的应用实例。
5. 对比奈达的动态对等和纽马克的交际翻译思想，并阐释二者的异同。
6. 搜集华人以英文书写的关于中国的文学作品，尝试翻译其中涉及中国文化元素的部分，并列出翻译理据。
7. 结合汉学家霍克思《〈红楼梦〉英译笔记》，总结霍克思在《红楼梦》英译过程中对原作称谓语的处理原则。
8. 搜集知名译者的访谈或译者在网络上发表的关于翻译的观点，指出其中有哪些可以体现出动态对等翻译思想。
9. 在文献阅读基础上，结合自己的思考指出动态对等理论有哪些局限性？
10. 中国古代的哪些翻译思想与动态对等理论有相似之处？

翻译习作

请在小组分工调查、讨论基础上，借助翻译工具完成以下汉-英、英-汉翻译习作，总结翻译中遇到的问题并进行讨论。

(1) 汉译英

漓江风景名胜区是世界上自然景观最美最独特的区域。千万年来，流淌在喀斯特区间的漓江，如流动的血脉激荡漓江风景名胜区人与自然的律动，孕育了这片土地上的历史文明。仙境般的漓江风景名胜区，由奇山、秀水、田园、幽洞、美石无规则组合构建，变幻莫测的景观，在时空里呈现出的神奇变化，让无数人惊叹万分，美不胜收，流连忘返。"江作青罗带，山如碧玉簪"，"千峰环野立，一水抱城流"，"愿做桂林人，不愿做神仙"。古往今来，漓江的山山水水，浸透了无数诗人墨客无尽的诗情画意。唐代诗人任华在漓江边给朋友送行时，发出这样的感慨："忘我尚可，岂得忘此山水哉！"八百年前的宋代钦命官员王正功最早发出了"桂林山水甲天下"之震撼感慨，已经获得了历史的呼应。

漓江由北向南先后分布着几十处著名精华景点。目前，漓江风景名胜区游船游览项目主要包括：漓江城市段游船游览、漓江精华段游船游览，以及漓江乡村段游船游览。漓江精华段游船游览是漓江风景名胜区最精美的游览产品，这一段起于磨盘山和竹江码头，结束于阳朔县城的龙头山码头和水东门码头，全程60公里，全部位于漓江风景名胜区的核心区和桂林喀斯特世界自然遗产地。这个区间的漓江，青峰夹岸，绿水萦洄，峡谷峭壁，悬泉飞瀑，绿洲险滩，奇洞美石，景致万千。江岸的堤坝上，终年碧绿的凤尾竹，随风摇曳，婀娜多姿。最可爱是山峰倒影，时而朦胧，时而清晰，和着江面渔舟红帆，从山峰倒影的画面上流过，让人仿如"船在青山顶上行"。精华段漓江的每一处景致，都是一幅典型的中国水墨画。

(2) 英译汉

Alice's Adventures in Wonderland (Excerpt)

By Lewis Carroll

Alice was beginning to get very tired of sitting by her sister on the bank, and of having nothing to do: once or twice she had peeped into the book her sister was reading, but it had no pictures or conversations in it, 'and what is the use of a book,' thought Alice, 'without pictures or conversation?'

So she was considering in her own mind (as well as she could, for the hot day made her feel very sleepy and stupid), whether the pleasure of making a daisy-chain would be worth the trouble of getting up and picking the daisies, when suddenly a White Rabbit with pink eyes ran close by her.

There was nothing so VERY remarkable in that; nor did Alice think it so VERY much out of the way to hear the Rabbit say to itself, 'Oh dear! Oh dear! I shall be late!' (when she thought it over afterwards, it occurred to her that she ought to have wondered at this, but at the time it all seemed quite natural); but when the Rabbit actually TOOK A WATCH OUT OF ITS WAISTCOAT-POCKET, and looked at it, and then hurried on, Alice started to her feet, for it flashed across her mind that she had never before seen a rabbit with either a waistcoat-pocket, or a watch to take out of it, and burning with curiosity, she ran across the field after it, and fortunately was just in time to see it pop down a large rabbit-hole under the hedge.

In another moment down went Alice after it, never once considering how in the world she was to get out again.

The rabbit-hole went straight on like a tunnel for some way, and then dipped suddenly down, so suddenly that Alice had not a moment to think about stopping herself before she found herself falling down a very deep well.

Either the well was very deep, or she fell very slowly, for she had plenty of time as she went down to look about her and to wonder what was going to happen next. First, she tried to look down and make out what she was coming to, but it was too dark to see anything; then she looked at the sides of the well, and noticed that they were filled with cupboards and book-shelves; here and there she saw maps and pictures hung upon pegs. She took down a jar from one of the shelves as she passed; it was labelled 'ORANGE MARMALADE', but to her great disappointment it was empty: she did not like to drop the jar for fear of killing somebody, so managed to put it into one of the cupboards as she fell past it.

'Well!' thought Alice to herself, 'after such a fall as this, I shall think nothing of tumbling down stairs! How brave they'll all think me at home! Why, I wouldn't say anything about it, even if I fell off the top of the house!' (Which was very likely true.)

Down, down, down. Would the fall NEVER come to an end! 'I wonder how many miles I've fallen by this time?' she said aloud. 'I must be getting somewhere near the centre of the earth. Let me see: that would be four thousand miles down, I think—' (for, you see, Alice had learnt several things of this sort in her lessons in the schoolroom, and though this was not a VERY good opportunity for showing off her knowledge, as there was no one to listen to her, still it was good practice to say it over) '—Yes, that's about the right distance—but then I wonder what Latitude or Longitude I've got to?' (Alice had no idea what Latitude was, or Longitude either, but thought they were nice grand words to say.)

Presently she began again. 'I wonder if I shall fall right THROUGH the earth! How funny it'll seem to come out among the people that walk with their heads downward! The Antipathies, I think—' (she was rather glad there WAS no one listening, this time, as it didn't sound at all the right word) '—but I shall have to ask them what the name of the country is, you know. Please, Ma'am, is this New Zealand or Australia?' (and she tried to curtsey as she spoke—fancy CURTSEYING as you're falling through the air! Do you think you could manage it?) 'And what an ignorant little girl she'll think me for asking! No, it'll never do to ask: perhaps I shall see it written up somewhere.'

Down, down, down. There was nothing else to do, so Alice soon began talking again. 'Dinah'll miss me very much to-night, I should think!' (Dinah was the cat.) 'I hope they'll remember her saucer of milk at tea-time. Dinah my dear! I wish you were down here with me! There are no mice in the air, I'm afraid, but you might catch a bat, and that's very like a mouse, you know. But do cats eat bats, I wonder?' And here Alice began to get rather sleepy, and went on saying to herself, in a dreamy sort of way, 'Do cats eat bats? Do cats eat bats?' and sometimes, 'Do bats eat cats?' for, you see, as she couldn't answer either question, it didn't much matter which way she put it. She felt that she was dozing off, and had just begun to dream that she was walking hand in hand with Dinah, and saying to her very earnestly, 'Now, Dinah, tell me the truth: did you ever eat a bat?' when suddenly, thump! thump! down she came upon a heap of sticks and dry leaves, and the fall was over.

推荐阅读

金隄, 1998.《等效翻译探索》. 北京：中国对外翻译出版公司.

马会娟, 2003.《奈达翻译理论研究》. 北京：外语教学与研究出版社.

谭载喜, 1984.《奈达论翻译》. 北京：中国对外翻译出版公司.

Eugene A. Nida, & Charles R. Taber. 1969. *The Theory and Practice of Translation*. Leiden: E. J. Brill.

Jin Di, & Eugene A. Nida. 1984. *On Translation*. Beijing: China Translation & Publishing Corporation.

第 12 章　翻译的基本技巧（Ⅰ）

> 翻译教学和研究的经验表明：翻译理论和技巧必须建立在不同语言和文化的对比分析的基础上。英汉互译的几项基本原则和技巧，如选词（Diction）、转换（Conversion）、增补（Amplification）、省略（Omission）、重复（Repetition）、替代（Substitution）、变换（Variation）、倒置（Inversion）、拆离（Division）、缀合（Combination）、阐释（Annotation）、浓缩（Condensation）、重组（Reconstruction），以及时态、语态、语气、习语、术语等的译法，都集中地体现了英汉的不同特点。
>
> （连淑能，《英汉对比研究》）

翻译技巧是翻译研究的基本问题，也是翻译教学的重中之重，因此一向备受关注。以翻译技巧为基础，可以探究译文与原文之间在微观文本单位上的对应关系（Molina et al., 2002）[498-499]。然而，长期以来，翻译技巧与许多相关概念交叉混用，这一现象在翻译研究和教学中不可忽视。本章和下一章围绕翻译的基本技巧展开，首先厘清翻译技巧与相关概念之间的复杂关系，明确翻译技巧在本书中的界定和分类，然后通过示例分别介绍词汇翻译技巧及句法翻译技巧，详细说明一些基本的翻译技巧在翻译实践中的具体应用。

1　翻译技巧及其相关概念

在翻译研究中，翻译技巧（translation technique）、翻译策略（translation strategy）、翻译方法（translation method）、翻译转换（translation shift）、翻译步骤（translation procedure）等概念非常模糊，它们之间存在一定的联系与区别。不同学者分别从特定视角或目的出发对这些概念进行了不同定义。

维奈等人（Vinay et al., 1995）使用"转移"（transfer）一词作为翻译方法的通用术语，将翻译方法分为直接翻译（direct translation）和间接翻译（oblique translation）两种：当原语和目标语在语言结构或元语言概念方面存在较强的对应关系时，可采用直接翻译方法，具体可使用借译（borrowing）、拟译（calque）、直译（literal translation）三种翻译步骤；当字对字翻译无法实施时，则采用间接翻译方法，具体可使用词类转换（transposition）、视点转换（modulation）、等值翻译（equivalence）、改编（adaptation）四种翻译步骤。

在《翻译教程》（*A Textbook of Translation*）一书中，纽马克对翻译方法和翻译步骤进行区分，认为翻译方法关乎文本整体，而翻译步骤则实施于文本句子层级或者更小的语言单位；在诸多翻译步骤中，直译最为重要，而其他步骤，如自然化（naturalisation）、补偿（compensation）、释义（paraphrase）等的实施，则主要受到语境因素的影响。

通过回顾前人研究，莫利纳等（Molina et al.，2002）认为，翻译方法是译者基于特定目标而实施特定翻译过程的方式，它能够从宏观层面影响整个译文并制约微观层面的翻译技巧。同时，翻译策略是指从特定目标出发，译者在解决翻译困难时所使用的有意识或无意识、言语或非言语的处理方式，其主要功能在于补偿（compensation）或重新阐述（reformulation）。翻译策略和翻译技巧分别用于解决翻译困难时的不同阶段，前者是翻译过程的一部分，而后者则直接影响翻译结果。在此基础上，翻译技巧具有特定的功能，在本质上具备话语性和语境性，能够作用于翻译文本的微观层面，进而影响翻译结果。此外，翻译技巧可根据原文与译文之间的对比进行归类。

切斯特曼（Chesterman，2017）认为，众多概念交叉混用的情况在一定程度上造成了术语混乱（terminological confusion），我们应当从这些术语中挑选出翻译方法、翻译策略、翻译技巧、翻译转换并将其作为关键术语。其中，翻译方法是整体的翻译方式，而非局部的翻译方案（a general way of translating, not a local solution）；翻译策略是在特定语境中解决翻译问题时所采用的某种阶段性方案；翻译技巧是常规的、微观的文本处理方式（routine, micro-level, textual procedures），具体作用于文本语言层面；而翻译转换则是实施特定处理方式之后的结果（the result of a procedure）。

熊兵（2014）[83]指出，翻译策略是翻译活动中为实现特定目的所依据的原则和所采纳的方案的集合，翻译方法是以某种翻译策略为基础，为达到特定目的所采用的特定途径、步骤、手段；翻译技巧则是某种翻译方法在具体实施和运用时所需的技术、技能或技艺。

可见，学术界对相关概念界定不清，分类不明，且使用相对混乱，尤以翻译技巧、翻译策略、翻译方法这三个术语为甚。尽管如此，我们仍可从前人研究中理出一定的逻辑关系：翻译技巧是微观的、具体的、局部的处理方式，可以直接体现在翻译结果上；翻译策略处于翻译技巧和翻译方法的中间层，以解决特定翻译困难为导向，主要作用于特定的翻译过程；翻译方法则是宏观的、整体的、概括性的处理方式，可以呈现翻译文本的整体趋势。

2　翻译技巧的界定和分类

以莫利纳、切斯特曼、熊兵等人的理论为基础，本书将翻译技巧界定为：在微观文本层面上，为实现某种翻译目的，译者在特定语境中采用的语言转换方式。因此，翻译技巧具有一定的目的性、语境性和功能性，能够促进特定翻译文本或翻译结果的产生。

以翻译技巧的实际应用为导向，我们将基本翻译技巧分为词汇翻译技巧和句法翻译技巧两类。其中，词汇翻译技巧包括对等翻译、具体化翻译、抽象化翻译、增译、省译、词性转换；句法翻译技巧包括语序调整、语态转换、分句、合句、正译与反译。

以下首先就汉英词汇进行对比，然后介绍词汇翻译技巧及其实例。

3　汉英词汇对比

词汇是可以独立运用的最小语言单位，也是最小的语法单位。汉语和英语分别具有其独特的词汇特征。第一，从词类上看，汉英两种语言均有实词（content words）和虚词

(function words)之分,其中,实词主要包括名词、动词、形容词、副词,虚词主要包括介词、代词、助词、连词等。但是,同一词类在汉英两种语言中的数量、意义范围、使用方式、使用频率等方面均有所区别。例如,汉语名词本身在形式上没有数和格的变化(如,乘客),而英语名词则通常有单复数(如 passenger、passengers)和所有格(如 passenger's、passengers')形式,且名词在英语中的使用频率高于汉语;汉语代词的形式相对固定(如,他),而英语代词则有主格、宾格、所有格(如 he、him、his)等变化,且代词在汉语中的使用频率远远低于英语;汉语动词本身不存在形态上的屈折变化(如,书写),英语动词则通常有时态和语态的变化(如 write、wrote、written),且动词在汉语中的使用频率高于英语;汉语介词数量较少,意义相对稳定,且使用相对有限,而英语介词数量较多,意义变化较大,使用广泛;连词在英语中的使用频率远远高于汉语。

第二,从词序上看,汉英两种语言的主语、谓语、宾语位置基本一致,但定语和状语的位置则存在较大的差异。就定语而言,当短语作定语时,汉语中一般在前(如,由大量人口流动所引起的各种问题),而英语中一般在后(如,problems arising from mass migration movements)。就状语而言,汉语中状语可位于句首或句中,一般放在动词之前(如,她冷冰冰地盯着他),而英语中状语位置则较为灵活,可位于句首、句中或句末,一般放在动词之前、动词之后、助动词之后,等等(如 She stared at him with freezing eyes.)。

基于汉语和英语两种语言在词汇方面的诸多差异,在进行汉英互译的过程中,我们常常需要采用多种词汇翻译技巧(如,对等翻译、具体化翻译、抽象化翻译、增译、省译、词性转换等),在传达原文意义的同时符合目标语的表达习惯,保证译文的可接受性及可读性。以下将分别解释词汇翻译技巧的含义,并援引汉英/英汉翻译实例对其进行说明。

4 词汇翻译技巧及其实例

4.1 对等翻译

对等翻译是指在译文中使用与原文词汇意义上的对等表达,它是翻译中最重要、最常用的翻译技巧。例如:

desk	桌子
computer	计算机
电	electricity
坐	sit

值得注意的是,汉英两种语言之间有许多存在差异的词汇。例如,从语义上看,汉语中的"杯子"并不完全对等于英语中的"cup",而是包括"cup""mug""glass"等。再如,从感情色彩上看,汉语中的"宣传"并不能直接对应于英语中的"propaganda",这是因为"propaganda"大多是指出于政治目的或宗教目的的宣传,具有贬义色彩。也就是说,在翻译过程中,不仅要关注词汇的指称意义,还要关注语言文化差异,根据特定语境选取更加恰当的词汇进行翻译。

4.2 具体化翻译

具体化翻译是指,在翻译过程中使用较为具体的词汇翻译原文中的抽象词汇。一般可在抽象名词后面加上范畴词：

例 1

原文：... for what can be prettier than an image of Love on his knees before Beauty?

(M. Thackeray, *Vanity Fair*)

译文：……痴情公子向美貌佳人跪下求婚，还不是一幅最赏心悦目的画儿吗？

(杨绛 译,《名利场》)

例 2

原文：Mr. Somerville—a most delightful man, to whom my debt is great—was charged with the duty of teaching the stupidest boys the most disregarded thing—namely, to write mere English.

(W. Churchill, "Harrow")

译文：萨默维尔先生——一个令我感激不尽的、十分讨人喜欢的老师——负责教授最愚笨的学生最令人看不起的课程，即用英文写作。

(见孙致礼,《新编英汉翻译教程》)

例 3

原文：The large mammalian brain is the most complicated thing, for its size, known to us.

(I. Asimov, "The Differences Between a Brain and a Computer")

译文：大型哺乳动物的大脑，就其体积而言，是我们所知晓的最复杂的机体。

(见孙致礼,《新编英汉翻译教程》)

例 1 中，原文"Love"(爱情)和"Beauty"(美貌)均属抽象名词，但实际是指具有这种特质的人，译文将其分别译作"痴情公子"和"美貌佳人"，化抽象为具体，从而使得译文通顺且易懂。例 2 和例 3 中，原文"thing"一词是"东西"或"事情"，意义相对泛化因而可被用于多种语境，例 2 将其译作"课程"，例 3 将其译作"机体"，这种具体化的翻译选词符合其上下文语境，提高了译文的可读性。

例 4

原文：还有点美中不足的地方，早晨给车夫们摆饭的时节，祥子几乎和人打起来。

(老舍,《骆驼祥子》)

译文：Another fly in the ointment was that Xiangzi had nearly got into a fight that morning when the rickshaw pullers were having their feast.

(施晓菁 译, *Camel Xiangzi*)

例 5

原文：等他自作自受，少不得要自己败露的。

(曹雪芹,《红楼梦》)

译文：We'd better give her rope to hang herself—she's bound to give herself away one of these days.

(杨宪益、戴乃迭 译, *A Dream of Red Mansions*)

例 4 译文将原文"美中不足"具体化，译成带有具体形象的"fly in the ointment"（油膏中的一只苍蝇），例 5 译文将原文"自作自受"具体化，译成"give her rope to hang herself"（给她绳子使其自取灭亡）。译文通过采用具体化翻译方法，巧妙地将原文的抽象意义传达出来，符合英语的表达习惯，降低了目标语读者的阅读难度，同时使得译文更易被读者接受。

4.3　抽象化翻译

与具体化翻译相对，抽象化翻译是指将原文中带有具体意义或具体形象的词汇进行抽象化处理。一般可以在译文中使用抽象名词翻译原文中带有范畴词的具体化名词，也可以使用抽象名词翻译原文中带有特定形象的单词或词组。

例 1

原文：Each of us has his carrot and stick. In my case, the stick is my slackening physical condition, which keeps me from beating opponents at tennis whom I overwhelmed two years ago. My carrot is to win.

(C. Tucker, *Fear of Death*)

译文：我们人人都有自己的压力和动力。就我而言，这压力就是我日趋衰弱的身体状况，两年前还是我手下败将的网球对手，现在却打不过了。我的动力就是想赢球。

（见孙致礼，《新编英汉翻译教程》）

例 2

原文：Water is king in Californian farmlands.

(W. Otto, *How to Make an American Quilt*)

译文：水是加利福尼亚农田的命脉。

（林乙兰 译，《编织恋爱梦》）

例 1 中，原文使用"carrot"（胡萝卜）和"stick"（棍棒）的抽象化意义，其中"carrot"实际指某种具有诱惑的事物，而"stick"则指某种具有威胁或强迫的事物。译文对这两个具有特定形象的词语进行抽象化处理，将其分别译作"动力"和"压力"，更加符合译文语境。同理，例 2 中，原文"king"是指"最重要的人或物"，译文将其抽象化为"命脉"，符合上下文语境，而且使得译文语言流畅、自然。

例 3

原文："Didn't know you were in the States, Mitty." groaned Remington. "Coals to Newcastle, bringing Mitford and me up here for a tertiary."

(J. Thunder, "The Secret Life of Walter Mitty")

译文："我不知道你就在美国，密蒂，"雷明顿嘟哝说。"把米特福德和我叫来治这第三期梅毒病，岂不是多此一举。"

（见孙致礼，《新编英汉翻译教程》）

例 3 中，"Coals to Newcastle"是"to carry coals to Newcastle"的变体，具体是指：把煤炭运到英国煤都 Newcastle（纽卡斯尔）是一种多余的举动。译文没有保留具象词汇"煤炭"及地名"纽卡斯尔",将"Coals to Newcastle"抽象化并译作"多此一举",传达了原文所隐含的真正意义。

4.4 增译

增译是指在译文中添加原文未明确表述的成分,以使译文通顺、恰当、自然地再现原文的内容和风格。增译主要包括三个方面,一是在语法角度进行增译,二是在语义角度进行增译,三是在修辞角度或文化角度进行增译。

例 1

原文:信步至一山环水漩、茂林修竹之处,隐隐有座庙宇,门巷倾颓,墙垣剥落。

(曹雪芹,《红楼梦》)

译文:He came to luxuriant woods and bamboo groves set among hills and interlaced by streams, with a temple half hidden among the foliage. The entrance was in ruins, the walls were crumbling.

(杨宪益、戴乃迭 译,*A Dream of Red Mansions*)

例 2

原文:Some had beautiful eyes, other a beautiful nose, other a beautiful mouth and figure; few, if any, had all.

(T. Hardy,*Tess of d'Urbervilles*)

译文:她们有的长着漂亮的眼睛,有的生着俏丽的鼻子,有的有着妩媚的嘴巴、婀娜的身段;但是,这样样都美的,虽然不能说一个没有,却也是寥寥无几。

(孙致礼 译,《德伯家的苔丝》)

由于汉英两种语言在词法和句法存在较大差异,在汉英翻译过程中往往需要添加代词、介词、连词、冠词等,从而符合英语的表达习惯。例 1 中,"山环水漩"译作"set among hills and interlaced by streams","隐隐有座庙宇"译作"with a temple half hidden among the foliage","门巷倾颓"译作"The entrance was in ruins","墙垣剥落"译作"the walls were crumbling",译文通过添加 among、by、with、in 等介词,符合英语表达习惯,同时能够传达原文内容。例 2 中,英语原文行文简洁,在"other"后面省略动词"had",译文将省略成分增补出来,添加"生着"和"有着",从而使得译文符合汉语语法规则;同时,这也构成了"有的长着……""有的生着……""有的有着……"的排比结构,使译文语言表达连贯且自然。

例 3

原文:养肥了,他们是自然可以多吃;我有什么好处,怎么会"好了"?

(鲁迅,《狂人日记》)

译文:By fattening me of course they'll have more to eat. But what good will it do me? How can it be "better"?

(杨宪益、戴乃迭 译,*A Madman's Diary*)

例 4

原文:... but she would not allow that any objection there had material weight with Mr. Darcy, whose pride, she was convinced, would receive a deeper wound from the want of importance of his friend's connections, than from their want of sense...

(J. Austen, *Pride and Prejudice*)

译文：……但她又认为，这方面的欠缺对达西先生不会有多大影响，<u>因为</u>她相信，达西先生觉得最使他伤自尊的，是他的朋友跟门户低微的人家结亲，至于这家人有没有见识，他倒不会过于计较……

（孙致礼 译，《傲慢与偏见》）

汉语重意合，句子内部及句子之间的逻辑关系常常具有一定的模糊性；英语重形合，句子结构完整且严密，常常使用连接词表示句子内部及句子之间的逻辑关系。因此，在汉英翻译过程中，增加一些连接词可以在一定程度上增强译文的连贯性。例3中，译文添加连接词"But"，不仅可以建立"他们自然可以多吃"与"我有什么好处"之间的转折关系，而且可以表达原文所隐含的对"我"而言并无"好处"这种隐含语义。例4中，原文使用"whose pride"引起一个定语从句，从语义上看，这个定语从句用于说明主句的原因，因此，译文添加"因为"一词，可以使译文语义更加连贯。

例 5

原文：She thought of Melanie and saw suddenly her quiet brown eyes with their far-off look, her placid little hands in their black lave mitts, her gentle silences.

(M. Mitchell, *Gone with the Wind*)

译文：她想起了媚兰，突然看见她那双安静的褐色眼睛，带着那种飘飘欲仙的神奇，<u>看见</u>她那安静的小手，套着那么一双黑色线织手套，又<u>看见</u>她那种温和的静默。

（傅东华 译，《飘》）

例 6

原文：Crafty men contemn studies, simple men admire them, and wise men use them; for they teach not their own use; but that is a wisdom without them, and above them, won by observation.

(F. Bacon, "Of Studies")

译文：有一技之长者鄙读书，无知者羡慕读书，<u>唯</u>明智之士要读书，然书并不以用处告人，用书之智不在书中，而在书外，<u>全</u>凭观察得之。

（王佐良 译，《谈读书》）

出于行文方面的考虑，翻译时往往需要在不改变原文词句意义的基础上，在译文中增加语气补足词、强调性副词等，或重复一些关键词汇，从而增强译文的修辞效果。例5中，原文"saw"仅出现一次，而译文连续三次使用"看见"一词，不仅使意义更加明确、叙事更加流畅，而且人物特征也因此更加生动鲜明。例6中，译文添加"唯""全"二字，其中"唯"字突出了"一技之长者""无知者""明智之士"这三类人对待读书的不同态度，"全"字则强调了"用书之智"必须通过观察才能获得。

例 7

原文：路左有一巨石，石上原有苏东坡手书"云外流春"四个大字。

（徐霞客，《徐霞客游记》）

译文：To its left is a rock formerly engraved with four big Chinese characters Yun Wai Liu Chun (Beyond clouds flows spring), hand-written by Su Dongpo (937 – 1101), the most versatile poet of the Northern Song Dynasty (960 – 1127).

（见朱徽，《汉英翻译教程》）

在翻译原文中涉及特定文化特色的词汇时，需要在译文中添加注释性成分从而帮助目标语读者理解原文的意义。例 7 中，对于原文所出现的"苏东坡""云外流春"这两个具有中国文化背景的词语，译文使用了增译技巧：首先对"云外流春"进行音译（"Yun Wai Liu Chun"），并使用"Beyond clouds flows spring"对其进行解释；然后将"苏东坡"译作"Su Dongpo"，随后附加其身份、所处朝代等信息（"the most versatile poet of the Northern Song Dynasty"）。这样可以增强译文的可读性和可接受性，降低译文读者的阅读难度。

4.5　省译

省译是指出于译文语法及表达习惯的需要，将原文中需要而译文中不需要的成分在翻译过程中加以省略。

例 1

原文：In a moment she reappeared to hurl my change and the ticket on the counter with such force most of it fell on the floor at my feet.

（J. H. Griffin, "Into Mississippi"）

译文：不一会儿工夫，她又回来了，将零钱和车票往柜台上猛地一摔，大半都散落在我脚边。

（见孙致礼，《新编英汉翻译教程》）

例 2

原文：The Harrow custom of calling the roll is different from that of Eton.

（W. Churchill, "Harrow"）

译文：哈罗公学的点名方式与伊顿公学有所不同。

（见孙致礼，《新编英汉翻译教程》）

例 1 中，原文"on the floor at my feet"若完整地译成"散落在我脚边的地板上"，则略显拖沓，因此译文将"地板"省略，使语言简洁流畅。例 2 中，原文"different from that of Eton"中的代词"that"指的是"custom of calling"，在译成汉语时可以省略。

例 3

原文：Spring has no speech, nothing but rusting and whispering. Spring has so much more than speech in its unfolding flowers and leaves, and the coursing of its streamers, and in its sweet restless seeking!

（J. Galsworthy, *The Apple Tree*）

译文：春天没有言语，只有淅飒和低吟。春花怒放，春叶苗发，春水奔流，春天欢腾地、无休止地追逐着，这一切比言语要丰富得多。

（黄子祥 译，《苹果树》）

例 3 中，原文在"no speech"（没有言语）后面使用"nothing but"结构，强调"没有……只有……"，而译文将"no speech"和"nothing but rusting and whispering"合并，省略"nothing"，译成"没有言语，只有淅飒和低吟"。这样的翻译足以完整地传达出原文的意义，如果译出"nothing"，反倒冗余。

例 4

原文：但是她都能忍受……没有屈服，没有讨饶，没有流泪。

（新凤霞，《新凤霞回忆录》）

译文：But she bore all this with fortitude, never submitting, pleading for mercy or weeping...

（戴乃迭 译，*Xin Fengxia Reminiscences*）

例 4 中，原文使用排比结构"没有屈服，没有讨饶，没有流泪"强调了人物的坚强不屈，对此，译文仅使用一次"never"，将排比结构译成"never submitting, pleading for mercy or weeping"，使"submitting""pleading for mercy""weeping"三个动作并列，同时共用"never"。

例 5

原文：众大臣便问道："你哥哥交通外官、恃强凌弱、纵儿聚赌、强占良民妻女不遂逼死的事，你都知道么？"

（曹雪芹，《红楼梦》）

译文："Your elder brother connived with provincial officials to oppress the weak, and allowed his son to organize gambling parties and abduct another man's wife, who took her own life rather than submit. Were you cognizant of these facts?" The ministers asked him.

（杨宪益、戴乃迭 译，*A Dream of Red Mansions*）

例 5 中，原文"你哥哥交通外官、恃强凌弱"中的"交通外官"和"恃强"意义存在一定程度的重合，"恃强"已包含在"交通外官"词义之中，对此，译文将"恃强"省略，将"交通外官、恃强凌弱"合并译成"Your elder brother connived with provincial officials to oppress the weak"，保证了译文的简洁和流畅，容易被目标语读者接受。

4.6　词性转换

词性转换是指在翻译过程中突破原文词法特征，根据目标语的语言习惯选择使用其他特定词性。一般而言，翻译中的词性转换较为多样，例如，名词可以转换为动词、形容词、副词等，动词可以转换成名词、形容词、副词等。从汉英语言表达习惯上看，汉语多用动词，而英语则多用名词和介词。因此，在汉英翻译过程中，词性转换主要体现在名词、介词、动词之间的转换。

例1

原文：The happiness of having such a sister was their first effusion, and the fair ladies mingled in embraces and tears of joy.

(J. Austen, *Northanger Abbey*)

译文：她们首先倾吐了要做姑嫂的喜悦，两位小姐高兴地一次次拥抱，洒下了欣喜的泪花。

(孙致礼 译，《诺桑觉寺》)

例2

原文：Tess's pride would not allow her to turn her head again, to learn what her father's meaning was, if he had any...

(T. Hardy, *Tess of the d'Urbervilles*)

译文：苔丝出于自尊，不愿再回头去看父亲在搞什么名堂，如果他真有什么名堂的话……

(孙致礼 译，《德伯家的苔丝》)

例1中，原文"effusion"(溢出；流露)、"embraces"(拥抱)、"tears"(眼泪)均为名词，译文将其分别译作动词"倾吐""拥抱""洒下……泪花"，不仅符合汉语的表达习惯，而且适合上下文语境。同样，例2中，原文"pride"(骄傲；自尊)为名词，如果保留其名词属性译成"苔丝的自尊心使她……"，则语言表达相对拖沓；相比之下，译文将其转换为动宾结构"出于自尊"，使译文语言简练通顺。

例3

原文：I saw that his face was pale. I followed his eyes and looked across the room to a woman who was setting a tray of drinks before some customers.

(R. Zacks, "The Date Father Didn't Keep")

译文：我见他脸色煞白。我循着他的目光，看到餐厅那边有个女人端着托盘给几位客人上饮料。

(见孙致礼，《新编英汉翻译教程》)

例4

原文：Joseph beheld my style of cookery with growing indignation.

(Emily Brontë, *Wuthering Heights*)

译文：我这种烧饭的方式叫约瑟夫越看越冒火了。

(方平 译，《呼啸山庄》)

例3中，原文"before"(在……前面)是介词，如果保留其介词属性，把"setting a tray of drinks before some customers"直译为"将一盘饮料摆在一些客人面前"，语言表达会较为生硬；译文将介词"before"转换成动词"上"(饮料)，把"setting a tray of drinks before some customers"译作"端着托盘给几位客人上饮料"，语言表达较为流畅、自然。例4中，原文介词短语"with growing indignation"作状语，表示"带着越来越多的愤怒"，译文将这一介词短语转为动词"冒火"，更加符合汉语表达习惯，而且使译文语言简洁易懂。

5 小结

由此可见，具体翻译实践中，译者的任务就是对比两种语言的异同，在"差异"中"求同"。一方面，译者需要熟练掌握原语和目标语，包括语法、词汇和语言文化背景，了解相关的专业知识，如医学、法律、技术等。译者需要在保持原意的基础上，力求翻译准确无误，并使译文流畅易读，同时要对文本进行仔细分析和理解，确保没有遗漏或错误。另一方面，译者还需要了解目标语国家的习俗和文化，理解读者的需求和要求，并确保译文符合读者期待。将各种翻译技巧内化于心，遇到具体问题时才能够得心应手。此外，译者需要熟练掌握一些翻译工具的使用方法，运用百度翻译、谷歌翻译、DeepL等在线翻译软件，以提高工作效率和质量。

调查、思考与讨论

1. 如何认识翻译技巧、翻译策略与翻译方法之间的联系与区别？
2. 举例说明具体化翻译和抽象化翻译这两种技巧在汉英翻译中的实际应用，并思考在什么情况下适合采用这两种翻译技巧。
3. 搜集整理增译和省译这两种翻译技巧在汉英翻译中的具体实例，并分析它们对译文所产生的影响。
4. 从汉英散文翻译中整理词性转换的具体实例，并结合上下文分析这一翻译技巧在译文中的效果。
5. 在汉译英和英译汉两种翻译方向上，词性转换是否表现出一定的规律性特征？如果是，其具体成因是什么？

翻译习作

请在小组分工调查、讨论基础上，借助翻译工具完成以下汉-英、英-汉翻译习作，总结翻译中遇到的问题并进行讨论。

（1）汉译英

秋天的怀念

史铁生

双腿瘫痪后，我的脾气变得暴怒无常：望着望着窗外天上北归的雁群，我会突然把面前的玻璃砸碎；听着听着李谷一甜美的歌声，我会猛地把手边的东西摔向四周的墙壁。母亲这时候就悄悄地躲出去，在我看不见的地方偷偷地听着我的动静。当一切恢复沉寂时，她又悄悄地进来，眼圈红红地，看着我。"听说北海的花儿都开了，我推着你去走走。"她总是这么说。母亲喜欢花，可自从我瘫痪以后，她侍弄的那些花都死了。"不，我不去！"我狠命地捶打这两条可恨的腿，喊着："我可活什么劲！"母亲扑过来抓住我的手，忍住哭声说："咱娘儿俩在一块儿，好好儿活，好好儿活……"

可我却一直都不知道，她的病已经到了那步田地。后来妹妹告诉我，母亲常常肝疼得整宿整宿翻来覆去地睡不了觉。

那天我又独自坐在屋里，看着窗外的树叶刷刷啦啦地飘落。母亲进来了，挡在窗前。她说："北海的菊花开了，我推着你去看看吧。"她憔悴的脸上现出央求般的神色。"什么时候？""你要是愿意，就明天？"她说。"好吧，就明天。"我的回答已经让她喜出望外了。她一会坐下，一会站起："那就赶紧准备准备。""哎呀，烦不烦？几步路，有什么好准备的！"她也笑了，坐在我身边，絮絮叨叨地说着："看完菊花，咱们就去'仿膳'，你小时候最爱吃那儿的豌豆黄儿。还记得那回我带你去北海吗？你偏说杨树花是毛毛虫，跑着，一脚踩扁一个……"她忽然不说了。对于"跑"和"踩"一类的字眼，她比我还敏感。她又悄悄地出去了。出去了，就再也没回来。

邻居们把她抬上车时，她还在大口大口地吐着鲜血。我没想到她已经病成那样。看着三轮车远去，也绝没有想到那竟是永远的诀别。

邻居的小伙子背着我去看她的时候，她正艰难地呼吸着。别人告诉我，她昏迷前的最后一句话是："我那个有病的儿子和那个还未成年的女儿……"

又是秋天，妹妹推着我去北海看了菊花。黄色的花淡雅，白色的花高洁，紫红色的花热烈而深沉，泼泼洒洒，秋风中开得正烂漫。我懂得母亲没有说完的话。妹妹也懂。我俩在一块儿，要好好儿活……

(2)英译汉

A Room of One's Own(Excerpt)

By Virginia Woolf

When you asked me to speak about women and fiction I sat down on the banks of a river and began to wonder what the words meant. They might mean simply a few remarks about Fanny Burney, a few more about Jane Austen, a tribute to the Brontes and a sketch of Haworth Parsonage under snow, and one would have done. But at second sight the words seemed not so simple. The title 'Women and Fiction' might mean; women and what they are like, or it might mean women and the fiction that they write, or it might mean women and the fiction that is written about them, or it might mean that somehow all three are inextricably mixed together and you want me to consider them in that light. But when I began to consider the subject in this last way, which seemed the most interesting, I soon saw that it had one fatal drawback: I should never be able to come to a conclusion.

All I could do was to offer you an opinion upon one minor point: a woman must have money and a room of her own if she is to write fiction; and that, as you will see, leaves the great problem of the true nature of woman and the true nature of fiction unsolved.

But in order to make some amends, I am going to do what I can to show you how I arrived at this opinion about the room and the money. I need not say that what I am about to describe has no existence; Oxbridge is an invention; 'I' is only a convenient term for somebody who has no real being. Lies will flow from my lips, but there may perhaps be some truth mixed up with them.

Here then was I (call me Mary Beton, Mary Seton, Mary Carmichael or by any name you please—it is not a matter of any importance) sitting on the banks of a river a week or two ago in fine October weather, lost in thought.

Thought—to call it by a prouder name than it deserved—had let its line down into the stream. It swayed, minute after minute, hither and thither among the reflections and the weeds, letting the water lift it and sink it until—you know the little tug—the sudden conglomeration of an idea at the end of one's line: and then the cautious hauling of it in, and the careful laying of it out? Alas, laid on the grass, how small, how insignificant this thought of mine looked; the sort of fish that a good fisherman puts back into the water so that it may grow fatter and be one day worth cooking and eating.

But however small it was, it had, nevertheless, the mysterious property of its kind—put back into the mind, it became at once very exciting, and important; and as it darted and sank, and flashed hither and thither, set up such a wash and tumult of ideas that it was impossible to sit still. It was thus that I found myself walking with extreme rapidity across a grass plot. Instantly a man's figure rose to intercept me. His face expressed horror and indignation. Instinct rather than reason came to my help; he was a beadle, I was a woman. This was the turf; there was the path. Only the fellows and scholars are allowed here; the gravel is the place for me. Such thoughts were the work of a moment. As I regained the path, the arms of the beadle sank, his face assumed its usual repose, and though turf is better walking than gravel, no very great harm was done. The only charge I could bring against the fellows and scholars of whatever the college might happen to be was that, in protection of their turf, they had sent my little fish into hiding.

But curiosity remained.

For it is a perennial puzzle why no woman wrote a word of that extraordinary literature when every other man, it seemed, was capable of song or sonnet. What were the conditions in which women lived? I asked myself; for fiction, imaginative work that is, is not dropped like a pebble upon the ground, as science may be; fiction is like a spider's web, attached ever so lightly perhaps, but still attached to life at all four comers. Often the attachment is scarcely perceptible; Shakespeare's plays, for instance, seem to hang there complete by themselves. But when the web is pulled askew, hooked up at the edge, torn in the middle, one remembers that these webs are not spun in mid-air by incorporeal creatures, but are the work of suffering human beings, and are attached to grossly material things, like health and money and the houses we live in.

I went, therefore, to the shelf where the histories stand. I looked up 'Women', found 'position of' and turned to the pages indicated. 'Wife-beating,' I read, 'was a recognised right of man, and was practised without shame by high as well as low. Similarly,' the historian goes on, 'the daughter who refused to marry the gentleman of her parents' choice was liable to be locked up, beaten and flung about the room, without any shock being inflicted on public opinion.'

推荐阅读

连淑能，1993.《英汉对比研究》. 北京：高等教育出版社.

钱歌川，2011.《翻译的技巧》. 北京：世界图书北京出版公司.

琼·平卡姆，2000.《中式英语之鉴》. 北京：外语教学与研究出版社.

Peter Newmark, 1988. *A Textbook of Translation*. New York: Prentice-Hall International.

Valerie Pellatt, & Eric T. Liu, 2010. *Thinking Chinese Translation: A Course in Translation Method Chinese to English*. London: Routledge.

第13章 翻译的基本技巧（Ⅱ）

> 西洋语的结构好像连环，虽则环与环都联络起来，毕竟有联络的痕迹；中国语的结构好像无缝天衣，只是一块一块的硬凑，凑起来还不让它有痕迹。西洋语法是硬的，没有弹性的；中国语法是软的，富于弹性的。
>
> （王力，《中国语法理论》）

前一章介绍了词汇翻译的基本技巧，本章将介绍句法翻译技巧及其实例，具体包括语序调整、语态转换、分句、合句、正译与反译。

1 汉英句法对比

奈达（Nida，1982）[16]认为，汉语和英语在语言学上最重要的区别之一在于意合与形合之间的对比（contrast between hypotaxis and parataxis）。其中，意合（hypotaxis）是指"句子内部的连接或句子间的连接采用语义手段（semantic connection）"，即句子的语法意义和逻辑关系主要通过词语或分句的含义得以表达；形合（parataxis）是指"句子内部的连接或句子间的连接采用句法手段（syntactic devices）或词汇手段（lexical devices）"，即句子的语法意义和逻辑关系通过特定的语言形式手段进行表达（方梦之，2011）[3]。

汉语属于意合语言，汉语句子内部及句子之间的连接主要依赖于语义的贯通和语境的映衬，"子句与子句的关系，在中国语里，往往让对话人意会，而不用连词"（王力，2014）[21]。通常，汉语通过多个动词的连用或流水句的形式，按照时间先后和事理推移的方式表示句法意义和逻辑关系，最终形成"线形的'排调式'结构"（孙致礼，2011）[58]。因此，汉语句子大多具有结构松散、短小精悍、灵活多变的特征，较少使用连接词。

与之相比，英语属于形合语言，句子内部及句子之间的连接通常使用连接词，从而表示特定的结构关系。通常，英语句子以主谓结构为主干，以谓语动词为中心，通过使用分词、介词、连词、关系代词、关系副词等连接手段，搭建起句子内部及句子之间的层级关系，最终形成"由中心向外扩展的'分叉式'结构"（孙致礼，2011）[58]。因此，英语句子大多具有结构严谨、层次分明的特征，注重显性衔接（overt cohesion），各类连接词使用较多。

正如本章章首王力先生所言，"西洋语的结构好像连环，虽则环与环都联络起来，毕竟有联络的痕迹；中国语的结构好像无缝天衣，只是一块一块的硬凑，凑起来还不让它有痕迹。西洋语法是硬的，没有弹性的；中国语法是软的，富于弹性的。"形合与意合的这一基本区别导致汉语和英语两种语言在句法上存在较大差异,在汉英互译过程中需要使用多种句法翻译技巧。以下将介绍一些基本的句法翻译技巧,并附具体的翻译实例以分析其在汉英互译中的应用。

2 句法翻译技巧及其实例

2.1 语序调整

语序是文法上句内成分的排列顺序,可以体现词语之间的关系,反映某种语言的特定表达方式,并折射语言使用者的思维模式。语序调整是指根据目标语的表达习惯调整译文的语序,从而使得译文一方面能够准确传达原文意义,另一方面能够通俗易懂。

例 1

原文:It will be no use to us, if twenty such should come since you will not visit them.

(J. Austen, *Pride and Prejudice*)

译文:既然你不肯去拜访,即使搬来二十个,那对我们又有什么用。

(孙致礼 译,《傲慢与偏见》)

例 1 中,原文条件状语从句"if twenty such should come"(即使搬来二十个)和原因状语从句"since you will not visit them"(既然你不肯去拜访)位于主句"It will be no use to us"(对我们来说没有用)之后,译文将条件状语从句和原因状语从句前置,放在主句之前,不仅能够保证译文的自然流畅,而且可以更加清晰地表达因果关系。

例 2

原文:But before she went to join her husband in the Belgic capital, Mrs. Crawley made an expedition into England, leaving behind her little son upon the continent, under the care of her French maid.

(W. M. Thackeray, *Vanity Fair*)

译文:克劳莱太太到比利时首都去找丈夫以前,先到英国去走了一趟,叫那法国女佣人带着儿子留在欧洲大陆。

(杨绛 译,《名利场》)

例 2 中,原文现在分词短语"leaving behind her little son upon the continent"描述主语人物的动作,介词短语"under the care of her French maid"位于文末用以说明"her little son"的状况,译文将这两个短语合并译出,并调整它们的先后顺序,最终译成"叫那法国女佣人带着儿子留在欧洲大陆",符合汉语的表达习惯。

例 3

原文:Yet few knew, and still fewer considered this.

(T. Hardy, *Tess of the d'Urbervilles*)

译文:然而,这一点很少有人察觉,也更少有人去关注。

(孙致礼 译,《德伯家的苔丝》)

例 3 中,原文谓语动词"knew"(察觉)和"considered"(关注)共用一个宾语"this"(这一点),且宾语位于谓语动词之后。如果按照原文语序译为"然而,很少有人察觉,也更少有人去关注这一点",则稍稍带有欧化倾向。译文将宾语"this"提前,译成"这一点很少有人察觉,也更少有人去关注",更加符合汉语的表达习惯。

例 4

原文:雨后,院里来了个麻雀,刚长全了羽毛。

(老舍,《小麻雀》)

译文:As soon as the rain stops, a young sparrow, almost full-fledged, comes to the courtyard.

(刘士聪 译,"A Young Sparrow")

例 4 中,原文主语"院里"表示地点,谓语"来了"表示动作,宾语"麻雀"说明动作的对象,补语"刚长全了羽毛"位于句末,描述麻雀的状态。译文将"a young sparrow"作为主语,形容词短语"almost full-fledged"作补语,形容麻雀的发育程度,位于句中,介宾短语结构"to the courtyard"表明谓语"comes"的目的地,位于句末。这种语序调整更加符合英语的语法结构。

例 5

原文:刘四爷没答碴儿,想了想,<u>问道</u>:"话匣子呢?唱唱!"

(老舍,《骆驼祥子》)

译文:Fourth Master Liu did not answer—he was thinking. "Where's the gramophone?" <u>he asked presently</u>. "Let's have a song!"

(施晓菁 译,*Camel Xiangzi*)

例 5 中,原文中的报道动词"问道"位于直接引语"话匣子呢?唱唱!"之前,译文将直接引语从中断开("Where's the gramophone?""Let's have a song!"),并调整直接引语和报道动词的顺序:首先出现人物的问话"Where's the gramophone?",后接对人物动作的描述"he asked presently",最后出现人物提出的建议"Let's have a song!"。

2.2 语态转换

从语态上看,汉英两种语言都包括主动和被动两种语态。但是,由于表达习惯方面的差异,英语对被动语态的使用比汉语更为频繁。因此,在汉英翻译过程中,需要根据具体情况进行语态转换。

例 1

原文:Cuff's fight with Dobbin, and the unexpected issue of that contest, <u>will long be remembered by every man who was educated at Dr. Swishtail's famous school.</u>

(W. M. Thakeray, *Vanity Fair*)

译文:<u>凡是在斯威希泰尔博士那有名的学校里念过书的学生,决不能忘记</u>克甫和都宾两人打架的经过和后来意想不到的结局。

(杨绛 译,《名利场》)

例 1 中,原文主句"Cuff's fight with Dobbin, and the unexpected issue of that contest, will long be remembered by every man"和定语从句"who was educated at Dr. Swishtail's famous school"均使用被动语态,译文将其转为主动语态,"(学生)决不能忘记克甫和都宾两人打架的经过和后来意想不到的结局"和"在斯威希泰尔博士那有名的学校里念过书的学生",这种转换符合汉语表达习惯,译文语言流畅自然。

例 2

原文:Levi's jeans were first introduced to the East, apparently, during the dude-ranch craze in the 1930s...

(C. Quinn, "The Jeaning of America")

译文:李维斯牛仔裤最初引进到东部,显然是在 20 世纪 30 年代的农场度假热潮中……

(孙致礼 译,《美国牛仔裤史话》)

例 2 中,原文"Levi's jeans were first introduced to the East"使用被动语态,译文将其转为主动语态,译成"李维斯牛仔裤最初引进到东部",没有出现"被""给"等表示被动语态的标记,避免造成拖沓、累赘,使得译文简明易懂。

例 3

原文:譬如罢,我们之中的一个穷青年,因为祖上的阴功(姑且让我这么说说罢),得了一所大宅子,且不问他是骗来的,抢来的,或合法继承的,或是做了女婿换来的。

(鲁迅,《拿来主义》)

译文:Suppose one of our poor youths, thanks to the virtue of some ancestor (if I may be permitted to suppose such a thing), comes to possession of a large house—never mind whether obtained by trickery, force, lawful inheritance or marriage into a wealthy family.

(杨宪益、戴乃迭 译,"The Take-over Policy")

例 3 中,原文"姑且让我这么说说罢""且不问他是骗来的,抢来的,或合法继承的,或做了女婿换来的"均使用主动语态,对应译文"if I may be permitted to suppose such a thing"和"never mind whether obtained by trickery, force, lawful inheritance or marriage into a wealthy family"均使用被动语态,不仅强调受事——"a large house"(一所大宅子),而且突出了获得这样一所大宅子所采用的不同手段。

例 4

原文:如果工程是在人们的眼皮子底下进行,今天加一尺,明天高五寸;人来人往,满地乱砖泥水,最后工程结束时人们也会跟着舒口气,觉得这乱糟糟的局面总算有了了结。

(陆文夫,《围墙》)

译文:If the construction had been carried out under one's very eyes—adding a foot today and six inches tomorrow, with people coming and going and the ground littered with bricks and plaster, when it was finally finished everyone would have felt a great sense of relief that the chaos was over.

(Rosie A. Roberts 译，见王治奎，《大学汉英翻译教程》)

例4中，原文"工程是在人们的眼皮子底下进行""满地乱砖泥水""最后工程结束"使用主动语态，且均未说明施事者，为此，译文"the construction had been carried out under one's very eyes""the ground littered with bricks and plaster""it was finally finished"均使用被动语态，不仅准确传达了原文意思，而且符合英语的行文习惯。

例5

原文：人生的道路虽然漫长，但紧要处常常只有几步，特别是当人年轻的时候。

(柳青，《创业史》)

译文：Although the road of life is long, its most important sections are often covered in only a few steps, especially when a person is young.

(沙博理 译，*Builders of a New Life*)

例5中，原文(人生的道路)"紧要处常常只有几步"使用主动语态，译文"its most important sections are often covered in only a few steps"则使用被动语态，对"its most important sections"进行强调，同时突出"long""its most important sections"与"only a few steps"之间的语义对比。

例6

原文：蛤蟆滩经济上和政治上的封建势力是已经搞垮了；但庄稼人精神上的封建思想，还需要一些时间才能冲洗净哩！

(柳青，《创业史》)

译文：While feudal economic and political concepts had been discarded in Frog Flat, it would still be some time before all feudal influence could be eradicated from the peasants' minds.

(沙博理 译，*Builders of a New Life*)

例6中，原文"经济上和政治上的封建势力是已经搞垮"和"庄稼人精神上的封建思想……冲洗净"均使用主动语态，且均未说明施事者，译文将其分别转为被动语态，译为"feudal economic and political concepts had been discarded"和"all feudal influence could be eradicated"，巧妙地隐藏了施事者，不仅能够传达原文的意义，而且符合英语的表达习惯。

2.3 分句

分句是指对原文进行层次划分，将一句话译成两个或两个以上的句子，从而使得译文内容层次分明，便于理解。

例1

原文：华大妈在枕头底掏了半天，掏出一包洋钱，交给老栓，老栓接了，抖抖地装入衣袋，又在外面按了两下，便点上灯笼，吹熄灯盏，走向里屋去了。

(鲁迅，《药》)

译文：After some fumbling under the pillow, his wife produced a packet of silver dollars which she handed over. Old Chuan pocketed it nervously, patted his pocket twice, then lighting a paper lantern and blowing out the lamp, went into the inner room.

(杨宪益、戴乃迭 译,"Medicine")

例 1 中,原文属于汉语中典型的连动式谓语句,按照时间先后顺序逐步交代一系列动作的发生:华大妈"掏了半天""掏出一包洋钱""交给老拴",老拴"接了""装入衣袋""按了两下""点上灯笼""吹熄灯盏""走向里屋"。可以发现,施事者包括华大妈和老拴二人,且二人均发生了多个动作。译文在施事者变化处分句,分别交代华大妈的动作("fumbling" "produced""handed over")和老拴的动作("pocketed""patted""lighting""blowing" "went"),从而使得译文句子结构更加简明,语义更加清晰。

例 2

原文:小马儿也就是十三岁,脸上很瘦,身上可是穿得很圆,鼻子冻得通红,挂着两条鼻涕,耳朵上戴着一对破耳帽儿。

(老舍,《骆驼祥子》)

译文:Little Horse was not more than twelve or thirteen. His face was very thin, but his clothes were bulky. His nose, red with cold, was running. On his ears, he wore a pair of tattered earmuffs.

(施晓菁 译,*Camel Xiangzi*)

例 2 中,原文使用流水句介绍人物"小马儿",其中包含四个不同话题的分句("也就是十三岁""脸上很瘦,身上可是穿得很圆""鼻子冻得通红,挂着两条鼻涕""耳朵上戴着一对破耳帽儿"),而且各个分句之间没有使用关联词进行连接。译文按照以上四个话题进行拆分,将原文流水句译成四个独立的句子,层次分明,易于理解。

例 3

原文:秋天,无论在什么地方的秋天,总是好的;可是啊,北国的秋,却特别地来得清,来得静,来得悲凉。

(郁达夫,《故都的秋》)

译文:Autumn, whenever it is, always has something to recommend itself. In north China, however, it is particularly limpid, serene and melancholy.

(张培基 译,"Autumn in Peiping")

例 3 中,原文使用分号连接两个分句,将"无论在什么地方的秋天"与"北国的秋"进行对比:无论在什么地方的秋天总是"好的",但是北国的秋却"清""静""悲凉"。对此,译文译成两个句子,并使用连接词"however"表明两个句子之间的逻辑关系,突出北国的秋的独特性("limpid""serene""melancholy")。

例 4

原文:I have every reason in the world to think ill of you. No motive can excuse the unjust and ungenerous part you acted there. You dare not, you cannot deny that you have been the principal, if not the only means of dividing them from each other—of exposing one to the censure of the world for caprice and instability, the other to its derision for disappointed hopes, and involving them both in misery of the acutest kind.

(J. Austen, *Pride and Prejudice*)

译文：我有充分的理由鄙视你。你在那件事上扮演了很不正当、很不光彩的角色，不管你动机如何，都是无可宽容的。说起他们两人被拆散，即使不是你一手造成的，你也是主谋，这你不敢抵赖，也抵赖不了。看你把他们搞得，一个被世人指责为朝三暮四，另一个被世人讥笑为痴心妄想，害得他们痛苦至极。

(孙致礼 译，《傲慢与偏见》)

例4中，原文共有三句，其中第三句是一个长句，名词means后面跟随两个介词短语结构("of dividing them from each other""of exposing..., and involving...")。如果在译文中直接照搬原文的长句结构，则很难充分传达原文的负面情绪。译文将原文第三句拆分成为两句话（"说起……""看你……"），不仅符合汉语表达习惯，而且可以表达说话人的激愤和犀利。

2.4 合句

与分句相反，合句是指将原文两个或两个以上的句子进行合并，译成一个句子。一般情况下，合句会使译文的句子容量增加。

例1

原文：说毕，张道士方退出去。这里贾母与众人上了楼，在正面楼上归坐。凤姐等占了东楼。

(曹雪芹，《红楼梦》)

译文：Thereupon the priest withdrew, while the Lady Dowager and her party went upstairs to sit in the main balcony, Xifeng and her connections occupying that to the east.

(杨宪益、戴乃迭 译，*A Dream of Red Mansions*)

例1中，原文共有三句，主语由"张道士"转为"贾母与众人"又转为"凤姐等"，分别描述了不同人物的动作。译文将这三句合为一句，首先使用连接词"while"连接两个独立的句子"the priest withdrew"和"the Lady Dowager and her party went upstairs to sit in the main balcony"，然后使用"主语＋现在分词短语"的结构（"Xifeng and her connections occupying that to the east"）描述凤姐等人的动作（"凤姐等占了东楼"）。可以发现，合句使得译文更加流畅自然。

例2

原文：旧历新年快来了。这是一年中的第一件大事。除了那些负债过多的人以外，大家都热烈地欢迎这个佳节的到来。

(巴金，《家》)

译文：The traditional New Year Holiday was fast approaching, the first big event of the year, and everyone, except those who owed heavy debts-which traditionally had to be paid off before the year-was enthusiastically looking forward to it.

(沙博理 译，*Family*)

例2中，原文共有三句，其中使用了两个简单陈述句和一个复合句：首先引出话题、交代背景("旧历新年快来了")，然后强调这件事的重要性(旧历新年到来是"一年中的第一件大事")，最后使用复合句说明不同的人("负债过多的人"和"大家")对这件事的不同态度。译文将这三句合并，使用连词"and"连接两个主句("The traditional New Year Holiday was fast approaching,..." "everyone... was enthusiastically looking forward to it")，其中第一个主句后跟随名词短语"the first big event of the year"说明旧历新年到来的重要性，第二个主句中插入"except those who owed heavy debts"对"everyone"限定，随后添加非限定性定语从句"which traditionally had to be paid off before the year"进一步解释"those who owed heavy debts"。译文通过合句能够再现原文各个句子之间的逻辑关系，同时也符合英语的语法规则和表达习惯。

例3

原文：还是热，心里可镇定多了。凉风，即使是一点点，给了人们很多希望。

(老舍，《骆驼祥子》)

译文：It was still hot but everyone felt much better, for the breeze, though slight, brought them hope.

(施晓菁 译，*Camel Xiangzi*)

例3中，原文共有两句，这两句之间隐含着一种因果关系，第二句对第一句的内容进行了解释：心里镇定是因为凉风"给了人们很多希望"。译文将原文两句合为一句，使用"for"进行连接，同时明示了"everyone felt much better"和"the breeze, though slight, brought them hope"之间的因果关系，符合英语的表达习惯。

例4

原文：When Strauss ran out of canvas, he wrote his two brothers to send more. He received instead a tough, brown cotton cloth made in Nimes, France...

(C. Quinn, "The Jeaning of America")

译文：施特劳斯用完了帆布，便写信叫哥哥再发一些过来，不想收到的却是法国尼姆产的一种坚韧的棕色棉布……

(孙致礼 译，《美国牛仔裤史话》)

例4中，原文共有两句，且主语均为"he"，其中，第一句使用时间状语从句"When Strauss ran out of canvas"说明主语人物的写信时间，第二句则交代施特劳斯写信后的结果("He received instead a tough, brown cotton cloth made in Nimes, France")。译文将这两句合并成为一句，按照时间顺序交代主语人物施特劳斯的先后动作："用完了帆布""写信叫哥哥再发一些过来""收到……一种坚韧的棕色棉布"。合句之后，译文语言紧凑，逻辑顺畅，表达自然。

2.5 正译与反译

汉语和英语中都存在否定成分(如，汉语中有"不""无""没""未""非""莫""勿""别"等，英语中有"no""not""never""none""nothing"等)。一般情况下，使用否定成分则为反说，即反面表达，未使用否定成分多为正说，即正面表达。在翻译过程中，根据具体情况，常常需要采用反说正译或正说反译的技巧，从而保证语义明确，加强修辞效果，符合目标语的表达习惯等。

例 1

原文：Mattie's hand was underneath, and Ethan kept his clasped on it a moment longer than was necessary.

(E. Wharton, *Ethan Frome*)

译文：玛提的手在下，伊坦把它握住，没有立刻就放。

(吕叔湘 译，《伊坦·弗洛美》)

例 1 中，原文未出现否定成分，使用正面表达，而译文却出现否定成分"没有"，使用反面表达。通过使用正说反译的技巧，译文巧妙地将"kept his clasped on it a moment longer than was necessary"(直译为：握得比必要的时间长了一些)翻译成"没有立刻就放"，符合汉语表达习惯，而且加强了修辞效果。

例 2

原文：He had an aversion to yielding so completely to his feelings, choosing rather to absent himself; and eating once in twenty-four hours seemed sufficient sustenance for him.

(E. Brontë, *Wuthering Heights*)

译文：他不愿意完全凭感情用事，因此宁肯自己不来吃饭。看来，二十四小时吃一顿饭，在他是足够了。

(孙致礼 译，《呼啸山庄》)

例 2 中，原文未直接出现否定成分，但名词"aversion"和动词"absent"均带有否定意义，译文采用正说反译，使用否定词语"不愿意""不来"，直接进行反面表达，准确地传达出原文的意义，同时也符合汉语的表达习惯。

例 3

原文：Sir William and Lady Lucas are determined to go, merely on that account, for in general you know they visit no new comers.

(J. Austen, *Pride and Prejudice*)

译文：威廉爵士夫妇已经决定去拜望他，他们也无非是这个用意。你知道，他们通常是不会拜望新搬来的邻居的。

(王科一 译，《傲慢与偏见》)

例 3 中，原文"merely on that account"属于正面表达，译文将其转为反面表达"无非是这个用意"，加强修辞效果，突出"威廉爵士夫妇已经决定去拜望他"和"他们通常是不会拜望新搬来的邻居的"之间的对比，从而强调威廉爵士夫妇拜望的用意。

例 4

原文：They were of course all intending to be surprised; but their astonishment was beyond their expectation...

(J. Austen, *Pride and Prejudice*)

译文：当然大家都做好了惊讶的准备，但却<u>没有</u>料到会惊讶到这个地步……

（孙致礼译，《傲慢与偏见》）

例4中，原文未出现否定成分，其中"beyond"意为"超出"，译文采取正说反译技巧，使用否定成分"没有"，将正面表达"their astonishment was beyond their expectation"译成反面表达"没有料到会惊讶到这个地步"，加强了修辞效果，突出了大家的惊讶程度：虽然做好了准备，但是比想象中更加惊讶。

例 5

原文：并排的五六个山峰，差不多高低，就只最西的一峰戴着一簇房子，<u>其余的仅只有树</u>；中间最大的一峰竟还有濯濯地一大块，像是癞子头上的疮疤。

（茅盾，《雾》）

译文：The five or six peaks forming the front row were about the same height. The westernmost one had on top a cluster of houses <u>while the rest were topped by nothing but trees</u>. The highest one in the middle had on it a large piece of barren land, like the scar on a favus-infected human head.

（张培基 译，"Fog"）

例5中，原文"其余的仅只有树"属于正面表达，译文使用否定成分，通过采用"nothing but…"结构，将其处理为"while the rest were topped by nothing but trees"，能够突出"The westernmost one"（"最西的一峰"）的独特性："had on top a cluster of houses"（"戴着一簇房子"）。

例 6

原文：贾母又说："请姑娘们来。今日远客才来，可以<u>不去上学去了</u>。"

（曹雪芹，《红楼梦》）

译文："Fetch the girls," her grandmother said. "They can be <u>excused</u> their lessons today in honour of our guest from far away."

（杨宪益、戴乃迭 译，*A Dream of Red Mansions*）

例6中，原文"可以不去上学去"使用否定成分"不去"，采取反面表达，译文则使用反说正译的技巧，采取正面表达，将其处理成"excused"，这种表达方式使得译文语言更加简练，而且符合英语的表达习惯。

例 7

原文：人都骂它是丑石，它真是丑得<u>不能再丑</u>的丑石了。

（贾平凹，《丑石》）

译文：Everyone jeered at it, dubbing it "The Ugly Stone." And, truly, it <u>was as ugly as ever a rock could be</u>.

（杨宪益、戴乃迭 译，"The Ugly Stone"）

例7中，原文"丑得不能再丑"使用否定成分"不能"，采用反面表达，强调这块石头

"丑"的程度，译文采用反说正译的技巧，译成"as ugly as ever a rock could be"，将其转为正面表达，一方面准确地传达出原文的意义，另一方面也保证了译文语言的流畅自然、易于被英语读者接受。

3 小结

尽管翻译实践中有各种各样的技巧，但翻译问题千差万别。在拥有基本能力满足基本条件的基础上，译者首先应当通过大量训练，培养自己的问题意识，这样才能在翻译中发现问题。通过思考，借助经验实现对问题的合理解决。也就是说，对于技巧，我们必须将其认清楚想明白，这样在面对纷繁复杂的翻译问题时，我们才能做到以不变应万变。需要指出的是，随着ChatGPT一类的智能化语言工具在翻译中的应用，译者所面临的更多的将是译后编辑（post-editing），即对经过机器或软件翻译的产品进行进一步的人工编辑和校对。在未来，这种"机器＋人工"的新翻译模式将取代传统的人工翻译，成为翻译实践活动的主流。

调查、思考与讨论

1. 举例说明语序调整在汉英文学翻译实践中的实际应用，并结合具体语境思考语序调整对译文所产生的影响。
2. 在汉英互译过程中，为什么要使用语态转换这一翻译技巧，其具体作用是什么？
3. 在汉译英和英译汉两个翻译方向上，语态转换是否在一定程度上表现出某些规律性？如果是，其成因为何？
4. 在英汉翻译实践中，什么情况下可以使用合句和分句翻译技巧？
5. 搜集整理正译和反译这两种技巧在汉英翻译中的具体实例，并根据上下文分析它们在译文中的效果。

翻译习作

请在小组分工调查、讨论基础上，借助翻译工具完成以下汉-英、英-汉翻译习作，总结翻译中遇到的问题并进行讨论。

(1) 汉译英

字和词（节选）

王力

在中国语法里，咱们有字和词的分别。词就等于英文的 word，字则大致可译为 a syllable represented by a character。咱们知道，中国每一个字是代表一个音段（syllable）的，所以书本上每一个 character 叫做一个字，口语里每一个 syllable 也叫做一个字。如"他低声说了两个字"，这字只是口语里的，不是书本上的。

中国古代没有字和词的分别，这也难怪。古代除了极少数的双音词（dissyllabic words，如"仓庚""蝴蝶"）之外，每一个字就代表一个词。"揄扬""提拔"之类,乃是意义相同或相近的两个词,合起来表示一个意义,它们并非纯粹的双音词。这是中国语被称为单音语(monosyllabic language)的原因。

除了"仓庚""蝴蝶"一类的双音词之外,还有由"意义兼并"而造成的双音词。这种词,要算"国家"为最早。古代诸侯所治称"国",大夫所治称"家",不能混用。到了后代,"家"的意义渐渐被"国"的意义兼并了,于是"国家"的意义只等于单音词"国"字。现代北京语里,"妻子"指"妻","兄弟"指"弟","窗户"指"窗","干净"指"净",都是这一类的例子。此外,如"姑娘""热闹""打发"等,其成因也许和"国家"之类不同,又如"裁缝",指"裁而且缝"的工人,这是以工作代表其人,其成因也和"国家"之类不同。但是它们都有一个共同之点,就是表面上似乎指示着平行的两种事物实际上只指一种事物而言。

有些双音词,似乎包含着两个词,而且此词修饰彼词其实只能表示一个概念。如"先生"不是"先出世",而是男子之尊称。像这一类的词有"天下""老妈""花厅""元宵""高兴"等。

另有一些双音词,似乎是"有意识"的演变。为了使听话人易于了解起见,社会上便产生了不少的双音词。产生的方式有三种,其一是把音段重复,如"妹妹""叔叔""婆婆"等;其二是把一个意义相关的字黏附于原字,如以"意"黏附于"故",成为"故意",以"来"黏附于"近"成为"近来"等;其三是在词的后而黏附一个大类名,如"芥菜""苹果"等。

然而中国语的大进化,乃是词类的记号(marker)的大量增加。前附号有"第""老""阿"等,如"第一""老王""阿二";后附号有"儿""子""头""么""们"等,如"花儿""桌子""石头""这么""爷们"。这些记号本是语法演进的产品,中国语里因此有了概念范畴的表号;但同时也使双音词大大地增加了。

(2)英译汉

The Practice of Translation(Excerpt)

By Kinga Klaudy

1. The system of transfer operations

Is there, or can there be any systematicity in the numerous multilevel and multi-natured operations performed partly consciously and partly instinctively/intuitively by translators in the course of translation? And if there is, is it possible to describe it? And if it can be described, can a linguistic description go beyond a mere recording of the transfer operations triggered by differences between languages? This is exactly what this part of the book attempts to accomplish.

1.1. The concept of transfer operations

In translating any sentence from one language into another, even the simplest one, translators perform a highly complicated sequence of actions, which includes the replacement of SL lexical units by TL lexical units, the restructuring of the sentence structure, the changing of the word order, the omission of certain elements and the addition of others, etc. Due to the differences between SL and TL lexical systems, even the seemingly simplest action-the replacement of SL lexical units by TL lexical units-can become a complicated task, involving a very complex decision-making process to make the right choice from among the different options offered by the TL. We shall call these operations (replacement, transposition, omission, addition, etc.) "transfer operations".

1.2. The history of the term

The term "transfer operation" will be used here as the English correspondent of the Hungarian term "átváltási müveletek", introduced into the Hungarian literature in the 80s (Klaudy 1991a). We shall use the term "transfer operation" in a broad sense, involving all the operations translators perform, from automatic substitutions to the conscious redistribution of explicit and implicit information.

Both the term "transfer" and the term "operation" have surfaced several times in the literature in the past 40 years, but they were rather used as metaphors and not technical terms.

Vinay and Darbelnet, who give the first systematic description of translation techniques (1958, 1995), do not use the term "operation". They distinguish between seven "methods" or "procedures" of translation: (1) borrowing, (2) caique, (3) literal translation, (4) transposition, (5) modulation, (6) equivalence, and (7) adaptation (1995: 41). They use the word "transfer" as a generic term for methods of translation (1985: 351).

The word "operation" can be found right in the first sentence of Catford's book: "Translation is an operation performed on languages": ... but what follows: "... a process of substituting a text in one language for a text in another" makes it clear that Catford's interest is in translation as a phenomenon rather than in operations carried out by translators (1965: 1).

In his *Toward a Science of Translating* (1964), Nida uses the word "operation" but not as a technical term. He uses the phrase "techniques of adjustment" as a term to refer to additions, subtractions and alterations (1964: 226 – 240). He makes a distinction between "techniques of adjustment" and "translation procedures" which can be divided into two categories: (1) technical and (2) organisational. "Technical procedures concern the processes followed by the translator in con verting a source-language text into a receptor language; organisational procedures involve the general organisation of such work, whether in terms of a single translator or, as is true in many instances, of a committee" (1964: 241).

The concept of "technical adjustment" underwent a radical change in Nida and Taber's *The Theory and Practice of Translation* (1969), where the process of translation is divided into three stages, namely (1) analysis, (2) transfer, and (3) restructuring, while adjustments ("semantic adjustments" and "structural adjustments"), became part of the transfer stage.

推荐阅读

方梦之,2011.《中国译学大辞典》. 上海：上海外语教育出版社.

冯庆华,2022.《实用翻译教程(英汉互译)》. 上海：上海外语教育出版社.

王力,1984.《中国语法理论》. 济南：山东教育出版社.

Kinga Klaudy,2003. *Languages in Translation：Lectures on the Theory,Teaching and Practice of Translation. With Illustrations in English,French,German,Russian and Hungarian*. Budapest：Scholastica.

Petter Newmark,2001. *Approaches to Translation*. Shanghai：Shanghai Foreign Language Education Press.

第14章 现代信息技术与翻译

> 翻译是一项融合语言学和计算机科学的任务,人工智能为此提供了前所未有的机会。
> （杰弗里·辛顿,图灵奖得主）
> 人工智能的目标是使计算机具备人类智慧,翻译是其中一个复杂而令人兴奋的挑战之一。
> （吴恩达,DeepLearning.AI 公司创始人）
> 人工智能不是为了取代人类,而是为了扩展人类的能力,提供更强大的工具和资源。
> （萨提亚·纳德拉,微软首席执行官）

在当今数字时代,随着人工智能的快速发展,数字人文、自然语言处理、语言数据科学、语音识别、语联网等概念或技术的不断涌现,现代信息技术对语言科学的影响已经渗透到方方面面。其中,翻译技术顺应时代潮流,发展势头迅猛,既提升了翻译实践的效率,又为翻译研究提供了新思路和新手段。本章将通过梳理现代信息技术与翻译融合的发展脉络,介绍从计算机辅助翻译(computer-aided translation)、机器翻译(machine translation)到如今 ChatGPT 时代机器翻译的快速发展历程,并探讨这些技术将如何成为翻译过程中的得力助手,如何在为传统翻译工作带来新挑战的同时重塑人们对翻译的认知。

1 现代信息技术对翻译的影响

现代信息技术的发展对翻译工具和翻译途径均产生了重要影响。许多过去难以量化的翻译信息被转化为翻译数据得到存储和处理,从而在后台形成了一个巨大的语料库。因此,在借助计算机辅助进行翻译时,这样的语料库可以极大地提升翻译质量和效率。

1.1 计算机辅助翻译

计算机辅助翻译(computer-aided translation,CAT),指的是译员借助计算机辅助翻译软件开展翻译工作,以达到更优质、更高效、更轻松地完成翻译工作的目的。计算机辅助翻译的思想源于机器翻译,但又与机器翻译有所不同,计算机辅助翻译的译者主观参与度较高,基本是在人工辅助翻译下逐步完成的。翻译记忆技术(translation memory)是计算机辅助翻译的核心技术。翻译记忆库是一个利用已有的双语文本建立起的储存对应原语和目的语的数据库,它与术语库和对齐工具同属计算机辅助翻译软件的核心组件,其基本思想内核是"做过的事无须再做",以提升翻译效率。译者在工作时,系统在后台实时更新翻译记忆库,每当原文出现相同或相近词句时,系统便会提示用户使用记忆库中最接近的译法，译者可以根据需要采用、舍弃或编辑重复出现的文本。此种技术决定了 CAT 工具更多适用于重复率相对较高的科技、新闻、法律、机械、医学等非文学翻译文本，帮助译者节省时间并改进翻译质量。目前主流的计算机辅助翻译软件有 SDL Trados、Transmate、memoQ、Déjà Vu、OmegaT、雅信 CAT 等。

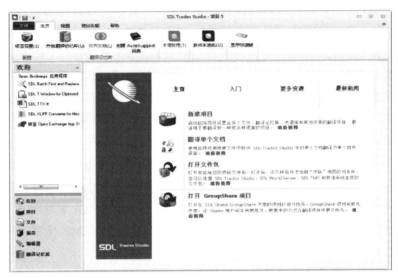

图 14-1　计算机辅助翻译软件 SDL Trados 界面示意图

SDL Trados 是众多计算机辅助翻译系统中的典型代表，在全球拥有 20 多万用户，可以辅助公司进行本地化翻译工作。使用 SDL Trados，用户通常能够将完成工作的速度提高 50% 左右，并可以显著减少翻译错误。除此之外，该系统还有专门的术语库，可以统一文本中出现的术语，使译文更为精准、工整和专业。

计算机辅助翻译的具体工作流程是如何的呢？我们可以将其分为译前、译中和译后三个阶段。译前主要有三项准备工作：一是对各类型的源文件进行格式过滤及句段切分；二是原文及已有译文的对齐和记忆库的建立；三是从原文中抽取术语建立术语库，为预翻译和编辑做好准备。译中主要是在记忆库和术语库的辅助下进行预翻译，确定匹配率和实际翻译工作量，并确保译文风格统一及表述正确。译后则要完成排版、语料回收和管理工作，确保最终译文符合客户的要求。

1.2　机器翻译

机器翻译（machine translation，MT）是指通过计算机将一种自然语言转换为另一种自然语言的过程，整个过程中没有译者参与。机器翻译的不断进步极大地提升了翻译的速度、效率与质量，其演变与发展主要可分为五个阶段：萌芽期、基于规则的机器翻译、基于实例的机器翻译、基于统计的机器翻译和基于深度学习的神经网络机器翻译。

（1）萌芽期

早在古希腊时期就产生了用机器进行翻译的思想萌芽。到了 17 世纪，笛卡尔和莱布尼茨都试图在统一的数字代码基础上编写词典，提供无歧义语言。20 世纪 30 年代初，亚美尼亚裔法国工程师阿尔楚尼提出了用机器来进行语言翻译的想法，并在 1933 年 7 月 22 日获得了一项"翻译机"的专利，名为"机械脑"。1933 年，苏联发明家特洛扬斯基设计了用机械方法将一种语言翻译为另一种语言的机器，并在同年 9 月 5 日登记了他的发明，将其称为"选词和印刷机"。

1946年，电子计算机在美国问世，同年英国工程师布斯和美国洛克菲勒基金会副总裁韦弗在讨论电子计算机的应用范围时，就提出了利用计算机进行语言自动翻译的想法。1949年，韦弗发表了一份以"翻译"为题的备忘录，正式提出了机器翻译的问题。在这份备忘录中，他除了提出各种语言都有许多共同特征这一论点之外，还特别指出：原文与译文的内容相同，译文则是用另一种符号对原文的编码。

1954年，冷战两极格局对立，美国对外声称研发出能够自动将60个俄语句子翻译成英语的翻译系统。该系统的出现引发了大家对机器翻译的讨论热潮，随之而来的军备竞赛也让加拿大、德国、法国及日本等均加入了机器翻译竞赛，以提升本国的武装实力。

(2) 基于规则的机器翻译

最早的基于规则的机器翻译思想出现于20世纪70年代。科学家们开始研究翻译员的工作，试图让计算机模仿翻译过程，重复翻译行为，并提升翻译效率。他们研发出一种基于语言学家制定的词典和语法等规则来生成翻译的机器翻译系统，并将其称为基于规则的机器翻译。然而，这种机器翻译模式开发周期长，过程中需要找寻精通不同语言的语言学家，成本也较高。同时还可能面临多种不同规则的冲突问题，有时为了解决一个问题而写的规则，可能会引起其他句子的翻译问题，进而形成恶性循环。

基于规则的机器翻译是一项重大的进步，但在翻译的过程中不乏一些例外情况，如英语中的非规则动词、德语中可分离的前缀、俄语中的后缀及同音异义词等。此外，相同的单词在不同的上下文语境中也有着不同的含义，这也会影响机器翻译的准确度。例如，"I saw a man on a hill with telescope"，可以翻译成"我看到山上有个男人拿着望远镜"，也可以翻译成"我站在山上透过望远镜看到一个男人"，还可以翻译成"我透过望远镜看到山上站着一个男人"。这是基于规则的机器翻译中难以避免的误差，但是这类问题如今随着机器翻译的发展也越来越少。

(3) 基于实例的机器翻译

1984年，日本著名机器翻译专家长尾真在《采用类比原则进行日英机器翻译的一个框架》("A Framework of a Mechanical Translation Between Japanese and English by Analogy Principle")一文中首次提出基于实例的机器翻译思想，即根据已有经验知识与类比原理，以翻译实例为基础进行机器翻译。随着平行语料库的逐渐扩大和机器计算能力的逐步升级，平行语料库中越来越多的信息可以直接被用作机器自动翻译的实例，从而取代基于词典和转换规则的机器翻译方法。

这种翻译模式依赖后台的大型文本语料库，与已储存语料的翻译进行比对，然后得出翻译结果。例如，要翻译"我为你感到高兴"，系统在语料库中找到相似的句子"我为她感到骄傲"，对比两句子之间的异同，将"你"替换成"她"，"高兴"替换成"骄傲"，然后将有差异之处在翻译时进行替换，从而给出最终的翻译结果。

基于实例的机器翻译系统目前主要有以下几个：1) 日本京都大学的MBT1和MBT2系统；2) 日本口语翻译通信研究实验室的ETOC和EBMT系统；3) 我国清华大学与哈尔滨工业大学联合开发的"达雅"系统。基于实例的机器翻译可以较好地应用在某些特定领域的翻译中，如术语的翻译、较规则的句式翻译，或者重复率较高的特定表达的翻译等（Poibeau，2017）。

(4)基于统计的机器翻译

1993年,彼得·F. 布朗等(Brown et al.,1993)发表了题为"The Mathematics of Statistical Machine Translation:Parameter Estimation"的论文,标志着基于统计的机器翻译方法的诞生,奠定了此后十余年机器翻译发展的基础。基于统计的机器翻译将翻译看作一种可计算的模型参数,自20世纪90年代兴起至今,用统计学方法建立机器自动翻译系统已发展成为机器翻译的主流类型,并一直是实践应用和学术研究领域的热点之一。从语言学角度出发,基于统计的机器翻译可以分为基于词对齐、基于短语对齐和基于句法统计三类。

统计机器翻译方法的基本过程如下:先准备一定规模的双语句对,比如人工翻译好的1000万组中日双语句对,每组均包含一句中文和一句日文译文;采用机器学习的方法,从该双语训练句对中自动训练学习翻译模型,同时采用大规模目标语单语数据自动训练学习语言模型;最后通过参数调优,构建一套完整的统计机器翻译系统。

其最大的优点在于不需要人工书写翻译规则,只需要人工准备双语句对库和单语数据。这样可以缩短训练时间,整个训练学习过程基本上不需要人工干预,可以全自动完成。任何句子都能够使用该方法给出译文,但可能译文质量不好。在译文质量这一点上,传统规则方法无法与之比拟,因为之前的机器翻译方法如果没有匹配成功合适的翻译规则,会导致翻译失败,无法生成译文。然而,其劣势在于对译文语序的调序能力不够,特别是涉及译文中需要远距离调序时,比如中文问句"在哪"在句尾,而英文的疑问词"where"在句首,就需要进行远距离调序。机器翻译的译文构建是要从左到右扫描原文进行翻译,一旦涉及远距离调序,译文的生成难度就非常大,往往效果不够好。这就导致基于统计的机器翻译结果中,会出现译文语句不通顺及漏译的问题。

(5)基于深度学习的神经网络机器翻译

基于深度学习的神经网络机器翻译(neural machine translation)是机器翻译发展史上的一次飞跃。它是利用人工智能模仿大脑神经元进行语言翻译,以端到端的方式进行翻译建模。词汇在翻译过程中被映射为高维向量空间中的矢量,并通过神经网络映射至目标语言。

神经网络这个名字源于生物学名词"神经元"。人的大脑有数亿个神经元,这些神经元和树突、轴突等组合起来形成生物神经网络。神经元依靠树突接收刺激信号,然后根据信号的强度,通过轴突将信号传递给其他神经元,从而使人做出反应。人工神经网络是模仿这种运作模式,从一端的神经元接受信息刺激,将刺激传递到下一层神经元,经过层层传递与加权处理,最终由另一端的神经元做出反应。自2016年谷歌公司推出GNMT(Google neural machine translation)开始,基于深度学习的神经网络机器翻译逐渐被大众所熟知。近十年来,随着翻译语料的逐步积累、互联网上电子文本的不断增加,以及计算机处理能力的不断增强,机器翻译与神经网络模型的契合度越来越高。

目前,基于深度学习的神经网络机器翻译的难点主要集中在对长句子的处理上。一是神经机器翻译在调序上更加复杂耗时,因而对其进行数据训练的难度更大;二是由于编码器在处理长句子时依然会按照固定纬度的向量编码,因而会出现误翻或漏翻的情况。为解决这一困境,该项技术引入了"注意力"机制。"注意力"机制通过同时应用正向神经循环和逆向神经循环,将两个循环的端到端"编码—解码"过程链接起来进行向量表示。这一链接可以使解码器在目标语言端有效捕捉相关的源语上下文，有效改善了信息传递方式，更加关注重要信息传达的准确度与流畅性。目前，基于深度学习的神经机器翻译技术在训练算法、先验约束、模型架构、受限词汇量及低资源语种翻译等方面都有了长足的发展。

2　人工智能时代的机器翻译与译后编辑

《2022中国翻译及语言服务行业发展报告》显示，语言服务企业当前普遍认同"机器翻译＋译后编辑"的工作模式。机器翻译在行业的应用越来越广泛，其重要性和必要性日益彰显。译后编辑（post-editing）是随着机器翻译的逐渐成熟而流行起来的翻译生产活动，指的是"通过少量的人工修改以对机器生成的翻译进行完善"的过程。在翻译数字化和产业化时代，基于机器翻译的译后编辑已然成为翻译行业发展的新常态，该模式为语言服务企业带来了新机遇，为翻译教学添加了新内容，为翻译技术研究增加了新维度。在现实的语言服务领域中，受到市场需求驱动，非文学类文本的机器翻译的语料库更大，准确率也相对更高。而文学类文本的翻译，如古典文学、戏曲、诗歌等，由于内容艺术性较强、情感表达丰富，准确率易受到影响，市场波及面没有非文学类广泛。当前主流的机器翻译软件和应用程序包括谷歌翻译、DeepL、Chat GPT、DeepSeek、百度翻译、有道翻译等。

2.1　文学类作品的机器翻译

通常来讲，文学类文本在机器翻译时的准确率不及非文学类文本，在译后编辑时所需改动之处相对较多。例1选自莫言的《酒国》，我们使用不同的机器翻译软件对原句进行翻译：

例1

原句：往左打方向时她的嘴角往左歪，向右打方向时她向右歪嘴角。

机翻译文1：She slanted her mouth to the left as she turned left; she slanted her mouth to the right as she turned right.

机翻译文2：The corner of her mouth tilts to the left when she steers to the left; she tilts the corner of her mouth to the right when she steers to the right.

葛浩文（翻译家）译文：When she lurched left, her mouth twisted to the left; when she veered right, it twisted to the right.

原句中的"打（方向）"，机翻译文1直译为"turned"，机翻译文2则结合上下文语境翻译为"steers to"，表达出了"带领、引导"的主动性。而译文3中翻译家葛浩文则创造性地将"打方向"译为"lurched"和"veered"，译出了一种动态美，彰显了翻译过程中译者的主体性。

例2中的原文选自19世纪英国作家、诗人艾米莉·勃朗特的代表作《呼啸山庄》，下面是几个不同的机器翻译软件提供的译文。

例2

原文：While enjoying a month of fine weather at the sea-coast, I was thrown into the company of a most fascinating creature, a real goddess, in my eyes, as long as she took no notice of me. I never told my love vocally; still, if looks have language, the merest idiot might have guessed I was over head and ears; she understood me, at last, and looked a return—the sweetest of all imaginable looks—

and what did I do? I confess it with shame—shrunk icily into myself, like a snail, at every glance retired colder and farther; till, finally, the poor innocent was led to doubt her own senses, and, overwhelmed with confusion at her supposed mistake, persuaded her mamma to decamp. By this curious turn of disposition I have gained the reputation of deliberate heartlessness, how undeserved, I alone can appreciate.

机翻译文 1(有道翻译):当我在海边享受了一个月的好天气时,我被扔进了一个最迷人的生物公司,在我眼里,一个真正的女神,只要她没有注意到我,我从未把我的爱说出口;不过,如果表情能表达的话,即使是最愚蠢的人也会猜出我在绞尽脑汁;她终于明白了我的意思,给了我一个回眸——所有能想象到的眼神中最甜蜜的那种——我怎么办呢?我羞愧地承认——我像蜗牛一样冰冷地缩进自己的身体,每看一眼就退缩地更冷更远;直到最后,这个可怜的无辜的人开始怀疑自己的感觉,她对自己所谓的错误感到困惑,说服她的妈妈离开了。由于这种奇怪的性格转变,只有我自己才能明白,这是多么不应该。

机翻译文 2(谷歌翻译):在海边享受一个月的好天气时,我被扔进了一个最迷人的生物的公司,在我眼中是一个真正的女神,只要她没有注意到。我从来没有口头表达过我的爱;仍然,如果看起来有语言,即使是白痴也能猜到我是在头脑和耳朵上。她终于理解了我的意思,看起来是一种回归——所有可以想象到的最甜蜜的表情——我做了什么?我羞愧地承认这一点——冷冷地缩进自己体内,就像一只蜗牛,每看一眼就会退缩地更冷更远;直到最后,可怜的无辜者开始怀疑自己的理智,并且对她认为的错误感到困惑,说服她的妈妈离开。由于这种奇怪的性格转变,我获得了故意冷酷无情的名声,这是多么的不值得,只有我一个人能理解。

机翻译文 3(DeepL):当我在海边享受了一个月的好天气时,我被扔进了一个最迷人的生物的公司,在我眼里,只要她不注意我,就是一个真正的女神。我从未大声说出我的爱;不过,如果外表有语言的话,最愚蠢的人也会猜到我是头和耳朵;她终于明白了我的意思,并以最甜蜜的眼神回报我,我做了什么?我羞愧地承认——像蜗牛一样冰冷地缩进自己的身体里,每看一眼就退得更远;直到最后,这个可怜的无辜者被引得怀疑自己的理智,并对她所谓的错误感到困惑,劝说她妈妈离开。由于这种奇怪的性格转变,我获得了故意无情的名声,这是不应该的,只有我才能体会。

杨苡(翻译家)译文:我正在海边享受着一个月的好天气的当儿,一下子认识了一个迷人的人儿——在她还没注意到我的时候,在我眼中她就是一个真正的女神。我从来没有把我的爱情说出口;可是,如果神色可以传情的话,连傻子也猜得出我在没命地爱她。后来她懂得了我的意思了,就回送我一个秋波——一切可以想象得到的顾盼中最甜蜜的秋波。我怎么办呢?我羞愧地忏悔了——冷冰冰地退缩,像个蜗牛似的;她越看我,我就缩得越冷越远。直到最后这可怜的天真的孩子不得不怀疑她自己的感觉,她自以为猜错了,感到非常惶惑,便说服她母亲撤营而去。由于我古怪的举止,我得了个冷酷无情的名声;多么冤枉啊,那只有我自己才能体会。

可以发现，机器翻译软件提供的译文具有一定的误差，翻译腔明显，且部分句子的语序和风格与汉语语言思维不符，例子中的画线部分均为译员在得出机器翻译结果后需要进行译后编辑的地方。翻译家杨苡的译文文学艺术性强，具有翻译审美的张力，译文质量非机器翻译所能及。

2.2 非文学类作品的机器翻译

非文学类文本的翻译，可以包含政论翻译、法律翻译、商务翻译、医学翻译、技术翻译等。这类文本是机器翻译应用范围最为广泛的领域。

例1中的原句出自一篇法律文本，法律文本的语言、用词等具有其独特的风格，专业术语往往具有特殊内涵。

例1

原句：The man died without issue.

机翻译文1：那人死得毫无问题。

机翻译文2：那个男人没有问题就死了。

机翻译文3：该男子死后没有任何问题。

人工译文：他死后无子嗣。

我们可以发现，机器翻译提供的译文准确还原出了前半句的含义，问题出在了"issue"这一法律术语上。三个机器翻译软件均将"issue"译为"问题"，而事实上，"issue"在该法律文本中的含义为"直系继承人；子嗣"。机器翻译在非文学类文本翻译领域的翻译准确度，尤其是对专业术语的翻译，受后台语料库中语料类型的影响较大，翻译文本与语料所属领域的相似程度越高，机器翻译结果的准确度就越高。

例2中的原文来自华为公司2022年的可持续发展报告（CSR报告），下面是几个不同机器翻译软件提供的译文，以及人工翻译的译文。

例2

原文：华为的利益相关方分为客户、消费者、员工、供应商、政府、非政府组织（NGO）、行业组织、媒体、学术界和公众等。我们建立了利益相关方参与机制，与相关方就共同关注的话题开展对话，了解其观点、诉求和期望，并相应地调整公司可持续发展目标和行动，及时有效地做出回应。我们与利益相关方的沟通有多种形式，包括参与各种主题的论坛、会议；实施联合可持续发展项目；与开展利益相关方调查；参与可持续发展行业研讨或学术研究；社交媒体传播和互动；发布研究及调查报告等。此外，我们还通过其他方式获取利益相关方的见解。

机翻译文1（DeepL）：Huawei's stakeholders are categorized as customers, consumers, employees, suppliers, the government, non-governmental organizations (NGOs), industry organizations, the media, academia, and the public. We have established a stakeholder engagement mechanism to engage in dialogues with stakeholders on topics of common concern, understand their views, demands, and expectations, and adjust the company's sustainability goals and actions accordingly, responding in a timely and effective manner. We communicate with our stakeholders in a variety of ways, including participation in forums and conferences on various topics; implementation of joint sustainability programs; conducting stakeholder surveys; participation in sustainability industry seminars or academic research; social media communications and interactions; and publication of research and survey reports. In addition, we obtain stakeholder insights in other ways.

机翻译文 2(谷歌翻译): Huawei's stakeholders are divided into customers, consumers, employees, suppliers, governments, non-governmental organizations (NGOs), industry organizations, media, academia and the public. We have established a stakeholder participation mechanism to conduct dialogue with relevant parties on topics of common concern to understand their views, demands and expectations, and adjust the company's sustainable development goals and actions accordingly to respond in a timely and effective manner. Our communication with stakeholders takes many forms, including participating in forums and conferences on various themes; implementing joint sustainable development projects; conducting surveys with stakeholders; participating in sustainable development industry seminars or academic research; social media communication and Interaction; publishing research and survey reports, etc. In addition, we obtain stakeholder insights through other means.

机翻译文 3(有道翻译): Huawei's stakeholders are divided into customers, consumers, employees, suppliers, governments, non-governmental organizations (NGOs), industry organizations, media, academia and the public. We have established a stakeholder engagement mechanism to engage with stakeholders on topics of common interest, understand their perspectives, aspirations and expectations, and adapt our sustainability goals and actions accordingly to respond in a timely and effective manner. Our communication with stakeholders takes many forms, including participation in forums and conferences on various topics; Implementing joint sustainable development projects; And conduct stakeholder surveys; Participate in sustainable development industry seminars or academic research; Social media communication and interaction; Publish research and survey reports, etc. In addition, we gain insights from our stakeholders in other ways.

人工译文: Huawei's stakeholders include customers, consumers, employees, suppliers, governments, NGOs, industry organizations, the media, academia, and the general public. We have established a comprehensive stakeholder engagement program to communicate and engage with stakeholders on topics of common interest to understand their opinions, needs, and expectations. Based on this communication, we adjust our sustainability goals and actions accordingly to ensure we respond rapidly and effectively. Our communication with stakeholders comes in various forms, including attending forums and conferences; conducting joint sustainability programs; jointly organizing conferences with customers and industry organizations; launching stakeholder surveys; attending sustainability workshops or research programs; communicating and interacting on social media; and publishing research papers and survey reports. These are only some of the ways we gain stakeholder insights.

可以发现，以上几个机器翻译软件在商务文本领域的翻译准确率较高，基本还原出了原文意思。但是，反观细节可以发现，机翻译文较人工译文语气相对生硬，语篇衔接不够自然，句式也相对缺乏变化。用词上，机翻译文不及人工译文精准度高，通常只采取其表面意思，而可能忽略上下文语境中的隐性含义。此外，机翻译文中词对词的字面翻译迹象明显，而人工译员在翻译时，可以根据阅历、领悟力、文字功底和鉴赏水平，结合具体情况翻译出上乘佳作。因此，机器翻译需要结合人工译后编辑，相辅相成，既可以节约翻译时间，又能提高译文质量。

3　ChatGPT 与机器翻译

ChatGPT 作为一种基于深度学习的自然语言处理技术，在机器翻译和多语言交互领域展现出了优秀的应用效果。GPT 是生成式预训练模型（generative pre-trained transformer）的缩写，其基于人类反馈进行强化学习，能够记住之前的对话、承认错误，流利地与人类进行连续多轮对话。ChatGPT 具有多种功能与用途，包括但不限于以下几个方面：

①问题解答和咨询：它可以回答用户的各种问题，比如天气、地理位置、时间、历史、科学、文化等，也可以提供专业领域的咨询服务，比如医疗、法律、金融等。

②个性化建议和推荐：它可以根据用户的兴趣、偏好、历史行为等信息，为用户提供个性化的建议和推荐服务，比如推荐商品、新闻、餐厅等。

③智能化客服和支持：它可以代替或辅助人工客服，为用户提供 24 小时在线咨询和支持服务，比如产品介绍、售后服务、技术支持等。

④语音转换和翻译：它可以实现语音转换和翻译功能，支持多种语言之间的互译和语音转换，使得跨语言交流更加便捷。

⑤虚拟助手和情感伴侣：它可以作为虚拟助手和情感伴侣，为用户提供语音交互、日程提醒、情感支持等服务，帮助用户更好地管理生活。

⑥娱乐和游戏：它可以作为虚拟游戏角色或游戏对手，与用户进行游戏互动，也可以为用户提供电影、音乐、笑话等娱乐服务。

下面我们分别使用某公司翻译机和 ChatGPT 对同一个句子进行翻译，具体感受它们在机器翻译方面的表现。

原文：《流浪地球2》是一部非常好看的科幻电影，它代表了中国科幻电影的新高度，我非常喜欢。

某机器翻译译文：Wandering Earth 2 is a very good science fiction movie, it represents the new height of Chinese science fiction movies, I like it very much.

ChatGPT 译文："The Wandering Earth 2" is a highly entertaining science fiction movie that represents a new height for Chinese science fiction films, and I love it very much.

从上述译例可以发现，ChatGPT 正确识别出了"The Wandering Earth 2"为电影的片名，并加注引号对术语予以强调。用词方面，ChatGPT 将"非常好看"译为"entertaining"而非"very good"，说明 ChatGPT 后台语料库的扩容在语言表征上体现为词汇的升级，使含义表达更为精准。句式层面，ChatGPT 使用了更为高级且复杂的从句代替了简单句，使表达显得更加自然流畅。由此可见，由于 ChatGPT 能够基于海量语料学习自然语言的语法及语义，并获取丰富的知识和信息，生成连贯且准确的文本，其翻译质量更高，可以视为基于深度学习的神经网络机器翻译的一种进步与发展。那么，要让 ChatGPT 更好地帮助我们完成更为困难的翻译任务，要如何作出指令呢？例如：

输入：假设你是英文翻译人员。我将提供一些中文文本，你需要使用优美且高级的英语词汇和句法将其翻译成英文。这些内容来自计算机科学领域的学术论文，因此请考虑领域背景知识，并确保专业术语的准确性和一致性。考虑到中文和英文表达的语法习惯有所不同，你可以从以英语为母语的人的角度进行适当调整，但请确保主要内容不变。请在回复时仅提供翻译后的文本，不要引用原文或提供任何解释。以下是需要翻译的内容：统计机器翻译把翻译问题等同于求解概率问题，即给定源语言 s，求目标语言 t 的条件概率。选取好翻译模型后，从双语平行语料中学习到这些模型的参数。当输入源语言时，通过学习到的模型将上述条件概率进行最大化，以获得最优的翻译结果。

ChatGPT：Statistical machine translation treats translation as a probability problem, which is to find the conditional probability of the target language t given the source language s. After selecting a suitable translation model, the parameters of these models are learned from bilingual parallel corpora. When the source language is input, the optimal translation result is obtained by maximizing the above conditional probability using the learned model.

同样一句话，如果使用谷歌翻译，结果如图 14-2 右侧所示。

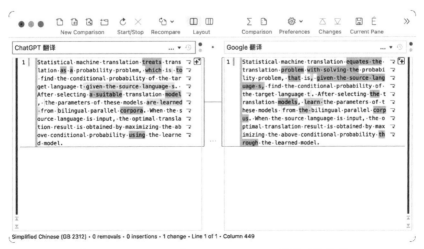

图 14-2　ChatGPT 与 Google Translate 翻译对比结果

在翻译过程中，ChatGPT 会考虑上下文、语法结构、领域专业术语等多种因素，尽可能准确地传达原文的意思，同时还可以根据用户的指令灵活调整语言风格和用词，以满足用户的不同需求。通过上述译例可以明显发现，ChatGPT 翻译所使用的词汇更高级，表达更流畅，处理能力更强大。未来，随着现代信息技术的不断发展，ChatGPT 在翻译领域也会得到更好的应用。

4　小结

在人工智能时代，翻译领域正在经历着深刻的变革与创新。本章探讨了现代技术在翻译中的应用与影响，以及其带来的挑战与机遇。通过讨论我们可以发现，人工智能技术的介入可以让翻译更加高效，大规模的自动化翻译，大大缩短了翻译周期，提升了工作效率。同时，人工智能翻译技术也大大促进了跨语言交流与理解，拓展了人们的交流范围。需要指出的是，虽然自动化翻译技术不断发展，但译者在翻译过程中的文化理解、灵活性和创造性仍发挥着重要作用。在不断探索人工智能与人工翻译的结合点的同时，我们应保持对语言和文化多样性的尊重，以促进翻译工作向着更有效、更准确、更贴近人心的方向发展。随着科学技术和人类智慧的不断提升，翻译工作必将迎来更加广阔和丰富的未来前景。

调查、思考与讨论

1. 本章中介绍的关于机器翻译的哪方面内容令你印象最为深刻？为什么？
2. 你是否赞同"使用机器翻译完成翻译作业属于一种学术欺骗"这一观点？
3. 学完本章内容后，你是否倾向于使用"机器翻译＋译后编辑"的翻译模式完成翻译任务？
4. 你认为机器翻译和人工翻译各自的优势和弊端是什么？
5. 请谈谈你对神经网络机器翻译的认识和理解。
6. 你认为做好译后编辑需要具备哪些方面的能力？
7. 你如何看待"文学作品不适合进行机器翻译"这一观点？请讲述你的理由。
8. 你认为 ChatGPT 会给人类社会的生产生活带来怎样的一场革命？
9. 调研并思考，现代信息技术与翻译之间的关系在未来的发展趋向。
10. 机器翻译与计算机辅助翻译有何区别？

翻译习作

尝试用你知道的不同的机器翻译软件翻译下面的文字，找出几段译文间的差异。你认为哪一个译文更精准？谈一谈自己的观点，并与你自己的翻译进行对比。

(1) 汉译英

山居生活寂寞单调，冬夜僵冷的黑暗也更是难堪。从小镇买来带有玻璃罩的油灯光芒是微弱的。为了获得更多的光亮，我试用废弃的瓶瓶罐罐制作了许多形态不一的小油灯。每盏小油灯都绽开一朵火花，奉献小小的光亮。微弱的光也能划破黑暗，对沉沉的黑夜是一种无言的反抗。即使熄灭了，它也燃烧过。何况还能再一次点燃，继续以它怯弱而又勇敢的火光向黑夜挑战。我满心喜悦地观赏着我自己手下的诞生的一点光明，它燃起了我精神上的火焰。

（选自《观灯记》，有删改）

(2) 英译汉

A generation of students who would otherwise have had little hope to study beyond high school are enduring grueling schedules to get a degree and pursue their dreams. Khim Borin, a 26-year-old tour guide by day and law student by night, says he wants to become a lawyer. But he sometimes has trouble staying awake in class during the high tourist season, when he spends hours scaling vertiginous temple steps and baking in the tropical sun. But the symbiosis of work and study here came together without any master plan. It was driven largely by supply and demand: universities opened to cater to the dreams of Cambodia's youth.

推荐阅读

冯志伟，2004.《机器翻译研究》. 北京：中国对外翻译出版公司.

吴军，2012.《数学之美》. 北京：人民邮电出版社.

吴军，2016.《智能时代》. 北京：中信出版社.

熊德意、李良友、张檬，2022.《神经机器翻译：基础、原理、实践与进阶》. 北京：电子工业出版社.

朱靖波、肖桐，2021.《机器翻译：基础与模型》. 北京：电子工业出版社.

第 15 章 中西翻译理论概述

> 相对而言，对翻译的讨论远不及翻译的体量。许多更广泛的问题被忽视了：翻译对民族语言发展的贡献，翻译与意义、思维和语言共性的关系等。
>
> （纽马克，《翻译问题探讨》）

翻译理论通常是指讨论翻译过程、产品、功能等方面的学科领域，具体涉及对翻译现象进行分析和解释，探讨不同语言、文化之间的信息传递和转换方式，以及探讨翻译的目的、原则和策略，探究翻译的本质和规律，从而指导翻译实践并促进跨文化交流的有效进行。从表层看，翻译就是一种语言转换活动，是一种实践行为，因此常被视为一种"技能"。当我们对这一实践行为进行反思时，就会发现事实并非如此，因为翻译活动同样是一种十分复杂的行为。就翻译的性质而言，学者们就有其属于"科学"还是"艺术"的争论。实际上，到底是"科学""艺术"还是"技能"，取决于我们看待翻译的视角。也就是说，从不同视角对各类翻译现象进行讨论，就会产生对翻译的不同认识。

我们应当如何认识翻译理论的作用？翻译理论对翻译实践是否具有指导作用？其意义何在？在翻译研究中，这些都是研究者所面临的首要问题。本章将向翻译实践与研究领域的初学者就翻译理论的流派作简要介绍。

1 翻译理论概貌

不同文化基于本文化语境下的翻译现象，对翻译的认识存在差异，即便同一文化内部在不同的历史时期对翻译的认识也会发生变化。也就是说，如果我们将对翻译的认识视为翻译理论的简单表现形式，那么不同文化中的翻译理论既存在共性，也表现出一定的个性。同一文化中的翻译理论也会表现出历时的变化。这些认识有助于我们深入认识翻译的本质，探究翻译的规律性，从不同视角全面认识翻译活动和翻译现象。

1.1 "我国自成体系的翻译理论"

罗新璋以"我国自成体系的翻译理论"一文作为其所编《翻译论集》的序言，在序言中他将我国的传统翻译理论的发展总结为"案本—求信—神似—化境"四个阶段。

> 我国的译论，原作为古典文论和传统美学的一股支流，慢慢由合而分，逐渐游离独立，正在形成一门新兴的学科——翻译学。而事实上，一千多年来，经过无数知名和不知名的翻译家、理论家的努力，已经形成我国独具特色的翻译理论

体系。试简论之:

——我国古代译家主张要"案本而传",即使"依实出华",也应"趣不乖本"。则"案本"思想,由是确立;而这"本"里,尚宜含"趣"。

——严复提出"译事三难",认为"求其信,已大难矣!""求信",可说是"案本"的发展。几十年来的研究,已趋于这种结论性的认识:"译事之信,当包达、雅;达正以尽信,而雅非为饰达。依义旨而传,而能如风格以出,斯之谓信。"所以"信"的含义,兼具达、雅的内容。

——而绝对的"信"又是极难的事,译文只能得原文的近似。所以,傅雷提出"获致原作的精神",标举"神似",是对"求信"的更高一级的发展,从而把翻译纳入文艺美学的范畴。

——翻译上的"化境",是指"译本对原作应该忠实得以至于读起来不像译本","而精神姿致依然故我"。此处所谓"译本……读起来不像译本",与傅雷所说"仿佛是原作者的中文写作",有异曲同工之妙,"而精神姿致依然故我",含义上似乎比"神似"又多所增进。所以,钱锺书提出的"化境",可视为"神似"的进一步发展,同时亦把翻译从美学的范畴推向艺术的极致。

这里,罗新璋指出中国传统翻译理论体系"独具特色",突出体现在其脱胎于中国古典文论和传统美学。道安提出"案本而传","案本"中的"案"同"按",又有"考查,研求"之意,"本"则指"本源",在翻译中指源文本,因此"案本"即依据源文本,即便包含一定的"趣"(即意译),也不背离原作。这种以源文本为取向(source text-oriented)的思想,更多强调原作的地位,原作成为衡量译作成功与否的唯一标准。

就严复提出的"信、达、雅",罗新璋指出,"信""兼具达、雅的内容",是对"案本"思想的发展。严复的思想依然是源文本取向,同时在一定程度上考虑读者的接受,包括译文的呈现方式。"信"作为翻译的最高理想,必须借助"达"和"雅"才能得以实现。因此可以说,"信"是目标,"达"和"雅"是手段,译者若能做到尽可能地"达"和"雅",译文就可以无限地接近"信"。至此,衡量译作质量的标准依然是原作,但读者的感受也被纳入进来作为衡量标准的一部分。

由于要达到与原作绝对的"信"很难,因此"译文只能得原文的近似",因此傅雷以"临画"作比,从译文效果的视角提出了"神似"的思想。在罗新璋看来,"神似"是对"求信"的进一步发展。"神似"的思想更多关注译作在读者身上产生的效果,因此"神似论"与奈达的"等效论"也有一定的相似之处。衡量译作质量的标准进一步发生了变化,从原作取向向译作取向过渡。

钱锺书的"化境"思想则进一步突出目标语取向的发展趋势,从译文呈现形式和读者感受出发,将好的译文界定为"读起来不像译本",呈现为一种隐性的翻译。罗新璋指出,"化境"与"神似"本质上"异曲同工",但"化境"是对"神似"的进一步发展。

朱志瑜(2001)指出,罗新璋对中国传统译论"案本—求信—神似—化境"的总结反映了中国翻译理论的三个发展阶段,即古代的"文质说"、近代的"信达雅说"和现代的"化境说",三种学说既相互联系又相对独立。我们也不难看出,中国传统译论是以解决翻译实践中的具体问题为出发点,从译文质量的衡量标准看,经历了一个由尊重原作到重视目标语读者感受的发展过程。朱志瑜进一步指出,"中国翻译理论大致是沿着这样的一条轨迹发展的：从最初一丝不苟模仿原文句法的'质'（直译）发展成允许在句法上有一定自由的'信'（意译），最后在'信'的基础上，演变成充满创造精神的'化'。""文质说""信达雅说"和"化境说"构成了我国传统译论的基础，直到今天依然发挥着重要影响。

20世纪80年代以后，随着改革开放，西方翻译理论开始被介绍到中国。其中最具代表性的是奈达的"动态对等"（dynamic equivalence）理论、纽马克的"语义－交际"翻译（semantic-communicative translation）理论和文本类型（text type）理论、卡特福德的翻译转换（translation shift）理论，以及费道罗夫和巴尔胡达罗夫的"等值翻译论"等。这一时期引进的外国翻译理论，主要以语言学取向的翻译理论（linguistics-oriented translation theories）为主，在国内翻译学界产生了重大而深远的影响。这些理论的优势在于其可操作性，即在翻译实践中可以有效地指导译者解决实际的翻译问题。

21世纪以来，西方翻译理论被进一步引进到国内，描写翻译学、文化学派、操纵学派、功能学派、目的论，以及女性主义理论、后殖民主义理论、解构理论、阐释学等与翻译的结合，还包括认知翻译学、语料库翻译学、翻译社会学等思想被引介，在研究中得到大量应用，并在一定程度上有了进一步的发展。

在新旧世纪交替之际，关于"中国特色翻译理论"的讨论也被提上日程。张柏然（2008）[80]指出，建成中国特色翻译理论的标志，是"在吸收中外古今译论的基础之上，我们在阐释本国翻译与外国翻译现象时，在理论上有自己的一套不断确立着的规范、术语与观念系统，具有我们自己的理论独创之处；在世界译论中，不是总是跟着人说，而是用我们自己的话语表述，并在世界多元化的译论格局中，有着我们译论的一定地位，使中外译论处于真正的交往、对话之中。"也就是说，在翻译研究中，我们不能够一味推崇西方的理论而妄自菲薄，而应当看到自己的优势，建立自己的理论话语体系，形成与世界翻译话语平等对话的格局。需要指出的是，突出"中国特色"并非只关注"个性"问题而忽略"共性"问题，而是从中国的翻译现象出发，基于中国的理论话语讨论翻译问题，以形成更具一般性的理论。

在此基础上，一系列本土翻译理论陆续生成，如变译理论、多元互补理论、生态翻译学、译介学、译者行为批评、知识翻译学等。这些理论学说均由中国学者创立，既有基于中国翻译现象的中国传统译论，也有通过对外国翻译理论的借鉴而形成的自己的理论体系和理论话语，在国内外有一定的影响力。

1.2　西方翻译理论

就西方翻译理论而言，其早期发展与中国传统译论相似，从宗教文本翻译及关于"直译"和"意译"的讨论开始，以"忠实"或"信"作为翻译话语表述的核心概念术语，话题主要集中在什么样的翻译才是"好"的或"忠实"的翻译方面，带有鲜明的规定性色彩。20世纪五六十年代，语言学理论被应用于翻译研究，产生了以"对等"（equivalence）为核心概念工具的翻译话语，翻译理论的主要任务在于，讨论如何实现译作与原作在两种不同语言之间各个层面的对等。70年代以后，语言学取向的翻译理论"一统天下"的格局被打破，翻译理论呈现多元化发展，描写翻译学、以翻译行为理论和目的论为代表的功能主义翻译理论、以"文化转向"为标志的翻译理论等迅速发展起来。90年代以后，社会学翻译、语料库翻译学、翻译传播学等新的学科研究分支层出不穷。

切斯特曼将西方翻译理论的发展分为语词（words）、圣言（the word of God）、修辞

(rhetoric)、逻各斯(Logos)、语言学(linguistic science)、交际(communication)、目的语(target)、认知(cognition)八个阶段,并分别赋予其翻译是重建(translation is rebuilding)、翻译是复制(translation is copying)、翻译是模仿(translating is imitating)、翻译是创造(translating is creating)、翻译是语际解码(translating is transcoding)、翻译是传递信息(translation is sending a message to someone)、翻译是操纵(translation is manipulation)、翻译是思维(translation is thinking)八个隐喻,并介绍了每个阶段的代表人物及其代表思想(Chesterman,2016)[18-40]。从历时发展看,翻译研究的关注点在不同阶段发生了一定变化,与此同时,原作的地位、译者享有的自由度、目标语读者的地位、译文的呈现方式也产生了一定的历时变化。

同样是对西方的翻译理论发展进行综述,纽马克(Newmark,2008)将其划分为语言阶段(linguistic stage)、交际阶段(communicative stage)、功能主义阶段(functionalist stage)和伦理/美学(ethical/aesthetic stage)四个阶段,语言阶段的理论研究集中关注翻译过程中的语言或文本转换,交际阶段更注重信息的传递,功能主义阶段的讨论则将重点放在翻译在目标语语境中所产生的效果或所发挥的作用,伦理/美学阶段的翻译理论则在一定程度上是翻译研究的人文回归。

2 翻译理论的学派

杨晓荣(2004)[39]认为,"学术研究中的学派或流派,一般指具有共同理论背景或者理论方法特征相似的若干研究者所形成的群体。"与外国翻译理论领域相比较,中国翻译理论领域比较少谈及"流派"或"学派",一方面是研究传统使然,另一方面或许也在于研究者们对此问题并未加以关注。反观当代外国翻译理论,则学派林立。

2.1 中国学派

王秉钦(2004)总结了中国传统翻译思想发展史上的十大学说——"文质"说、"信达雅"说、"信顺"说、"翻译创作"论、"翻译美学"论、"翻译艺术"论、"意境"论、"神似"说、"化境"说和"整体"论,指出"此十大学说思想,既相互独立又相互联系,有着共同的历史渊源,构成中国传统翻译思想的一条贯穿始终的长轴"。朱志瑜(2001)将中国翻译理论的发展总结为古代的"文质说"、近代的"信达雅说"和现代的"化境说",并指出这三种学说构成了中国翻译理论的基础。尽管这些思想影响深远,但在翻译研究领域并未能形成旗帜鲜明的理论流派。以下暂且以"信达雅"学派、"神话"学派和"特色"学派简要讨论中国翻译理论的概貌。

"信达雅"学派以严复提出的"信、达、雅"思想为基础,将"信"放在衡量译文质量的首位,并且在确保译文语言可接受性的情况下,对严复所提出的"雅"从文体、受众、规范等视角作了进一步的发展。严复所提出的"达"是指译文应当采用"汉以前字法、句法",目的在于用正式的语言形式来传达严肃的大道理。随着社会的发展,人们对于翻译的认识也发生了变化,因而对严复的"雅"也有了不同的看法。既有批评,也有褒奖。宋学智等(2024)[85]将前辈学者对"雅"的认识和发展归纳为以下四种观点:①"雅"指译文的文字水平高;②"雅"即风格;③"雅"即"得体、恰当";④"雅"即"正确、规范"。这些认识是对严复"雅"的动态阐释与发展,也是我们对待翻译理论应有的态度。宋学智等(2024)[89]进一步指出,"植根于中国思想文化沃土中的'信达雅',依然是现代理论生发的种子、酵母,是中国译论中可以进行现代转化的重要命题,是生成中国译论现代话语机制的重要基础。"

"神话"学派则是以傅雷的"神似说"与钱锺书的"化境说"为理论基础,尤其关注文学翻译作品的呈现形式及其在读者身上产生的效果。也就是说,译者个人的文学艺术修养在一定程度上决定着其对原作的认识与鉴赏,以此为前提,译者的输出才能具备一定的艺术高度,从而得到读者的认可。如果将确保忠实于原作的"充分性"(adequacy)和确保译文读者接受的"可接受性"(acceptability)作为译者第一步的抉择,那么根据"神似说"与"化境说"的思想,译作的可接受性则是确保其充分性的必要条件。宋学智等(2022)[134]提出,"傅雷的'神似'与钱锺书的'化境'在内涵上具有一致性,在本质上具有相通性",具体而言,"钱锺书的'化境'主要立足于翻译的理想境界来审视翻译实践;傅雷则是立足于翻译实践,提出将'神似'作为审美效果和审美追求,来指向'化境'。"尽管一些学者对"神话说"持批评态度,认为此种观点比较抽象,缺乏可操作性,对于一般译者来说难以习得,但从美学、认知,乃至接受理论视角,"神话说"有其理论与实践价值,在中华文化"走出去"的译介与传播过程中依然可供译者们借鉴。

20世纪80年代以来,外国翻译理论的引介一方面开阔了学者们的视野,另一方面也在一定程度上影响了中国本土翻译理论的进一步发展。进入21世纪以来,越来越多的学者注意到了这个问题,提出了"中国特色翻译理论"的构想。在此基础上,一系列本土翻译理论相继被创立起来。如变译理论(Variational Translation Theory)是指"译者根据特定条件下特定读者的特殊需求采用增、减、编、述、缩、并、改等变通手段摄取原作有关内容的翻译活动。同'翻译'概念一样,变译既指行为,也指结果"(黄忠廉,2002)[20]。该理论基于翻译实践中的具体问题,具有较好的可操作性和说服力。生态翻译学(Eco-translatology)理论将生态学"适应选择"的思想与翻译学相结合,"着眼于翻译生态系统的整体性,从生态翻译学的研究视角,以生态翻译学的叙事方式,对翻译的本质、过程、标准、原则和方法,以及翻译现象等作出新的描述和解释"(胡庚申,2008)[11]。生态翻译学体现出鲜明的跨学科性质,"是至今我国国际引证指数最高的、国际影响最大的本土译论"(方梦之,2024)[3]。译介学(Medio-translatology)是在中国本土语境下产生的又一种具有一定特色的跨学科理论,其诞生不仅与中国当时的时代语境有关,也与翻译学和比较文学这两门学科存在内在联系。创造性叛逆、翻译文学、翻译文学史等几大核心概念具有层层递进的特性。基于创造性叛逆,翻译文学在目标语文化中具有了其独立的合规的地位,从而催生出围绕翻译文学的一系列译介学研究课题。学界对译介学的发生背景、渊源、性质、理论基石、定位等开展了较为全面的探讨。此外,需要强调的是,国内译介学研究与国外文化转向之后的翻译研究也有着密切的关系,其本质都是描述性研究,而非规定性研究。因此,可以尝试将译介学与多元系统理论及描述翻译学进行比较,互学互鉴,取长补短,构建更加完善的本土翻译理论体系。译者行为批评(Translator Behavior Criticism)是指"在社会视域下对译者行为所作的批评性研究,是对于译者在翻译化过程中的角色化过程及其作用于文本的一般性行为规律特征的研究"(周领顺,2014)[93]。该理论借鉴语言学理论,同时融合社会学理论,以具有主观意志的个体(即译者)作为研究对象,深入探索翻译内部与外部的互动关系,从语言和社会两个层面探讨在译本生成过程中影响译者行为的内在和外在因素。知识翻译学(Transknowletology)则"聚焦地方性知识向世界性知识的生产变迁,把翻译置于不同知识共同体的历史视野和格局下考察,科学分析不同语言面对不同知识如何选择、加工、改造的实践和经验及其语言转换、概念生成等知识生产和传播的文化背景、社会条件和政治环境。知识翻译学就是探究跨语言知识加工、重构和再传播的行为、关系、运动和规律"（杨枫，2021）[2]。该理论注重翻译过程中的知识传递和知识构建，强调译者在翻译中不仅是语言传递的工具，更是知识传递和构建的主体。

上述本土产生的翻译理论根植于中国的翻译现实，从中国的翻译问题出发，提出了具有一定的中国"特色"的思想与观点，可称为"中国特色翻译理论"和"中国本土翻译理论"。周领顺（2023）称之为翻译理论的"中国学派"。也就是说，在今天中国文化"走出去"大背景下，中国的翻译理论同样需要走出去，构建自己的理论体系和理论话语，真正实现国际平等对话，为世界翻译理论提供"中国方案"。

2.2　外国学派

当代西方翻译理论发展过程中，基于不同的视角产生了许多不同的流派，比较有代表性的包括文化学派、操控学派、功能学派、阐释学派等，以下择部分作一简要介绍。

翻译文化学派（cultural school of translation studies）打破了以往只关注翻译文本和语言本身，以及译文与原文的忠实或对等与否的传统，进一步将关注点拓展到翻译活动之外，关注影响和限制翻译活动的社会、历史、文化、意识形态等因素，从意识形态、赞助人和诗学等视角考察翻译中所涉及的不平等关系等。其所讨论的文化已经超越了语言和文本本身所蕴含的文化信息，而是延伸到了翻译活动所置身的更大的"社会—文化"语境中，从语言内部到语言外部，与文化学、社会学、哲学、心理学等相结合，聚焦翻译中所隐含的意识形态、主流诗学和权势关系等问题。

翻译操纵学派（manipulation school of translation studies）则提出"所有的翻译均为改写"的观点，认为翻译不可能完全忠实原文，而是在译者的主观选择和外部干预条件下进行的一种再创造和改写过程。这种观点强调了翻译过程中译者的主体性，强调了翻译活动本质上是一种改变和重构原文的行为。在翻译操纵学派看来，翻译不局限于语言文字的转换，更涉及文化认知、意识形态、修辞风格等方面的选择和操纵，从而使翻译在目的语文化中以译者所预期的形式存在并发挥作用。这种观点挑战了传统的"忠实"观念，强调译者在翻译过程中的主体作用，可以对文本进行重新诠释和再现。

翻译功能学派（functionalism of translation studies）则将翻译视为一种有目的的社会行为，其最具代表性的思想被称为目的论（Skopos Theory）。根据目的论的观点，任何翻译行为的目的及实现此目的的模式都是译者与翻译行为委托人（client）或发起人（initiator）沟通的结果，译者在这一过程中充当着受委托专家（expert）的角色，具备更多专业知识，对译文呈现方式有充分的决定权（Vermeer，2000），委托人对翻译行为具有终极决定权。在目的论框架下，源文本的地位不再"至高无上"，而仅是一个参照"信息源"。因此，源文本并非衡量译作成功与否的首要标准，翻译目的是否得以实现才是决定翻译行为成败的根本所在。译者在翻译活动中享有更大自由度，可从自己作为专家的角度，对源文本进行自己认为合适的改动，前提则是保证翻译目的的实现。

翻译阐释学派（hermeneutics of translation studies）则是从哲学视角对翻译的思考，强调翻译过程中对文本的深度理解和解释，突出了文本背后的文化、历史、意义。阐释学思想认为翻译过程是一种跨文化的文本交互，需要考虑原文与译文之间的相互关系和互动效应，主张译者需要对原文进行深入解读，包括文本中的文化内涵、历史背景和作者意图等，以便传达出原文所蕴含的深层意义和价值观。他们提倡在翻译过程中重新构建和创造文本的意义，以适应目标文化的语境和读者的需求。

近年来，翻译学与社会学思想与研究方法的结合产生的社会翻译学更是进一步拓展了翻译研究的疆域，丰富了研究课题，完善了方法论。随着社会的进一步发展和文化之间的深入交流，以及现代技术的介入，翻译现象会进一步展示出多样化的趋势，翻译研究的前景也将更为广阔。

3　翻译理论的价值

"理论"一词本义是指"一种看待事物的方式；一种观点；一种思考"。也就是说，理论从本质上是一种帮助我们观察、思考、理解和解释现象的思维方式。翻译理论的价值主要在于帮助我们反思译者在做什么、他们是如何做的，以及为什么他们会以一种方式而非另一种方式进行翻译。换句话说，翻译理论可以帮助我们认识、理解和解释各类翻译现象。

翻译理论家霍姆斯（Holmes，1987）[15]将翻译学界定为一门实证学科（empirical science），并根据德裔美籍科学哲学家卡尔·G.亨普尔关于实证科学主要研究目标的思想，指出翻译学的两个主要目标：①描写我们经验世界中有关翻译过程及翻译产品本身的各种现象；②建立一般原则用于解释和预测这些现象。霍姆斯提出了描写翻译研究（Descriptive Translation Studies）的分支，并将其划分为过程取向（process-oriented）、产品取向（product-oriented）和功能取向（function-oriented）三种描写翻译研究类型。由此可见，翻译理论的主要功能在于帮助我们更好地理解翻译过程、翻译产品，以及翻译活动中涉及的所有现象。

那么翻译理论与翻译实践之间存在何种关系呢？应该说，这两方面是相互依存的。实践可以为理论研究提供更加多元化的研究对象，从而帮助译者更多地了解自己和活动本身。然而，理论训练并不一定能够确保译者在其所有翻译实践中都能取得成功，但至少可以帮助研究人员更好地理解翻译实践中遇到的问题。也就是说，翻译理论在一定程度上可以为译者提供一套理论框架和指导原则，帮助他们解决翻译中的难题和挑战，提高翻译质量和效率。

而其更为重要的作用在于拓展我们的认知视野。翻译理论可以帮助我们深入理解翻译活动的本质、原则和方法，促进对跨文化交流和语言现象的思考和认识。此外，翻译理论的不断发展能进一步促进翻译研究的深入和创新，为翻译实践提供更多的思想启示和方法论支持。

4　小结

本章讨论了具有代表性的中西翻译理论的主要流派及其核心观点。不难看出，中西翻译理论既表现出一些共性特征，也存在差异，反映出不同社会文化对翻译的认识。理论的多样性体现出研究者从各自的视角出发对翻译的认识，它们之间并非一种相互排斥的关系，而是密切联系、互为补充的。翻译理论的多样性为我们提供了不同的视角和思路来理解翻译活动。无论中外，每种理论流派都有其独特的侧重点和独特性，可以帮助我们更全面地认识翻译的复杂性和多样性。需要指出的是，翻译学作为一个跨学科领域，需要不断结合中西翻译理论的精华，拓展研究视野，深化理论探讨，才能促进翻译研究的进一步发展。

调查、思考与讨论

1. 翻译理论与翻译实践之间到底存在何种关系？翻译理论的价值何在？
2. 从历时角度看，中国传统译论都涉及哪些主题，经历了哪些变化？
3. 请尝试从今天的视角重新审视严复的"信达雅"思想？
4. 造成中国翻译理论在世界范围内普及化不足的因素主要有哪些？
5. 中外翻译理论中有很多以隐喻形式呈现的讨论，请收集不同文化中关于翻译的隐喻，并加以对比分析。
6. 请尝试梳理具有代表性的中国本土翻译理论并加以评价。
7. 如何对中国传统翻译理论进行现代阐释？
8. 外国翻译理论对中国翻译理论的影响表现在哪些方面？
9. 中西翻译理论的共性与差异表现在哪些方面？
10. 如何构建中国翻译理论话语体系并进行有效对外传播？

翻译习作

请在小组分工调查、讨论基础上，借助翻译工具完成以下汉-英、英-汉翻译习作，总结翻译中遇到的问题并进行讨论。

(1)汉译英

　　我国之有翻译理论，可算得是源远流长的了。汉末以来的一千七百多年间，翻译理论的发展以其自身显现的历史阶段而言，当可分为三大时期。汉唐以来，主要在佛经翻译方面，译经大师有各自的主张，直译派、意译派、融和派也有不少论述。各种观点在当时已见大端，译论里也见有"信达雅"等字，但总的说来，是"开而弗达"，没有形成一种能笼罩当世的观点。近代和"五四"时期，和前一阶段相比，其显著不同之处，是出现以严复的"信、达、雅"为标志的中心理论。于是，直译与意译问题，可用信而不达与达而不信来说明；翻译界的论战，也往往起于对信达雅的不同理解。第三个时期是解放以后，探讨问题之深，涉及范围之广，开拓领域之多，远胜于前两时期。这个时期提出的各种观点各种主张中，"神似"与"化境"，是现在的翻译文论中征引较多的两种代表论点。直译与意译问题，也可用偏重形似与偏重神似得到解释；而"入于化境"一语，成为对译笔的极高评语。"神似"与"化境"，一方面固然可说是对"信达雅"的一个突破，从另一角度看，亦未尝不是承"译事三难"余绪的一种发展。梁启超说："'信达雅'三义'兼之实难，语其体要，则惟先信然后求达，先达然后求雅。'""雅"已涉及文艺美学的边缘，其进一步发展，或者就通向出"神"入"化"。从这个意义上说，"神似"与"化境"，是对"信达雅"的否定和发展。纵观汉唐、近代、解放以来这三大时期，翻译思想的发展呈螺旋形上升，往往后发前至，同时又有所扬弃，一层深于一层，一环高于一环。

（罗新璋，《翻译论集》）

(2)英译汉

Can translation theory help translators? In a way, I have a lot of sympathy with what I suppose is the assumption behind this question: that's one reason why we are writing this book, after all. But let's ponder the assumption a bit first: that translation theory SHOULD have this aim.

Should musicology help musicians or composers to become better musicians or composers? Should literary theory help writers and poets to write better? Should sociology help the people and groups it studies to become better members of society? Should the theories of mechanics and cybernetics help engineers and computer scientists to produce better robots? I guess your answers to these questions will not be identical: I myself would be more inclined to answer yes to the last one than to the others. To the sociology one, I might answer that it should at least help people like politicians to make better decisions. But the ones on musicology and literary theory seem a bit different; such theories seem more to help other people understand these art forms, rather than the artists themselves. In particular, such theories might help academics (theorists) to understand something better, and hence, in some abstract way, add to the sum total of cultural knowledge.

So is translation theory more like musicology and literary theory, or like sociology, or like mechanics and cybernetics? From the point of view of a practising translator, it may seem more like the mechanics type.

As such its value (its only value?) is in its application, in its social usefulness. This connects with your initial coal-mining metaphor (to which I shall return later!). We are mining coal, so let's have a theory that makes the job easier, helps us to mine more efficiently…

On this view, theorists are somehow seen to be 'up there', like teachers, in possession of knowledge to hand down, or at least with the duty of finding out such information; and we translators are 'down here' (underground?): just tell us what to do, tell us how to do it better, please… What kind of a professional self-image emerges here?

Most modern translation theorists find this view very odd. To them, it seems to represent an old-fashioned prescriptive approach, an approach that sets out to state what people should do. For several decades now, mainstream translation theory has tried to get away from this approach: it has been thought unscientific, un-empirical. Instead, we theorists should seek to be descriptive, to describe, explain and understand what translators do actually do, not stipulate what they ought to do. From this descriptive point of view, it is the translators that are 'up there', performing an incredibly complex activity, and the theorists are 'down here', trying to understand how on earth the translators manage. These theorists see themselves as studying the translators, not instructing them.

Having said this, I do think that lots of bits of translation theory are nevertheless relevant to translators... But let's see, as this dialogue progresses.

I wonder if we can agree on what the aims of a translation theory ought to be? And on what the research object of such a theory might be, what we would expect it to cover? The word 'theory' originally meant a way of seeing, a perspective from which to contemplate something, so as to understand.

(A. Chesterman and E. Wagner, *Can theory help translators?*)

推荐阅读

罗新璋，1984.《翻译论集》. 北京：商务印书馆.

许钧、穆雷，2009.《翻译学概论》. 南京：译林出版社.

朱志瑜、张旭、黄立波，2020.《中国传统译论文献汇编：三国—1949》. 北京：商务印书馆.

Jeremy Mundy, 2001. *Introducing Translation Studies: Theories and Applications*. London: Routledge.

Jenny Williams, & Andrew Chesterman, 2002. *The Map: A Beginner's Guide to Doing Research in Translation Studies*. Manchester: St. Jerome Publishing.

主要参考文献

曹明伦,2009. 爱伦·坡作品在中国的译介:纪念爱伦·坡200周年诞辰[J]. 中国翻译,(1):46-50.

曹雪芹,高鹗,2021. 红楼梦[M]. 上海:上海古籍出版社.

陈大亮,许多,2018. 英国主流媒体对当代中国文学的评价与接受[J]. 小说评论,(4):153-161.

陈福康,2000. 中国译学理论史稿[M]. 上海:上海外语教育出版社.

国家语言文字工作委员会,2020. 中国语言服务发展报告[M]. 北京:商务印书馆.

陈寅恪,2009. 童受喻鬘论梵文残本跋[M]//金明馆丛稿二编. 北京:生活·读书·新知三联书店:234-239.

陈子展,1929. 翻译文学[M]//中国近代文学之变迁. 上海:中华书局:132-163.

陈宗祥,邓文峰,1979.《白狼歌》研究述评[J]. 西南师范大学学报(人文社会科学版),(4):48-55.

邓文峰,陈宗祥,1981.《白狼歌》歌辞校勘[J]. 西南师范大学学报(人文社会科学版),(1):114-116.

方梦之,2011. 中国译学大辞典[M]. 上海:上海外语教育出版社.

方梦之,2024. 走向国际的生态翻译学[J]. 外语电化教学,(1):3-8.

冯志伟,1987. 人机对话与语言研究[J]. 语文建设,(6):58-60.

冯志伟,1999. 机器翻译:从梦想到现实[J]. 中国翻译,(4):37-40.

冯志伟,2011. 计算语言学的历史回顾与现状分析[J]. 外语,(1):9-17.

冯志伟,2021. 神经网络,深度学习与自然语言处理[J]. 上海师范大学学报,(2):110-122.

耿强,2012. 国家机构对外翻译规范研究:以"熊猫丛书"英译中国文学为例[J]. 上海翻译,(1):1-7.

顾钧,2018. 晚清时期的"东学西渐"[J]. 人民论坛,(12):142-144.

桂廷芳,2003. 红楼梦汉英习语词典[Z]. 杭州:杭州出版社.

郭建中,2000. 当代美国翻译理论[M]. 武汉:湖北教育出版社.

郭延礼,1996. 近代翻译侦探小说述略[J]. 外国文学研究,(3):81-85.

贺麟,1982. 严复的翻译[A]//论严复与严译名著. 商务印书馆编辑部,编. 北京:商务印书馆:28-42.

贺显斌,2007. 欧盟的翻译对传统翻译观念的挑战[J]. 北京第二外国语学院学报,(4):6-11.

胡安江,2018. 改革开放四十年中国文学"走出去"的成就与反思[J]. 中国翻译,(6),18-20.

胡庚申，2008. 生态翻译学解读[J]. 中国翻译，(6)：11-15.
胡适，1998. 白话文学史[M]. 北京：北京大学出版社.
胡愈，2014. 纽伦堡审判与四国语言的同声传译[J]. 德语人文研究，(2)：36-43.
黄忠廉，2002. 变译理论：一种全新的翻译理论[J]. 国外外语教学，(1)：19-22.
季羡林，2010. 佛教十六讲[M]. 武汉：长江文艺出版社.
季羡林，2016. 季羡林谈东西方文化[M]. 北京：当代中国出版社.
金庸，2013. 射雕英雄传[M]. 广州：广州出版社.
黎难秋，2006. 中国科学翻译史[M]. 合肥：中国科技大学出版社.
李约瑟，1999. 中国科学技术史[Z]. 第四卷第二分册：机械工程. 鲍国宝，等译. 北京：科学出版社.
联合国，2022. 关于联合国翻译你了解多少？[EB/OL].（2022-02-16）[2024-12-12]. http：//io.mohrss.gov.cn/a/2022/02/16/11064.html.
联合国教育、科学及文化组织，2022. 信使[EB/OL].[2024-12-12]. https：//www.un-ilibrary.org/content/journals/22203583/2022/2.
梁启超，1902. 论小说与群治之关系[J]. 新小说，(1)：24-31.
梁启超，2001. 佛学研究十八篇[M]. 上海：上海古籍出版社.
梁晓声，2017. 人世间[M]. 北京：中国青年出版社.
刘慈欣，2022. 三体[M]. 重庆：重庆出版社.
刘军国，朱东君，葛文博，等，2020. 中外合拍电影：光影合作促进文化交流[EB/OL].（2020-12-31）[2024-04-30]. http：//media.people.com.cn/n1/2020/1231/c40606-31984815.html
刘仙洲，1940. 王徵与我国第一部机械工程学（附图）[J]. 新工程，(3)：26-36.
刘象愚，2021. 译"不可译"之天书[M]. 上海：上海译文出版社.
刘涌泉，高祖舜，刘倬，1964. 机器翻译浅说[M]. 北京：科学普及出版社.
刘涌泉，等，1984. 中国的机器翻译[M]. 上海：知识出版社.
卢丽萍，2017.《恶之花》的汉译[J]. 新文学史料，(3)：125-128.
罗新璋，1984. 翻译论集[C]. 北京：商务印书馆.
罗选民，2016. 从"硬译"到"易解"：鲁迅的翻译与中国现代性[J]. 中国翻译，(5)：32-37.
马学良，戴庆厦，1982.《白狼歌》研究[J]. 民族语文，(5)：16-26.
梅谦立，2011.《论语》在西方的第一个译本（1687年）[J]. 中国哲学史，(4)：101-112.
钱玄，钱兴奇，1998. 三礼辞典[Z]. 南京：江苏古籍出版社.
让-保罗·基莫尼奥，2023. 卢旺达转型：重建之路的挑战[M]. 黄立波，等译. 北京：中国社会科学出版社.
释慧皎，1992. 高僧传[M]. 汤用彤，校注，汤一介，整理. 北京：中华书局.
释僧祐，1995. 出三藏记集[M]. 苏晋仁，萧鍊子，点校. 北京：中华书局.
宋清如，1989. 朱生豪与莎士比亚戏剧[J]. 新文学史料，(1)：98-114.
宋学智，赵斌斌，2024. 国际传播背景下中国传统译学现代化演进的生命力刍议：以"信达雅"为例[J]. 外语教学，(1)：83-89.
宋学智，赵斌斌，2022. "神似"与"化境"：傅雷文学翻译思想辨识[J]. 外语与外语教学，(5)：134-143.

粟霞,2023. 二十世纪二十年代以前《资本论》在中国的传播与诠释[J]. 党史研究与教学,(3):30-39.

孙致礼,2011. 新编英汉翻译教程[M]. 上海:上海外语教育出版社.

覃江华,龚献静,2015. 东京审判中的翻译问题研究:《东京战争罪行法庭口译:社会政治分析》述评[J]. 外语研究,(4):105-107.

谭渊,2023. "中国孤儿"故事在十八世纪欧洲的传播:以《赵氏孤儿》的改编为核心[J]. 同济大学学报(社会科学版),(2):1-9.

汪东萍,傅勇林,2010. 回归历史:解读佛经翻译的文质之争[J]. 外语教学,(2):97-100.

王秉钦,2004. 二十世纪中国翻译思想史[M]. 天津:南开大学出版社.

王刚,2018.《共产党宣言》在中国早期传播的特点:以《共产党宣言》的翻译和传播为视角[J]. 当代世界与社会主义,(3):61-67.

王华树,杨承淑,2019. 人工智能时代的口译技术发展:概念、影响与趋势[J]. 中国翻译,(6):69-79,191-192.

王均松,肖维青,崔启亮,2023. 人工智能时代技术驱动的翻译模式:嬗变、动因及启示[J]. 上海翻译,(4):14-19.

王克非,1994. 论翻译文化史研究[J]. 外语教学与研究,(4):57-61.

王克非,1997. 翻译文化史论[M]. 上海:上海外语教育出版社.

王宁,2014. 比较文学,世界文学与翻译研究[M]. 上海:复旦大学出版社.

王正,2011. 翻译记忆系统的发展历程与未来趋势[J]. 编译论丛,(1):133-160.

魏志成,1996. 翻译语言与民族语言:论汉语文学语言中的翻译语言成分[J]. 鹭江大学学报,(3):84-90.

吴进,1998. 翻译·会通·超胜:徐光启与中国近代科学[J]. 文史杂志,(3):16-18.

熊兵,2014. 翻译研究中的概念混淆:以"翻译策略""翻译方法"和"翻译技巧"为例[J]. 中国翻译,(3):82-88.

熊伟,2019. 欧盟语言与翻译趣谈[J]. 世界知识,(8):71.

徐前进,2021. 法国启蒙运动的语言学基础:关于17-18世纪古典法语的文化史研究[J]. 外语教学与研究,(3):456-467,481.

徐寅,1987. 徐光启的科技翻译活动[J]. 上海翻译,(1):34-36.

许钧,2023. 翻译论(修订本)[M]. 南京:译林出版社.

许钧,穆雷,2009. 翻译学概论[M]. 南京:译林出版社.

许文胜,2023.《共产党宣言》的百年汉译及其经典化[J]. 上海交通大学学报(哲学社会科学版),(7):94-108.

许文胜,徐光启,2016. "会通-超胜"翻译思想例说[J]. 同济大学学报(社会科学版),(4):117-124.

许宗瑞,2019. 欧盟翻译总司《2016-2020战略规划》对中国语言服务机构发展的启示[J]. 上海理工大学学报(社会科学版),(4):321-326.

杨枫,2021. 知识翻译学宣言[J]. 当代外语研究,(5):2,27.

杨威,上官望,2022. 中华文化国际传播研究:以唐宋文化对外传播为参鉴[M]. 北京:人民日报出版社.

杨蔚，2018. 计算机辅助翻译[M]. 上海：同济大学出版社.

杨文伟，2014. 欧盟翻译：文化多样性的诠释[J]. 红河学院学报，(4)：13-15.

杨晓荣，2004. 略谈我国翻译研究中为什么没有流派[J]. 外语与外语教学，(2)：39-42.

詹姆斯·乔伊斯，2002. 尤利西斯[M]. 萧乾，文洁若，译. 北京：文化艺术出版社.

詹姆斯·乔伊斯，2005. 尤利西斯[M]. 金隄，译. 北京：人民文学出版社.

詹姆斯·乔伊斯，2021. 尤利西斯[M]. 刘象愚，译. 上海：上海译文出版社.

张柏春，田淼，马深孟，等，2008. 传播与会通：《奇器图说》研究与校注（上）[M]. 南京：江苏科技出版社.

张柏然，2008. 建立中国特色翻译理论[J]. 常州工学院学报（社科版），(3)：79-83.

张必胜，2023. 科学史中的翻译与翻译史中的科学：以明清数学为对象的探蠡[J]. 中国外语，(4)：95-103.

张剑，2007. 近代科学名词术语审定统一中的合作、冲突与科学发展[J]. 史林，(2)：24-35.

张青莲，1985. 徐寿与《化学鉴原》[J]. 中国科技史料，(4)：54-56.

张子高，杨根，1982. 从《化学初阶》和《化学鉴原》看我国早期翻译的化学书籍和化学名词[J]. 自然科学史研究，(4)：349-355.

兆平，2021. 鲁迅对严复译著《天演论》之扬弃[J]. 东南学术，(5)：180-197.

赵铁军，2000. 机器翻译原理[M]. 哈尔滨：哈尔滨工业大学出版社.

中国社会科学院语言研究所词典编辑室，2016. 现代汉语词典（第7版）[Z]. 北京：商务印书馆.

周桂笙，1998. 新庵谐译初编：自序[A]//吴研人全集：第9卷. 哈尔滨：北方文艺出版社：303.

周领顺，2014. 译者行为批评论纲[J]. 山东外语教学，(5)：93-98.

周领顺，2023. 打造翻译理论的中国学派[N]. 中国社会科学报，2023-2-28(1).

周新凯，许钧，2015. 中国文化价值观与中华文化典籍外译[J]. 外语与外语教学，(5)：70-74.

朱庆之，2009. 佛教汉语研究[C]. 北京：商务印书馆.

朱志瑜，2001. 中国传统翻译思想："神化说"（前期）[J]. 中国翻译，(2)：3-8.

朱志瑜，2017. 实用翻译理论界说[J]. 中国翻译，(5)：5-10.

邹振环，2011. 晚明汉文西学经典：编译、诠释、流传与影响[M]. 上海：复旦大学出版社.

樽本照雄，2000. 清末民初的翻译小说：经日本传到中国的翻译小说[M]//王宏志. 翻译与创作：中国近代翻译小说论. 北京：北京大学出版社，151-171.

BARKHUDAROV L，1969. Urovni yazykovoy iyerarkhii i perevod[Levels of language hierarchy and translation][J]. Tetradi Perevodchika，(6)：3-12.

BASSNETT S，2019. Translation and world literature[M]. London：Routledge.

BATCHELOR K，2018. Translation and paratexts[M]. London：Routledge.

CAO X，2014. The story of the stone[M]. Volume 2. HAWKES D，Trans. Shanghai：Shanghai Foreign Language Education Press.

CARROLL L，1939. Alice in wonderland[M]. London：W. Foulsham.

CATFORD J C，1965. A linguistic theory of translation[M]. London：Oxford University

Press.

CHESTERMAN A, Wagner E, 2002. Can theory help translators? A dialogue between the ivory tower and the wordface[M]. Manchester: St Jerome.

CHESTERMAN A, 1993. From "is" to "ought": Laws, norms and strategies in translation studies[J]. Target, 5(1): 1-20.

CHESTERMAN A, 1997. Memes of translation: The spread of ideas in translation theory[M]. Amsterdam: Benjamins.

CHESTERMAN A, 2016. Memes of translation: The spread of ideas in translation theory[M]. 2nd edition. London: Routledge.

CHESTERMAN A, 2017. Problems with strategies[M]//CHESTERMAN A. Reflections on translation theory: Selected papers 1993-2014. Amsterdam/Philadelphia: John Benjamins Publishing Company: 201-211.

CHOMSKY N, 1965. Aspects of the theory of syntax[M]. Cambridge: MIT Press.

Department for General Assembly and Conference Management of United Nations, (n. d.). Translation[EB/OL]. (n. d.)[2024-05-27]. https://www.un.org/dgacm/content/translation.

DUFF A, 1981. The third language: Recurrent problems of translation into English[M]. Oxford: Pergamon Press.

GELLERSTAM M, 1986. Translationese in Swedish novels translated from English[M]//WOLLIN L, LINDQUIST H. Translation studies in Scandinavia. Lund: CWK Gleerup, 88-95.

HAEMIG M J, 2011. Luther on translating the Bible[J]. Word & World, 31(3): 255-262.

HOLMES J, 1987. The name and nature of translation studies[M]//TOURY G. Translation across cultures[C]. New Delhi: Bahri Publications, 10-25.

HOUSE J, 1977. A model for translation quality assessment[M]. Tübingen: Narr.

HOUSE J, 1997. Translation quality assessment: A model revisited[M]. Tübingen: Narr.

HUTCHINS W J, 1986. Machine translation: Past, present, future[M]. Chichester: Ellis Horwood.

JÄÄSKELÄINEN R, 1993. Investigating translation strategies[C]//TIRKKONEN-CONDIT S. Recent trends in empirical translation research. Joensuu: University of Joensuu Faculty of Arts: 99-120.

JAKOBSON R, 1959. On linguistic aspects of translation[M]//BROWER R A. On translation. Cambridge: Harvard University Press: 232-239.

JIN Y, 2018. Legends of the condor heroes: A hero born[M]. Volume 1. HOLMWOOD A, Trans. London: MacLehose Press.

JIN Y, 2021. Legends of the condor heroes: A heart divided[M]. Volume 4, CHANG G, BRYANT S, Trans. London: MacLehose Press.

JOYCE J, 1993. Ulysses[M]. New York: Oxford University Press.

KIMONYO J, 2019. Transforming Rwanda: Challenges on the road to reconstruction [M]. Boulder: Lynne Rienner Publishers.

KOLLER W, 1992. Einführung in die Übersetzungswissenschaft [M]. Wiebelsheim: Quelle & Meyer.

LEFEVERE A, 2002. Translation/history/culture: A sourcebook [Z]. London: Routledge.

LEUVEN-ZWART K M, 1989. Translation and original: Similarities and dissimilarities, I [J]. Target, 1(2): 151-181.

LEUVEN-ZWART K M, 1990. Translation and original: Similarities and dissimilarities, II [J]. Target, 2(1): 69-95.

LIU C X, 2016. The three-body problem [M]. LIU K, Trans. London: Head of Zeus.

LÖRSCHER W, 1991. Translation performance, translation process and translation strategies: A psycholinguistic investigation [M]. Tübingen: Narr.

MOLINA L, HURTADO A, 2002. Translation techniques revisited: A dynamic and functionalist approach [J]. Meta, 47(4): 498-512.

NEWMARK P, 1981. Approaches to translation [M]. Oxford: Pergamon Press.

NEWMARK P, 2008. The linguistic and communicative stages in translation theory [M]//MUNDY J. The Routledge companion to translation studies [C]. London: Routledge: 20-35.

NIDA E A, 1964. Toward a science of translating: With special reference to principles and procedures involved in Bible translating [M]. Leiden: E. J. Brill.

NIDA E A, 1982. Translating meaning [M]. San Diamas: English Language Institute.

NIDA E A, TABER C, 1969. The theory and practice of translation [M]. Leiden: E. J. Brill.

NORD C, 2014. Translating as a purposeful activity: Functionalist approaches explained [M]. London: Routledge.

OSERS E, 1989. International organizations [M]//PICKEN C. The translator's handbook. London: Aslib: 231-246.

POIBEAU T, 2017. Machine translation [M]. Cambridge: MIT Press.

REISS K, 1989. Text types, translation types and translation assessment [M]//CHESTERMAN A. Readings in translation theory. Helsinki: Finn Lectur: 105-115.

REISS K, 2014. Translation criticism: The potentials and limitations [M]. RHODES E F, Trans. Manchester: St Jerome.

ROBINSON D, 1991. The translator's turn [M]. Baltimore: Johns Hopkins.

ROTHWELL A, MOORKENS J, FERNÁNDEZ-PARRA M, DRUGAN J, AUSTERMUEHL F, 2023. Translation tools and technologies [M]. London: Routledge.

SAGER J C, 1989. Quality and standards: The evaluation of translations [M]//PICKEN C. The translator's handbook. London: Aslib: 121-128.

SYMONS J, 1978. The Tell-Tale Heart: The life and works of Edgar Allan Poe [M].

London: Faber & Faber.

TOURY G, 1980. In search of a theory of translation[M]. Tel Aviv: The Porter Institute for Poetics and Semiotics.

TOURY G, 1995. Descriptive translation studies and beyond[M]. Amsterdam: John Benjamins.

TOURY G, 1999. A handful of paragraphs on "translation" and "norms"[M]// SCHÄFFNER C. Translation and norms. Clevedon: Multilingual Matters: 9 – 31.

TSAO H, KAO N, 1929. Dream of the red chamber[M]. WANG C, Trans. New York: Doubleday.

TSAO H, KAO N, 1994. A dream of red mansions[M]. Volume 2. YANG H, YANG G, Trans. Beijing: Foreign Languages Press.

VENUTI L, 1995. The translator's invisibility[M]. London: Routledge.

VERMEER H J, 2000. Skopos and commission in translational action[M]//VENUTI L. The translation studies reader. CHESTERMAN A, Trans. London: Routledge: 221 – 232.

VINAY J P, DARBELNET J, 1995. Comparative stylistics of French and English: A methodology[M]. SAGER J, HAMEL M J, Trans. Amsterdam: Benjamins.

WATANABE T, 2009. Interpretation at the Tokyo War Crimes Tribunal: An overview and Tojo's cross - examination[J]. TTR, 22(1), 57 – 91.

ZABALBEASCOA P, 2000. From techniques to types of solutions[M]//BEEBY A, ENSINGER D, PRESAS M. Investigating Translation: Selected papers from the 4th international congress on translation. Amsterdam: John Benjamins, 117 – 127.